本书是国家级一流专业建设点（社会工作）及江西财经大策创新"学科创新团队的阶段性成果。

金融社会工作
案例教程

主编　蒋国河　唐　俊

江西高校出版社
JIANGXI UNIVERSITIES AND COLLEGES PRESS

图书在版编目(ＣＩＰ)数据

金融社会工作案例教程／蒋国河，唐俊主编. -- 南昌：江西高校出版社，2024.12
ISBN 978 - 7 - 5762 - 4689 - 6

Ⅰ. ①金… Ⅱ. ①蒋… ②唐… Ⅲ. ①金融 - 社会工作 - 教材 Ⅳ. ①F830

中国国家版本馆 CIP 数据核字(2023)第 255629 号

出 版 发 行	江西高校出版社
社 址	江西省南昌市洪都北大道 96 号
总编室电话	(0791)88504319
销 售 电 话	(0791)88522516
网 址	www.juacp.com
印 刷	江西新华印刷发展集团有限公司
经 销	全国新华书店
开 本	700 mm × 1000 mm　1/16
印 张	18.5
字 数	313 千字
版 次	2024 年 12 月第 1 版
印 次	2024 年 12 月第 1 次印刷
书 号	ISBN 978 - 7 - 5762 - 4689 - 6
定 价	68.00 元

赣版权登字 -07 -2023 -998

　　随着金融社会的到来,金融在国民经济和社会生活中的重要性日益凸显。邓小平曾于1991年视察上海市时指出"金融很重要,是现代经济的核心"。我国是金融大国,有着悠久的金融发展传统。我国很早就把金融调控作为宏观经济管理的重要手段,统筹管理货币发行和重要物资流通。新中国成立初期,我们党在短时间内打赢"银圆之战"和"米棉之战",打击了投机资本,平抑了物价,保障了国计民生。党的十八大以来,我国金融业立足我国实际,走中国特色金融发展之路,金融业持续快速发展,金融产品日益丰富,金融服务普惠性增强,金融改革有序推进,金融体系不断完善,金融监管得到改进,守住不发生系统性金融风险底线的能力增强。我国正由金融大国向金融强国稳步迈进,在完善全球经济金融治理、提高世界经济抗风险能力、推动国际金融机构份额和治理结构改革、强化全球金融安全网、提升国际货币体系稳定性和韧性、维护国际金融市场稳定等方面发挥着越来越重要的作用。

　　金融社会工作的理念起源于美国,是社会工作与金融服务的有机结合。它秉承社会工作的基本理念和伦理,运用社会工作的方法,帮助服务对象提高金融能力和素养以解决金融领域的各种难题,提高全社会的金融福祉。① 近年来,金融社会工作的理论和实务在美国发展很快,基本形成了以丽塔·沃尔夫松为代表的金融诊断流派和以迈克尔·谢若登、黄进为代表的金融福祉流派等两大金融社会工作流派。在金融业和社会工作取得新的巨大发展的背景下,我国社会工作界在借鉴、吸收美国金融社会工作理论和服务的基础上,立足于中国国情,积极探索中国特色金融社会工作的发展之路。中国特色金融社会工作体系有微观、中观和宏观三个层次:微观层次包括金融诊断、家庭金融决策介入等,中观层次包括金融文化介入、普惠金融介入、互联网金融介入等,宏观层次包括社会福利政策倡导、资产建设、小额信贷、乡村振兴等。② 在我国社会工作界的共同努力下,金融社会工作在理论和实务方面都取得了飞速发展,在提升国民整体的金融素养、改善家庭金融决策、建设金融文化、推进普惠金融、防范金融风险、倡导社会福利政策、加强资产建设、完善小额信贷、服务乡村振兴、提高全民金融福祉等领域正在发挥越来越重要的作用。

金融社会工作专业教育和培训是金融社会工作发展的重要前提和根本保证。经中国社会工作教育协会同意,中国社会工作教育协会金融社会工作专业委员会于 2020 年 12 月正式成立,对推动中国金融社会工作的专业化和本土化发展起到了重要的指导作用。近年来,我国高校迅速抓住金融社会工作这一学科新的增长点和发展契

---

① 唐俊.金融社会工作[M].北京:经济科学出版社,2023:4.
② 唐俊.金融社会工作[M].北京:经济科学出版社,2023:41 - 42.

机,陆续在社会工作本科、硕士层次设置了金融社会工作方向,大力培养金融社会工作专业人才。其中,江西财经大学在金融社会工作专业教育领域比较活跃,于 2003 年开办社会工作本科专业,2009 年成为全国首批获得社会工作硕士专业学位(MSW)授予权的 33 家高校之一。2011 年,该校社会工作专业获批江西省重点学科。从 2018 年开始,江西财经大学社会工作专业开始布局金融社会工作方向的建设。2019 年,该校社会工作本科专业先后入选江西省一流专业和首批国家级一流本科专业建设点,2022 年被评为江西省五星级专业,2022 年、2023 年连续获评软科中国大学专业排名 A 类专业。目前,江西财经大学社会工作专业在本科层次以金融社会工作为特色方向,在社会工作专业硕士层次设置了金融社会工作研究方向,主动对接财经类高校的主流学科,体现财经管理特色,大力培养既懂社会工作,又懂金融的复合型人才。

　　案例是社会工作者开展实务工作中的记录文件和心得体会。案例教学是社会工作人才教育与培养的重要手段。2015 年出台的《教育部关于加强专业学位研究生案例教学和联合培养基地建设的意见》(教研〔2015〕1 号)中明确提出,"加强案例教学,是强化专业学位研究生实践能力培养,推进教学改革,促进教学与实践有机融合的重要途径,是推动专业学位研究生培养模式改革的重要手段"。江西财经大学人文学院一直十分重视案例教学和联合培养基地的建设,组织专业教师团队指导学生深入金融社会工作场景,开展各种社会工作实务,积累了一定的社会工作本土化经验。这些成果不仅反映在社会工作专业硕士的毕业论文中,而且及时转化为案例教学,反哺专业建设。同时,专业教师还重视吸收行业、企业的金融社会工作实务经验,将其转化为专业教学案例。

本书是江西财经大学社会工作专业多年来开展金融社会工作实务教学,吸收行业、企业案例的阶段性总结,展现了江西财经大学社会工作专业致力于开发基于真实情境、符合案例要求、与国际接轨,同时坚持中国特色的教学案例。感谢江西财经大学社会工作专业教学团队及其指导的硕士研究生在金融社会工作领域做出的探索性工作,同时感谢有关机构分享他们在金融社会工作领域的宝贵经验。本书严格遵守社会工作有关伦理要求,案例中所用人名均为化名。我们深知,金融社会工作在我国尚处于探索发展阶段,加上时间、场景和认知水平等各方面的制约,本书不可避免地存在一定的疏漏和不足之处,希望国内外专家、学者、同行、一线社会工作者及广大读者不吝提出宝贵的意见,共同推动金融社会工作获得更大的发展。

本书主编

目 录

CONTENTS

第一章　大学生金融素养提升的小组工作介入

一、案例背景

金融科技与互联网的不断融合发展,既方便了每个人的金融生活,也带来了一系列的金融风险。随着大学生对金融科技的使用频率不断增加,金融风险逐渐渗透到大学校园中,引发诸多金融问题,包括超前消费、过度借贷、高利贷、电信诈骗等。这些金融问题导致一系列的负面后果,如人际关系破裂、厌学、逃学以及违法犯罪等,严重影响了大学生的校园生活。除了法律和市场约束,提升大学生的金融素养也是防范金融风险非常重要的一环。如何帮助大学生规避金融风险,减少校园金融问题的发生,是一个值得全社会关注的问题。

二、案例分析

(一)服务对象的基本情况

本案例以江西省 J 大学的在校学生为主要服务对象。J 大学位于江西省省会南昌市,是一所以本科教育和研究生教育为主体,继续教育、留学生教育为补充的综合类高等学校。学校面向全国 30 多个省(自治区、直辖市)招生,全日制本科生、研究生超过 3 万人。学校不定期通过专题讲座、App 信息推送、班会、辅导员谈话等形式为学生开展金融防诈骗教育。

为了了解 J 大学学生金融素养的基本情况,社会工作者设计了调查问卷(表 1.1)。本研究调查问卷分为四个部分:第一部分为大学生的个人情况,主要包括个人基本信息、家庭信息、生活费来源、消费水平以及金融市场的参与程度;第二部分为大学生金融素养水平的三个维度,包括金融知识、金融能力以及金融意识,旨在较为全面且精准地测量大学生的金融素养水平;第三部分为大学生金融教育程度的相关信息,旨在从学校和家庭两个方面了解大学生的金融知识水平,深入了解大学校园宣传金融知识的主要途径,以便有针对性地提出相关建议;第四部分是了解大学生的金融风险防范意识以及应对措施,包括遭遇的金融问题。

表1.1 调查问卷设计

指标	类别	题目
个人情况	基本信息、家庭信息	Q1:性别　Q2:年级 Q3:专业　Q4:父母的工作
	生活费来源	Q5:生活费来源有哪些?　Q6:月均生活费是多少?
	消费水平以及金融市场参与程度	Q7:周边的消费水平如何?
		Q8:是否有储蓄行为?
		Q9:是否了解高利贷?
		Q10:遭遇金融问题时倾向于找谁寻求帮助?
金融素养	金融知识	Q11:银行卡知识　Q12:分期相关知识
		Q13:保险相关知识　Q14:汇率相关知识
		Q15:期货相关知识　Q16:基金相关知识
		Q17:收益率的计算　Q18:通货膨胀率的计算 Q19:利率的计算
	金融意识	Q20:是否对财经新闻感兴趣?
		Q21:对金融教育的重视程度
	金融能力	Q22:是否有开支计划?　Q23:是否执行?
		Q24:是否有网贷行为?
金融教育	金融知识学习情况	Q25:在学校所接受的金融知识情况
		Q26:在家庭所接受的金融知识情况
	金融知识宣传	Q27:学校宣传金融知识的途径
金融风险防范意识	金融问题	Q28:是否遭遇金融问题? Q29:是否听说过他人遭遇金融问题?
		Q30:遭遇过什么类型的风险?
		Q31:遭遇"校园贷"骗局最主要的原因是什么?
		Q32:用什么方式解决金融问题?
		Q33:欠缺哪方面的金融知识? Q34:财务管理还有哪些问题?
		Q35:防范金融风险的渠道有哪些? Q36:有效的方法有哪些?

通过江西J大学教务处公布的课表信息,同时考虑到不同的上课时间段、公选课和专业课、不同的校区等因素,社会工作者随机抽取10个班级,在2020年9—11月进行纸质问卷发放。本研究共发放问卷280份,回收问卷280份,其中有效问卷280份,问卷回收率和有效率均达到100%。

表1.2反映了调查对象的一些基本特征:

1.男性受访者少于女性受访者。男生共计106人,占比37.9%,女生共计174人,占比62.1%,符合江西J大学的男女比例现状。

2.在受访者中,年级占比最大的是大二年级与大三年级,分别为32.1%和45.4%。大一新生因受疫情影响,开学时间延误,军训时间较长,公选课较少,所以调查样本中的大一新生较少。大四学生处于毕业阶段,大多忙于找工作以及考研,在校人数较少,故受访者比例较低。

3.经济管理类(以下简称经管类)专业学生所占比例为58.2%,非经管类专业学生所占比例为41.8%,分布较为均衡。

4.绝大多数大学生的生活费是父母给的,占比97.9%。仅有5名同学的生活费主要来源是勤工俭学、兼职和奖学金及助学金,占受访者的1.8%。

5.大学生生活费基本集中在1101—1400元、1401—1700元这两个范围内,分别占比28.2%和23.6%。

6.受访者父母为自由职业者的比例最高,占34.6%;其次是公务员,占比23.9%;在金融机构就业的比例最小,仅占2.1%。

7.22.1%的受访者从大学开始才有储蓄习惯,占比最大;21.1%的受访者从高中开始储蓄;仅有3.6%的学生没有储蓄习惯且不打算这样做。

表1.2 调查对象基本信息描述统计

		频数	频率
性别	男	106	37.9%
	女	174	62.1%
专业	经管类专业	163	58.2%
	其他专业	117	41.8%

续表1.2

		频数	频率
年级	大一	48	17.1%
	大二	90	32.1%
	大三	127	45.4%
	大四	15	5.4%
生活费的来源	父母给予	274	97.9%
	勤工俭学	1	0.4%
	奖学金及助学金	2	0.7%
	兼职	2	0.7%
	其他	1	0.4%
月均生活费	500元以下（含）	0	0
	501—800元	8	2.9%
	801—1100元	50	17.9%
	1101—1400元	79	28.2%
	1401—1700元	66	23.6%
	1701—2000元	34	12.1%
	2001—2300元	25	8.9%
	2300元以上	18	6.4%
父母的工作	公务员	67	23.9%
	金融机构	6	2.1%
	公司企业	59	21.1%
	经商	51	18.2%
	自由职业	97	34.6%
您什么时候开始有储蓄行为	初中前	52	18.6%
	初中	44	15.7%
	高中	59	21.1%
	大学	62	22.1%
	从来没有,计划做	53	18.9%
	从来没有,且不计划这么做	10	3.6%

（二）服务对象调查评估

1. 金融知识维度

金融知识部分共有 9 题,均为单选题,每题有且仅有一个正确答案。社会工作者将正确选项设置为 1,即得 1 分,错误选项设置为 0,即不得分。9 题得分相加即为金融知识的总得分,如表 1.3 所示。

表 1.3　金融知识变量赋值

题目	变量赋值
以下哪类银行卡可透支?	贷记卡 =1　借记卡 =0 都可以 =0　不知道 =0
在分期购中,还款分期次数越多,时间越长, 利息会怎样?	升高 =1　降低 =0　不变 =0　不知道 =0
"在购买保险时,被保险人和受益人不可以 为同一人。"您是否同意?	同意 =0　不同意 =1 不知道 =0
"人民币兑美元汇率贬值, 有利于进口贸易。"您是否同意?	同意 =0　不同意 =1 不知道 =0
"期货投资亏损不会超过本金。" 您是否同意?	同意 =0　不同意 =1 不知道 =0
"购买股票型基金比购买指数型基金的风险 要低"您同意还是不同意?	不同意 =1　同意 =0 不知道 =0
支付宝的余额宝保本,收益率为3%—5%。 您是否同意?	同意 =0　不同意 =1 不知道 =0

如表 1.4 所示,在金融知识题目中,Q12 题的正确率显著高于其他题目,正确率为 72.1%。而其他题目的正确率则较低,部分题目的正确率甚至低于40%,如 Q11、Q13、Q16、Q17,分别为 38.9%、36.4%、30.7%、37.5%。以上数据显示,大学生对于金融知识的掌握程度不高,在银行卡知识、基金知识和部分计算题中的得分率较低。

表1.4 金融知识正确率

类别	题目	正确人数	正确人数百分比
金融知识	Q11:银行卡知识	109	38.9%
	Q12:分期相关知识	202	72.1%
	Q13:保险相关知识	102	36.4%
	Q14:汇率相关知识	156	55.7%
	Q15:期货相关知识	120	42.9%
	Q16:基金相关知识	86	30.7%
	Q17:收益率的计算	105	37.5%
	Q18:通货膨胀率的计算	167	59.6%
	Q19:利率的计算	147	52.5%

女性金融知识得分低于全体大学生的平均水平,平均分为4.22分。男性大学生则表现得更好,高于全体大学生的平均水平,平均分为4.32分。但是,在独立样本T检验中,性别与金融知识部分不存在显著差异,如表1.5所示。

表1.5 不同性别大学生的金融知识比较

	大学生	男性	女性
均值(分)	6.75	4.32	4.22
标准差	2.62	2.17	2.2
n	280	106	174

年级越高,大学生金融知识平均水平越高,两者呈正相关关系。如表1.6所示:大一学生的金融知识表现最差,平均分远低于大学生的平均分,为3.56分;大三、大四学生表现最为优秀,远高于大学生金融知识平均分,平均分分别为4.62分和4.66分。

表1.6 不同年级大学生的金融知识比较

	大学生	大一	大二	大三	大四
均值(分)	6.75	3.56	4.05	4.62	4.66
标准差	2.62	2.04	2.26	2.06	2.71
n	280	48	90	127	15

如表1.7所示,经管专业大学生金融知识平均分高于大学生金融知识平均分,为4.58分。而在非经管类专业学生中,文史类专业学生表现最好,平均分

为 4.05 分,高于其他非经管类专业。艺术专业的大学生金融知识平均分最低,仅为 2.16 分,远低于及格线。同时,艺术专业学生的最高值仅为 5 分,低于其他专业学生的最高分。

表 1.7　不同专业大学生的金融知识比较

	大学生	经管专业	文史类专业	理工专业	艺术专业	其他专业
均值(分)	6.75	4.58	4.05	3	2.16	3
标准差	2.62	2.19	2.01	2.44	2.31	2
n	280	163	95	11	6	5

总体而言,年级越高的大学生得分均值越高,经管专业的大学生得分均值显著高于其他专业的大学生。

2. 大学生金融能力分析

在金融能力部分,如表 1.8 所示,社会工作者将选择"有"的选项设置为 1,即得 1 分;选择"无"的选项设置为 0,即不得分。三道题目的总得分为金融能力部分总得分。

表 1.8　金融能力变量赋值

变量名称	题目	变量赋值
金融能力	Q22:是否有开支计划?	有 = 1　无 = 0
	Q23:是否执行?	一直都有 = 1　经常有 = 1 偶尔有 = 0　几乎没有 = 0 完全没有 = 0
	Q24:是否有网贷行为?	曾经有过 = 1 目前也在这样做 = 1 曾经有过,目前没有这样做 = 1 从来没有,但计划这样做 = 0 从来没有,且不计划这样做 = 0

在金融能力题目(表 1.9)中,53.2% 的同学有开支计划,但是仅有 13.2% 的同学会执行开支计划。在 Q24 中,有 66.4% 的同学曾经或者现在使用了网络贷款。

表 1.9 金融能力正确率

类别	题目	正确人数	百分比
金融能力	Q22:是否有开支计划	149	53.2%
	Q23:是否执行	37	13.2%
	Q24:是否有网贷行为	186	66.4%

如表 1.10 所示,女性金融能力得分高于全体受访大学生的平均水平,平均分为 1.36 分。而男性大学生则表现得更差,金融能力得分低于全体受访大学生的平均水平,平均分为 1.27 分。

表 1.10 不同性别大学生的金融能力比较

	大学生	男性	女性
均值(分)	1.32	1.27	1.36
标准差	0.824	0.889	0.7834
n	280	106	174

表 1.11 显示了年级与金融能力水平呈正相关关系。大一、大二学生的金融能力平均分低于大学生的平均得分,分别为 1.06 分和 1.25 分。大三年级的金融能力平均分高于大学生的平均得分,为 1.51 分。大四年级表现最差,平均分仅为 1 分。

表 1.11 不同年级大学生的金融能力情况

	大学生	大一	大二	大三	大四
均值(分)	1.32	1.06	1.25	1.51	1
标准差	0.824	0.93	0.81	0.764	0.654
n	280	48	90	127	15

表 1.12 显示,经管专业的大学生金融能力平均分为 1.43 分。在非经管类专业中,文史类专业学生表现最好,平均分为 1.2 分。艺术专业的大学生金融能力平均分最低,仅为 0.833 分。

表 1.12 不同专业大学生的金融能力情况

	大学生	经管专业	文史类专业	理工专业	艺术专业	其他专业
均值(分)	1.32	1.43	1.2	1.18	0.833	1.2
标准差	0.824	2.19	2.01	2.44	2.31	2
n	280	163	95	11	6	5

从表 1.13 中可以看出,性别与是否有开支计划之间存在显著差异,男生得分均值比女生显著低 2.591 分。由此可以得知,女性比男性更注重财务管理。

表 1.13　金融能力与性别的独立样本 T 检验(1 = 男,2 = 女)

变量	男性均值	女性均值	T
Q22:是否有开支计划?	0.434	0.592	-2.591*
Q23:是否执行?	0.1321	0.1322	-0.003
Q24:是否有网贷行为?	0.7075	0.6379	1.195

备注: * 表示 5% 的显著性水平,下同。

由表 1.14 可知,在 Q23 与 Q24 中,年级存在显著差异。在 Q24 中,各个年级间均存在显著差异。大一学生的得分均值比大二学生的得分均值显著低 0.42639 分,比大三年级的得分均值显著低 0.61335 分,比大四年级的得分均值显著低 0.37083 分。大二年级的得分均值比大三年级得分均值低 1.8696 分,却比大四年级的得分均值高 0.5556 分。大三年级的得分均值比大四年级的得分均值显著高 0.24252 分。

在专业方面,仅在 Q22 中,专业存在显著差异。经管类专业与理工类专业存在显著差异,经管类专业大学生的得分均值比理工类专业学生高 0.36419 分。文史类专业学生的得分均值比理工类专业学生高 0.39713 分,比艺术类专业学生高 0.41228 分。

表 1.14　年级和专业与金融能力的单因素方差分析

变量	选项(Ⅰ)	选项(Ⅱ)	均值差
金融能力	经管类	理工类	0.36419*
	文史类	理工类	0.39713*
	文史类	艺术类	0.41228*
	大一	大二	-0.42639*
	大一	大三	-0.61335*
	大一	大四	-0.37083*
	大二	大三	-1.8696*
	大二	大四	0.5556*
	大三	大四	0.24252*

总体而言,大三学生的金融能力高于其他年级的学生,并且使用过信用贷款的人数最多。经管类学生比理工类学生更加注重开支计划,文史类专业学生比理工类与艺术类专业学生更加注重制订开支计划。

3. 大学生金融意识分析

在金融意识部分,社会工作者将选择"非常感兴趣"和"比较感兴趣"的选项设置为1,即得1分,选择"一般""比较感兴趣"和"没兴趣"的选项设置为0,即不得分。两道题目的总得分为金融意识部分的总得分。

表1.15显示,在金融意识题目中,仅有28.2%的学生对财经新闻感兴趣,绝大部分的学生对金融教育较为重视。表1.16显示,男性大学生的金融意识高于女性大学生,得分均值分别为1.22分、1.12分。大一学生的金融意识得分均值最高,为1.22分;大二学生的金融意识得分最低,为1.066分(见表1.17)。

综上所述,尽管大部分学生对财经新闻不感兴趣,但是也重视金融教育。在金融意识部分,不同性别的学生的金融意识得分均值不同;大一学生的得分最高,大二同学的得分最低。

表1.15　金融意识得分正确率

类别	题目	正确人数	百分比
金融意识	Q20:是否对财经新闻感兴趣?	79	28.2%
	Q21:对金融教育的重视程度	247	88.2%

表1.16　不同性别大学生的金融意识情况

	大学生	男性	女性
均值(分)	1.16	1.22	1.12
标准差	0.563	0.59	0.544
n	280	106	174

表1.17　不同年级大学生的金融意识情况

	大学生	大一	大二	大三	大四
均值(分)	1.16	1.22	1.066	1.204	1.2
标准差	0.563	0.93	0.81	0.764	0.654
n	280	48	90	127	15

由表 1.18 可知,经管专业大学生与文史类专业大学生的金融意识得分均值高于大学生的金融意识平均分,分别为 1.17 分、1.18 分。文史类学生表现良好,而其他非经管类专业学生的得分均值没有差别。根据表 1.19 可知,性别与是否对财经新闻感兴趣存在显著差异,男生的得分均值比女生高 2.227 分。由此可知,男生对金融新闻更感兴趣。

表 1.18　不同专业大学生的金融意识情况

	大学生	经管专业	文史类专业	理工专业	艺术专业	其他专业
均值(分)	1.16	1.17	1.18	1	1	1
标准差	0.563	0.551	0.606	0.447	0.6324	0
n	280	163	95	11	6	5

表 1.19　不同变量与性别的独立样本 T 检验(1 = 男,2 = 女)

变量	男性均值	女性均值	T
Q20:是否对财经新闻感兴趣?	0.3585	0.2356	2.227*
Q21:对金融教育的重视程度	0.8679	0.8908	-0.057

由表 1.20 可知,在年级方面,大三年级与其他年级均存在显著差异。大三年级的得分均值比大四年级低 0.51969 分,比大二年级高 0.26413 分,比大一年级高 0.45719 分。

在专业方面,仅有经管类专业与文史类专业存在显著差异,经管类专业学生的金融意识得分均值比文史类专业学生的得分均值高 0.23558 分。

表 1.20　年级和专业与金融意识的单因素方差分析

变量	选项(Ⅰ)	选项(Ⅱ)	均值差
金融意识	大一	大二	-1.9306
	大一	大三	-0.45719*
	大一	大四	0.625
	大二	大三	-0.26413*
	大二	大四	0.25556
	大三	大四	0.51969*
	经管类	文史类	0.23558*

总体而言,年级越高的大学生金融意识越强,得分均值越高。经管类专业学生的金融意识得分均值显著高于文史类专业大学生。

4. 大学生总体金融素养分析

如表 1.21 所示，大学生样本的总体金融素养平均分为 6.75 分，男大学生的得分为 6.82 分，女大学生得分为 6.71 分。这说明同一学校内，男大学生的金融素养略高于女大学生。但在独立样本 T 检验中，性别与金融素养得分之间不存在显著关系。

表 1.21　不同性别大学生的金融素养情况

	大学生	男性	女性
均值（分）	6.75	6.82	6.71
标准差	2.62	2.75	5.55
n	280	106	174

如表 1.22 所示，金融素养水平与年级呈正相关，年级越高，金融素养水平越高。大一年级的金融素养水平最低，平均分仅为 5.85 分。大三学生表现最好，平均分为 7.35 分。原因可能是高年级非经管类专业的学生可以选择经管类专业相关的公选课，从而学到更多金融知识。同时，经管类专业的学生由于年级的上升，有可能参加更多的与金融相关的社会实践活动，从而积累更多的金融知识，培养自己的金融意识，最终提高自己的金融素养水平。

表 1.22　不同年级大学生的金融素养情况

	大学生	大一	大二	大三	大四
均值（分）	6.75	5.85	6.37	7.35	6.86
标准差	2.62	2.5	2.76	2.36	3.24
n	280	48	90	127	15

经管类专业学生的金融素养得分均值为 7.19 分。如表 1.23 所示，文史类专业学生表现最好，平均分为 6.44 分。艺术类专业学生的金融素养表现较差，平均分仅 4 分。

从大学生自身因素来分析，由于主修课程为金融专业课程，经管类专业学生的专业知识水平相对较高。而非经管类专业学生如需要学习金融相关课程，则需要通过选修公选课或第二专业来学习，大多数学生还是从日常生活中获取金融知识，金融素养相对较低。同时，经管学院会举办很多金融方面的社会实践活动,从而增强了经管专业学生的金融能力,提升了经管专业学生的金融意识。

表 1.23　不同专业大学生的金融素养情况

	大学生	经管类专业	文史类专业	理工类专业	艺术类专业	其他专业
均值(分)	6.75	7.19	6.44	5.18	4	5.2
标准差	2.62	2.51	2.63	2.63	2.82	1.92
n	280	163	95	11	6	5

大三年级与大一年级、大二年级在金融素养得分均值上存在显著差异。大一年级的得分均值比大三年级低 1.50016 分,大二年级的得分均值比大三年级低 0.97655 分。

经管类专业与文史类、理工类、艺术类专业学生在得分均值上存在显著差异,文史类专业学生与艺术类专业学生在得分均值上存在显著差异。经管类专业学生的得分均值比文史类专业学生高 0.75421 分,比理工类专业学生高 2.0145 分,比艺术类专业学生高 3.19632 分。文史类专业学生的得分均值比艺术类专业学生高 2.44211 分。总体而言,经管类学生的金融素养得分最高,显著高于其他专业。大三学生的金融素养得分最高,显著高于大一与大二学生。

表 1.24　年级和专业与金融意识的单因素方差分析

变量	选项(Ⅰ)	选项(Ⅱ)	均值差
金融素养	大一	大三	−1.50016*
	大二	大三	−0.97655*
	经管类	文史类	0.75421*
	经管类	理工类	2.0145*
	经管类	艺术类	3.19632*
	文史类	艺术类	2.44211*

5. 小结

(1)江西省 J 大学在校大学生的金融素养现状

以上研究结果表明,江西省 J 大学的在校大学生金融素养水平处于较低水平。其中,经管类专业学生的金融素养水平最高,高于江西省 J 大学其他专业的在校大学生。在年级方面,大一年级的金融素养水平最低,大三年级的金融素养水平最高,显著高于大一与大二年级。

（2）金融素养的影响因素

根据独立样本的 T 检验结果,性别与金融素养之间不存在显著关系,与以往的研究有出入。原因可能是样本在金融素养方面得分都较低,导致差异性不显著。在均值表中,男大学生的得分均值高于女大学生,且高于大学生的平均水平。也就是说,在样本中男大学生的金融素养水平高于女大学生。

单因素方差分析结果显示,专业与年级对大学生金融素养有显著的影响。经管类专业学生金融知识水平相对较高,金融技能相对较强。原因可能有二:一、随着所接受的金融知识教育程度的提高,经管类专业学生有更强的意愿使用金融工具,形成较强的金融能力;二、随着年级的上升,经管类专业学生对金融知识也有更加深入的理解,对金融知识学习和金融教育也更重视,金融意识也随之增强,最终其金融素养水平得到提高。而年级与金融素养水平也呈正相关关系,高年级的大学生金融能力相对较强,金融知识水平高于低年级的大学生。根据独立样本 T 检验结果,性别对大学生的金融素养水平不产生显著影响。

由此可以得出结论,年级和专业对金融素养水平具有显著影响,性别对大学生金融素养水平的影响不明显。

三、服务计划

（一）小组名称

小组名称定为“J 大学学生金融素养提升小组”。

（二）小组理念

1. 概念结构

金融素养是一个有机结合概念,主要包括三个方面:个体对金融知识的掌握水平及受教育程度,个体的金融市场参与度及金融工具的使用能力和做出正确金融决策的能力,个体对金融市场和金融安全的认知水平及主动学习金融知识的意识,具体概括为金融知识、金融能力和金融意识。

2. 理论基础

（1）增能理论

增能理论通常是指帮助案主获得对自己生活的决定权和行动权。增能路径通常涵盖三个层面,分别是个体层面、组织层面和社会层面。而增能的模式一般有两个,分别为个体主动模式和外力推动模式。社会工作者(以下简称社工)不论是从内向外挖掘服务对象主动改变自身的能力,还是在外力的推动下帮助服务对象增强能力,形成内外合力,结果都是帮助服务对象增强能力,增加选择和行动的权力。

在运用增能理论时,需要努力挖掘服务对象自我改变的潜能,激发其努力改变的意愿。同时,需要设计合理的活动方式,帮助服务对象达到增能的效果,最终获得对自我的掌控感以及对行为的选择权利。

（2）社会学习理论

美国心理学家阿尔伯特·班杜拉(Albert Bandura)在1952年率先提出了社会学习理论,目的是了解和探索个人的认知、行为与环境之间的相互关系。班杜拉在社会学习理论中提出了"认知""概念"和"自我调节"等关键词,着重强调和阐述人是如何在社会环境中学习的(阿尔伯特·班杜拉《社会学习理论》,中国人民大学出版社,2015年出版)。同时,班杜拉也强调了环境对个体学习的重要性,人类的大部分行为是通过对所处环境中的他人进行观察和模仿习得的。

因此,在运用社会学习理论开展小组活动时,社工需要注意到个体差异性以及金融素养水平的不同。在小组活动中,因为每个组员的金融素养水平不同,所以每个组员的表现也存在差别。在小组活动中,每个成员都是他人的学习对象,组员之间可以互相沟通、学习金融知识,分享不同的消费方式,讨论和学习他人的学习方法,激发学习兴趣,提高自身的金融素养水平。

（三）小组目标

小组目标分为长期目标和短期目标。

长期目标:1.通过小组活动帮助小组成员提升金融素养,积极学习金融知识,增强参与金融市场的积极性,形成良好的消费习惯,树立金融风险防范意识。2.通过具有趣味性以及启发性的小组活动,激发小组成员学习金融知识的兴趣。3.通过案例分析和情景模拟,增强小组成员的代入感以及防范风险的意识,提高小组成员的金融素养水平。

短期目标:1.小组成员之间相互认识,构建专业关系。2.向小组成员介绍小组工作的主题、内容以及活动目的,和小组成员共同制定小组规则,以确保活动顺利开展。3. 通过活动帮助小组成员学习金融知识，激发小组成员的学习兴趣。4. 让小组成员养成学习金融知识的意识和习惯，帮助小组成员了解和拓宽学习金融知识的途径。5. 帮助小组成员了解非理性消费的内容和危害，内化和加深小组成员对非理性消费的认识。6. 帮助小组成员了解几种常见的诈骗方式，拓宽组员的防诈骗途径，构建支持网络。7. 帮助小组成员回顾小组活动，巩固所学习的知识。

（四）小组的性质

支持、成长性小组。

（五）小组的对象

社工从问卷受访者中招募到 8 位自愿报名参加金融素质提升小组活动的 J 大学在校生，向这 8 位同学说明了保密原则和尊重原则，并且解释了小组工作目标以及小组活动内容及细节，确认本小组为"金融素养提升小组"，同学们表示认可且自愿参与，最终确定了小组成员。

表 1.25　小组成员的基本情况

成员	性别	专业	问卷得分	主要特征
A	男	文史类	5 分	曾遭遇过金融问题。金融素养得分属于较低的水平，在金融基础知识部分几乎没有得分。在金融意识部分，消费习惯较好，但是对金融新闻不感兴趣
B	男	文史类	9 分	在高中就做了生活开支计划，但是没有长期执行，仅偶尔执行。未遇到过金融问题，对金融新闻资讯较感兴趣，金融素养较高
C	女	经管类	4 分	学习过金融相关的课程，有储蓄意识。目前正在使用网络信贷（花呗、借呗或白条等），且有 2 笔借款未偿还。消费观念有些问题，自认为花钱较多且不知道花在哪里
D	女	经管类	6 分	学习过金融相关的课程，从大学开始制订消费计划且一直执行。目前正在使用网络信贷（花呗、借呗或白条等）且有 1 笔借款未偿还。金融知识积累不多
E	女	文史类	7 分	对金融相关的新闻资讯较为感兴趣，没有使用过信贷消费。金融素养属于中等水平。在金融能力相关题目中选择"否"的选项较多。在金融知识部分关于金融产品方面的题目中，其选择"不知道"的选项较多

续表 1.25

成员	性别	专业	问卷得分	主要特征
F	女	文史类	8 分	对金融相关的新闻资讯不是很感兴趣,在高中做过生活开支计划,偶尔执行。金融素养属于较高水平。她认为周围使用信贷消费的同学比较多,她也使用过网络信贷消费,但是目前没有未偿还款项
G	女	文史类	5 分	没有做过生活开支计划。金融素养得分为 5 分,属于较低水平。问卷显示,她没有使用过信贷消费且没有遇到过金融问题,并且对金融知识不感兴趣,认为自己的理财观念和理财知识薄弱
H	女	经管	8 分	对金融相关的新闻资讯不太感兴趣。问卷调查内容显示,在金融知识部分,基础知识掌握得较好,正确率高,但是计算题全错,计算能力较差

表 1.25 和表 1.26 显示,大部分小组成员的金融素养不高,女生中有 3 人使用过信贷消费,且有部分小组成员认为周围同学消费水平比较高,且对金融相关的新闻资讯不太感兴趣。在金融素养问题上,8 名小组成员在金融知识部分正确率较低。小组成员在金融知识与金融新闻资讯方面有共性问题,组员对金融知识掌握得较差,对金融学习不感兴趣。在消费问题上,更多女性组员选择"不知道钱花在哪里",希望提高自己的财务管理能力。由此得知,女性在消费方面存在一些问题。

表 1.26　大学生和组员的金融素养状况

	大学生	组员
均值(分)	6.75	6.5
标准差	2.62	4.65
n	280	8

（六）小组活动时间

2020 年 10 月 11 日至 31 日,共 7 次。

（七）小组活动程序及内容安排

根据问卷调查情况和前期的访谈,社工对小组成员进行分析,了解到组员的金融素养不高,金融知识部分得分较低,对基础知识掌握不足,女性组员的消费问题较为严重。同时,大部分组员认为自身理财观念薄弱,财务规划能力不足。所以,本次小组活动根据组员的需求进行设计,有针对性地帮助组员掌握基础金融知识、养成良好的消费习惯、培养正确的消费意识,进而帮助组员学习理财知识,养成财务规划习惯。本小组是提升型小组,共安排了七次小组活动。理论基础包括金融素养理论和社会学习理论。

七次活动的具体内容(见表1.27)如下:第一次活动的内容主要是帮助小组成员破冰,社工与组员建立一定的信任关系,保证后续活动顺利开展;第二次活动的内容是小组成员与社工形成专业关系,社工帮助组员掌握基础的金融知识,并且正式开展小组活动;第三次活动的内容承上启下,继续深入探索学习金融知识的方法,通过分享游戏内容,引起组员共鸣,使组员增进了解,对不正确的学习方式与学习习惯加以改正;第四次小组活动的内容是帮助组员认识非理性消费行为及其危害,通过角色扮演等形式,增强小组成员的代入感以及体验感,帮助小组成员辨别非理性消费的观念;第五次活动的内容是帮助小组成员建立正确的消费观与价值观,通过讨论和案例,引导组员思考产生非理性消费的原因以及如何避免非理性消费;第六次活动的主要内容是帮助小组成员了解大学校园中的金融问题案例,通过案例分析的方式引导组员加强警惕,防止金融风险的发生;第七次活动的主要内容是回顾小组活动过程和肯定小组成员的改变,对小组活动的成效进行总结,肯定小组成员取得的进步,鼓励组员向好的方向改变,并且结案。

表1.27　活动方案设计

活动次数	活动时间	活动主题	活动目标
活动场地	江西J大学教室		
1	2020.10.11	破冰行动	1.小组成员自我介绍,消除彼此间的陌生感,营造和谐的氛围,增进小组成员之间的了解,以建立专业关系。 2.向小组成员介绍小组工作的主题、内容以及活动目的,和小组成员共同制定小组规则,解答小组成员的疑惑,以确保活动顺利开展
2	2020.10.15	金融知识知多少	1.进一步增进小组成员之间的专业关系,增强小组的凝聚力。 2.通过活动和游戏,小组成员对金融素养这一概念有所认识,对金融知识掌握得更牢

续表 1.27

活动次数	活动时间	活动主题	活动目标
3	2020.10.18	金融知识大考验	1.帮助小组成员掌握金融知识,继续深入探索学习金融知识的方法。 2.让小组成员养成学习金融知识的习惯,拓宽学习金融知识的途径
4	2020.10.21	情景大挑战	1.帮助小组成员认识非理性消费的内容和危害。 2.通过角色扮演环节,使小组成员在角色扮演中了解盲目跟风消费、超前消费等非理性消费行为的突出特点,了解非理性消费行为对生活、学习和自身的不良影响
5	2020.10.25	思维大碰撞	1.帮助组员摒弃非理性消费观念,促使小组成员更好地树立理性消费的观念。 2.帮助组员制定改变非理性消费行为的计划,引导组员巩固学习成果
6	2020.10.30	脑洞大开	1.通过案例分析,让小组成员加强警惕,防止金融诈骗的发生。 2.通过讨论和分析,帮助小组成员拓宽问题解决途径,以积极的态度面对已经发生的金融问题。 3.构建互助支持网络,让小组成员互帮互助,拓宽解决金融问题的渠道。当他人发生金融问题后,也可以为他人提供帮助和参考
7	2020.10.31	每天新一点	1.帮助小组成员回顾小组活动,巩固学到的知识。 2.进行小组成效评估。 3.帮助小组成员处理离别情绪,并且总结此次小组活动内容,结束活动

(八)预计困难与相应对策

1.组员的招募。因为各种因素的影响,在招募环节可能招募不到不同年级的服务对象。因为开学较晚,大学生的课程安排较为密集,可能出现学生因为时间紧张而无法参与小组工作的情况。所以社工应在一个校区内招募,且要向学生交代小组活动的内容和时间,保证小组成员尽可能参加小组活动。

2. 活动的开展。在此次小组活动开始之前,社工虽然有开展小组工作的经验,但是可能同样存在活动过程中对时间把握不准或现场气氛低沉的情况。因此活动最好安排在课余时间,不要安排在体育课上或者太早的时间段,防止有些学生过度劳累或者起太早而精神状态不佳,影响小组工作成效。社工也应该做好时间规划,保证小组工作每个环节的效率。

3. 组员的参与性不强。小组工作开展后,可能有组员对小组活动内容不感兴趣或者参与度降低,而产生退出小组活动的想法。因此,在破冰环节,社工需要带动现场气氛,激发组员对小组活动的兴趣,增强小组的凝聚力和参与性,让每个组员都参与其中。同时,社工也要善于观察,了解每个组员的情绪状况。如果某个组员出现情绪低落的情况,社工需要单独了解和询问原因,对组员进行鼓励和引导,让参与性较强的组员带领其他小组成员参与其中,增强小组的凝聚力。社工在活动结束后也应当给予适当的奖励,鼓励小组成员继续参加活动。

(九)评估方法

采用的评估方法是过程评估与结果评估。过程评估从小组工作的前期准备、小组工作活动设计的合理性与小组成员的活跃度和参与度等角度进行。在结果评估中,社工将采用前测与后测的问卷形式,利用数据对小组成效进行评估。同时,社工采用活动满意度量表对小组成员进行小组活动结果评估,通过多维度的测量来了解小组工作的成效。

四、服务计划实施过程

(一)第一次小组活动:破冰行动

活动主题:破冰行动(表1.28)。

活动目的:小组成员自我介绍,消除彼此的陌生感,营造和谐的氛围,增进彼此之间的了解,以建立专业关系。社工向小组成员介绍小组工作的主题、内容以及活动目的,和小组成员共同制定小组规则,解答小组成员的疑惑,确保活动顺利开展。

日期:2020年10月11日。

参与者:社工和8名小组成员。

表 1.28　"破冰行动"流程

时间	地点	活动名称	内容
10 分钟		小组介绍	社工首先做自我介绍,介绍小组的基本情况以及开展活动的目的与意义
5 分钟		小组成员相互认识	小组成员做自我介绍,相互认识,相互了解兴趣爱好和专业背景
20 分钟	教室	活跃气氛,做小组游戏"你画我猜"	"你画我猜":其中一个人根据词语的意思作画,其他人根据画的内容猜词语
10 分钟		制定小组规则	小组成员提问,对小组规则提出意见,社工进行回答和解释
5 分钟		问卷测试和总结	小组成员回答问卷内容,以作为活动标的。社工最后做此次活动总结,并且让小组成员思考什么是金融素养

由于这是第一次小组活动,小组成员中仅有个别人相互认识。在一开始的自我介绍环节,由于陌生感和紧张感,组员仅介绍了自己的姓名和专业,较少谈及其他方面,互动效果一般,需要进一步加强。社工在主持过程中发现组员之间存在距离感,于是开始活跃游戏气氛。首先,社工安排组员们围成半圆形,增强彼此间的亲近感。同时,为了营造一种轻松的氛围,社工先将语速放缓,将语调放低。其次,在游戏过程中,社工在黑板上根据词语所表达的内容绘画,并且主动对组员进行提示,帮助他们猜词语。再次,在社工的帮助下和轻松愉悦的游戏气氛中,小组成员都开始慢慢地活跃起来,每个人都积极地参与到小组游戏当中。成员 A 在游戏中比较活跃,并且鼓励其他组员积极参加小组活动。当成员 B 对自己没信心、不想参加小组活动的时候,成员 A 对其进行鼓励,并且积极活跃气氛。

成员 A:没事的,我也不懂啊。这样,你来画,我来猜,很简单的。你要相信我,我肯定可以猜得到你画的东西,而且你看就我们两个男生,没什么的。猜错了那是我笨,丢人的又不是你,放心,在美女面前要表现自己。

在小组活动结束之后,组员之间初步建立了信任关系,同时也了解了对方,拓宽了小组成员之间的交际圈,初步成立了互助支持网络。小组成员积极提问,再次详细了解小组活动计划。与此同时,社工也再次强调了本次小组活动的目标,虽然之前已经对小组目标进行说明,但此次的目的是进一步强化组员对目标的认知。最后,社工与组员协商了小组工作的开展时间和次数,共同制定了小组规范,每个组员都提出了自己的意见,以保证小组工作的顺利开展。

在小组工作结束后,组员们都肯定了此次小组工作和活动内容,并表示愿意再次参加活动。同时,组员也给了社工一些活动建议及反馈,社工认真记录下来,并完善下一次活动。

组员 F:这个活动很好啊,我一开始以为是很严肃的那种课呢,之前还不是特别想来,因为听说有八个人。那么多人不认识,我有点害怕。应该说不是害怕,而是害羞。结果大家都挺好的,而且活动也很有意思,让我认识了这么多人。A 真的很好笑,哈哈。

本次活动通过游戏达到了以下效果。第一,增进了组员间的了解,紧密了组员之间的关系。第二,制定了小组规则,为之后形成小组契约奠定了基础。第三,与组员协商好了每次小组活动的时间和地点,得到了组员的确认。在本次活动中,社工采用了引导、鼓励、支持和保持同理心等社工技巧,顺利完成了第一次小组活动。

但是,社工在开展小组工作时还是存在一些问题。首先是活动设计安排不太合理,应该先安排热身活动,再进行组员自我介绍。当时社工考虑到彼此不认识,不知道如何称呼,可能在工作中出现障碍,导致前期场面较为尴尬。之后的活动需要根据现场情况调整活动安排。其次需要利用好积极活泼的组员,让他们带领大家参与其中,保证小组活动不冷场。再次,人员不足。社工可能需要他人的帮助,一个人记录和主持可能导致某些内容漏记,之后的活动需要他人协助。

(二)第二次小组活动:金融知识知多少

活动主题:加强小组成员的归属感,帮助小组成员了解金融知识(表1.29)。

活动目的:1. 小组成员进一步互相了解,增强小组成员的归属感和凝聚力,让小组成员更好地参与到活动中来,形成更加坚实的专业关系。2. 介绍金融素养的概念,通过活动帮助小组成员学习金融知识,激发小组成员的学习兴趣,为下一次活动做铺垫。

日期:2020 年 10 月 15 日。

参与者:社工和 8 名小组成员。

表1.29　"金融知识知多少"活动流程

时间	地点	活动名称	内容
5分钟		回顾活动	社工帮助小组成员回顾上次的活动
20分钟		你来比画我来猜	进行热身活动,让小组成员认识到错误的引导和理解会给自身带来错误的判断,甚至可能导致失败
20分钟	教室	金融知识介绍和组员经验分享	社工介绍金融素养的概念,让小组成员进行讨论,了解小组成员对自己的金融素养的评价。 小组成员间相互分享、了解之前所学习的金融知识,或者分享参与金融市场的经验和感受,回答喜欢以什么方式来学习金融知识的问题
5分钟		总结	了解小组成员的感受,引导他们做总结性的发言

本次活动是小组工作的第二次活动,社工先用开场白引出本次活动的主题,小组工作开始进入正式阶段。在回顾上次活动的内容以及大家的表现后,组员之间开始互动,氛围开始活跃。之后,社工介绍了本次的热身游戏——"你来比画我来猜"。在介绍活动规则时,组员已经迫不及待地想参与其中。在介绍完之后,小组成员就已经组好了队,两人一组进行挑战,气氛十分活跃。猜词的组员可能受到绘画同学的引导,而产生错误的理解,在猜词过程中会犹豫,最终导致猜错词语。热身活动结束后,社工开始介绍金融素养的概念,对小组成员进行提问,组员回答问题较为积极,并且乐于分享自己的经验与感受。根据小组分享的内容和问卷,小组成员都没有投资经历,仅有个别成员使用过网络信贷(花呗、白条等)。

成员E:我没有什么参与经验,使用花呗算吗? 双十一的时候,花呗有活动,我就选择了花呗为第一付款方式,然后开始使用。后面就没怎么用了,不敢用,总怕花多了。

成员A:我之前都用过,真的很容易花很多,就感觉自己有生活费一直没花,还挺富。结果一到还款的时候,我就傻了,为什么还有这么多没还啊? 我搞不懂,然后就关了。

在学习金融知识方面,小组成员表示都没有特别的学习方式,并且平时也没有特别关注金融相关的新闻和资讯。在问卷中,大部分小组成员对金融新闻不太感兴趣。最后,社工对当天的活动进行了总结,告诉组员们虚假的广告和错误的消息会导致我们上当受骗,所以在接收信息时需要辨别真伪,并且要看清楚所有的内容。

成员 F:我们这个学期是有金融课程的。学长这个 PPT 里面的游戏内容,有些就在课上提到过,所以我比较了解,在猜的时候也就比较容易。我个人对金融相关资讯是比较感兴趣的。很多人被"割韭菜",可能就是受到了虚假宣传的影响,而上当了。

本次活动通过小游戏以及互助分享,进一步增进了组员彼此间的关系。同时,社工通过讲解以及组员的讨论,让组员了解了金融素养的概念,激发了小组成员的学习兴趣。在此次小组工作过程中,社工运用了倾听与澄清的技巧,例如:社工在活动中耐心解答组员的疑惑,并且对组员的错误想法进行了纠正。与此同时,小组活动过程中也遇到了一些问题。第一,组员之间的陌生感消除,组员之间交流增多,导致在热身游戏过后,很多组员还在交头接耳,使得社工在介绍或者提问时被打断,不断维持小组秩序。第二,在热身游戏环节,社工提到一些较为专业的金融词语(如中央银行、投资、储蓄等)时,部分组员的参与热情明显降低。所以社工需要增加一些激励机制,增强小组成员挑战自我的意愿和参加活动的积极性。

(三)第三次小组活动:金融知识大考验

主题:提高金融知识掌握水平(表 1.30)。

活动目的:1. 提高小组成员对金融知识的掌握水平,进一步提升自身的金融素养。2. 让小组成员养成学习金融知识的意识和习惯,帮助小组成员了解和拓宽学习金融知识的途径。

日期:2020 年 10 月 18 日。

参与者:社工和 8 名小组成员。

表 1.30 "金融知识大考验"活动流程

时间	地点	活动名称	内容
5 分钟		回顾上次活动的内容	社工帮助小组成员回顾上次的活动
20 分钟	教室	谁是卧底	每个小组成员拿一张卡片(只有一个人的卡片与其他人的不同),卡片内容为金融相关的词语,在游戏结束后向别人解释这个词的意思
10 分钟		互相分享	小组成员间相互分享参与活动的感受和学到的知识

续表 1.30

时间	地点	活动名称	内容
5 分钟	教室	学习的探索	组员分享学习与了解金融知识的途径和学习方法,并且讨论如何养成学习金融知识的习惯
5 分钟		总结	了解小组成员的感受,引导他们做一个总结性的发言
5 分钟		预告	预告下一次活动的内容

此次活动是第三次小组活动,社工在开展小组工作前通过观察,发现小组成员彼此之间会主动打招呼、聊天,询问最近的课程和活动安排等,组员的凝聚力进一步增强,这也说明此前的小组活动略有成效。在此次小组活动中,社工通过"谁是卧底"的游戏科普金融知识,帮助小组成员加深记忆,并且提升他们主动学习金融知识的兴趣。在活动过程中,小组成员遇到不理解或者不知道如何描述的词语,会主动拿出手机积极查找,并且说出自己对词语的理解。社工运用了沟通技巧,积极回应了组员对部分词语的疑问,并且对小组活动进行了归纳总结,讲解了每个词语的意思,最后了解了组员的参与感受。社工发现通过游戏的方式可以激发小组成员的学习动力,会努力思考其他卡片上的金融词语的意思。

成员 B:会有点难,我很想跳过,但是不想被投出去,因为我觉得我不是"卧底"。我很想赢。

成员 D:我每次都是第一个被淘汰的,体验感有点差,但是玩得很开心。听他们描述后,我就知道"卧底"是谁了,很想继续发言。我很喜欢这个游戏,很想继续玩。

组员对游戏的热情非常高,强烈要求多玩几次,社工当场增加了两轮游戏,小组气氛十分活跃。在社工讲解完词语后,大家都明白了词语的意思。

在分享环节,小组成员积极发言,说出了许多了解金融知识的途径,例如:上选修课、听讲座、看新闻 App 和公众号等。在谈到公众号和抖音号时,大家都积极拿出手机,介绍自己关注的公众号和抖音号的特点,其他组员也在"安利"下纷纷关注。社工在活动后进行倡议,希望组员每天能花半个小时浏览金融相关资讯或者观看相关短视频,以逐渐培养学习金融知识的兴趣爱好,养成主动学习金融知识的习惯,组员们纷纷表示赞同。

成员 A:学长,我认为这次活动很棒,很有趣。而且我真的学到了很多东西。其实被动学习的效果没有主动学习这么好,真的。我在活动中一直想这个词语的意思,很有启发。

成员 E:我在这次活动中学到了东西,没想到还有奖励,有这么多好吃的小零食。我非常开心,很期待下次活动!

社工认为此次小组活动比较成功。第一,小组成员的参与性非常强,每个人都积极发言,并且主动学习词语的内容。第二,小组成员在分享过程中遵守秩序,没有出现打断他人发言的情况,并且主动记录学习金融知识的途径。在活动结束后,组员在微信上也表达了对此次活动的肯定。

(四)第四次小组活动:情景大挑战

主题:辨别非理性消费(表1.31)。

活动目的:1.帮助小组成员了解非理性消费的内容和危害。非理性消费作为金融能力的一部分,影响着金融素养水平的高低。2.通过角色扮演使小组组员了解盲目跟风消费、超前消费等非理性消费行为的突出特点,认识到非理性消费行为对生活、学习和人际交往等方面造成的不良影响。3.通过总结和讨论让组员明白,深陷非理性消费的旋涡对自身的影响及危害,加深组员对非理性消费行为的认识。

日期:2020 年 10 月 21 日。

参与者:社工和 8 名小组成员。

表 1.31 "情景大挑战"活动流程

时间	地点	活动名称	内容
5 分钟		回顾上次活动的内容	社工帮助小组成员回顾上次的活动
20 分钟		情景大挑战	社工准备一个剧本,共三个场景,每个场景反映不同的非理性消费问题。社工邀请小组成员扮演角色,在演完后讨论这些剧本反映出哪些非理性消费问题
10 分钟	教室	分析与讨论	社工引导小组成员讨论非理性消费对个人的负面影响,以起到启发作用
10 分钟		经验分享	社工帮助小组成员分析如何克服非理性消费的观念。小组成员讨论如何避免非理性消费
5 分钟		总结	了解小组成员的感受,引导他们做一个总结性的发言

此次活动是第四次小组活动,小组成员相互之间更加熟悉,在来到活动教室时会坐在位置上讨论 PPT 第一页的主题,聊一些与活动内容相关的话题。本次小组活动没有设置热身游戏,因为组员之间已经非常融洽,所以社工直接进入主题,介绍当天的活动目标和活动内容。在分发剧本前,社工和组员沟通,希望有人自告奋勇上来表演。组员也非常配合,纷纷举手,希望参与其中。在本次活动中,社工运用了引导以及鼓励技巧。在开始时,社工鼓励组员主动参与小剧本演出,在提问环节引导小组成员思考小剧本反映的非理性消费问题,让小组成员了解非理性消费行为的不同。最后,社工通过总结引导小组成员进行思考,小组成员也积极回应。

成员 E:这个行为肯定不好,我也深有体会。我发现这个剧本太真实了,真的,感觉就像在写我,我偶尔也会这样。我感觉这些类型其实都比较常见,如果说影响,可能是会导致大学生"吃土"吧。

成员 A:对对对,会这样,还可能出现偷东西、借款还不上、学习注意力不集中、产生家庭矛盾之类的情况,影响挺大的。我们还是需要控制自己的购买欲望。

在讨论环节,社工观察发现,女性组员购物欲望更加强烈,也更容易受到非理性消费观念的影响。在讨论环节,女性比男性更加积极,并主动分享自己进行非理性消费的原因,说明哪些因素会影响消费观念。根据组员的陈述,宣泄性消费和盲目跟风消费是小组成员存在的主要非理性消费问题。

本次小组活动非常成功,组员对活动的参与程度与积极性提高了。同时,组员对小组的归属感也在不断增强,组员表现出继续参加小组活动的强烈意愿。在游戏过程中,社工在不断帮助组员树立克服困难的信心,并且鼓励组员表现自我,引导组员在活动中互相支持。在总结环节,社工询问了组员对本次活动的感受,小组成员的反馈是参与感很强,并且活动内容十分贴近生活,对小组活动予以了肯定。但是本次活动也暴露出一些问题:组员在讨论中过于激烈,场面较难把控;同时,组员在讨论时容易偏题,可能是因为组员对内容感兴趣且话题多。在下一次的小组活动中,社工需要在活动前强调纪律,适时引导话题。

(五)第五次小组活动:思维大碰撞

主题:建立正确的消费观(表 1.32)。

活动目的:1. 帮助小组成员建立正确的消费观,促使小组成员更好地树立理性消费观念。2. 帮助组员制定生活费开支计划,内化和加深小组成员对非理性消费的认识,并且保持小组活动的长期效果。

日期:2020 年 10 月 25 日。

参与者:社工和 8 名小组成员。

表 1.32 "思维大碰撞"活动流程

时间	地点	活动名称	内容
5 分钟	教室	回顾上次活动的内容	社工帮助小组成员回顾上次的活动和案例
20 分钟		思维大碰撞	社工对小组成员提问:1. 哪些时刻容易非理性消费？这会带来什么危害
10 分钟		改变探索	小组成员探索和分析建立理性消费观的策略,畅谈正确的消费观对生活和学习的作用
10 分钟		制定计划	社工帮助组员建立正确的消费观念,制定计划书,督促组员在一个月内理性消费
5 分钟		总结	了解小组成员的感受,引导他们做一个总结性的发言

此次活动是第五次小组活动。社工在活动开始前,对上次活动进行回顾以及讲解,引导组员进入本次的小组活动。小组成员回顾上次活动后,感想颇多,并且对当天的活动期待满满,开场明显比前几次更加活跃。在讨论何时容易出现非理性消费行为时,组员们都踊跃地表达自己的想法。"双十一"活动话题,引起了小组成员的共鸣。

成员 F:马上又到"双十一"了,这个节点肯定容易出现非理性消费,我已经交了很多订金了,看到需要付的尾款,就感觉有点悲伤。我觉得除了现在的网络,商场打折呀,或者"买一赠一"的活动,都容易让人非理性消费。

在讨论后,社工为每个人发放了生活开支计划表。大部分小组成员第一次制定消费计划,显得比较生疏。在社工的引导和演示下,每个人都开始认真地制定消费计划,社工对组员进行了鼓励,并予以支持。很多组员在做完后感叹有些消费不需要,也了解了自己的生活费主要花在哪里,对自己的消费有了更清晰的认识。

在本次小组活动中,讨论环节气氛高涨,组员们都在踊跃发言,表达自己的想法和亲身经历。在社工的引导下,组员们都发现了自身错误的消费观念。在制定生活费开支计划的环节,小组成员看着自己的账单和消费记录,都感到十分震惊,深刻意识到自己的消费观念存在一定的问题。在制定好生活费开支计划后,大家的情绪都较为低落。所以,社工在总结时对大家给予鼓励,因为坚持是一件困难的事情,但是坚持就能有所改变。社工表示非常理解大家的心情,并引导组员进行总结和改正,树立正确的消费观念。

(六)第六次小组活动:脑洞大开

主题:金融诈骗案例分析(表1.33)。

活动目的:1. 帮助小组成员了解几种常见的诈骗方式。2. 通过案例分析,让小组成员加强警惕,预防金融诈骗的发生。3. 通过讨论和分析,帮助小组成员拓宽解决被骗问题的途径,以积极的态度面对已经发生的金融诈骗。

日期:2020 年 10 月 28 日。

参与者:社工和 8 名小组成员。

表 1.33 "脑洞大开"活动流程

时间	地点	活动名称	内容
5 分钟	教室	回顾上次活动的内容	社工帮助小组成员回顾上次的活动
25 分钟		案例分析:分析金融诈骗的本质,加强对金融诈骗的认识	社工分享几个校园金融诈骗案例,小组成员讨论为什么诈骗分子会得逞,他们运用了什么方式方法取得受骗人的信任
10 分钟		解决方法大讨论	小组成员讨论应该如何甄别金融诈骗,遇到金融诈骗应该怎么办
10 分钟		总结内容	总结这次活动的内容,帮助小组成员巩固学到的防诈骗知识

此次活动是第六次小组活动。社工以故事的形式讲述大学校园金融诈骗案例,例如:骗子盗用小明亲属的 QQ 号,向小明借钱或者充话费;骗子冒充网络美女,对小王进行诈骗,诱导小王发红包或者转账,最终被拉黑删除。这些案例引发了小组成员的讨论,并且组员希望了解更多的案例,增加自身的风险防范意识。在社工分享案例的过程中,每个小组成员都十分专注,认真地听社工阐述案例的过程和细节。在社工讲完案例后,部分组员认为案例中的人"太傻"。有的组员发表了自己的意见,同时分享了一些亲身经历或者听说的金融诈骗案例。

成员 H:我感觉很多上当受骗的人有一种心理,就是舍不得前面被诈骗的钱,就是有那种搏一搏的心态,或者不愿意接受自己上当受骗的事实,最后导致自己被骗的钱越来越多。如果上当受骗了,我一定立马报警。

成员 A:如果接到了公安的电话,你在那个场景下肯定会害怕,就可能会按照对方的要求去做,希望证明自己的清白。这也不是傻,而是害怕。

在本次小组工作中,组员们都显得兴趣十足。在案例分析部分,组员们都发表了自己的想法,讨论了为什么大学生会上当受骗。在解决方法部分,大部分小组成员选择报警或者找老师帮助,并没有找社工或者专业律师的想法。社工总结了一些新的途径和方法,帮助小组成员拓宽求助渠道。在总结环节,小组成员表示希望了解更多金融诈骗案例,学习更多识别金融诈骗的技巧,增加自身的防范意识,以减少金融诈骗风险。

(七)第七次小组活动:每天新一点

主题:巩固小组活动成效并结案(表 1.34)。

活动目的:1. 帮助小组成员回顾小组活动,巩固所学知识。2. 结束小组活动,进行小组成效评估。3. 社工安抚小组成员的离别情绪,并且总结此次小组工作的内容,结束活动。

日期:2020 年 10 月 31 日。

参与者:社工和 7 名小组成员。

表 1.34 "每天新一点"活动流程

时间	地点	活动名称	内容
5 分钟	教室	自我变化	社工帮助小组成员了解和发现自己的变化,并且分享一个组员最积极的时刻
15 分钟		回忆与感悟	做游戏——"你真的很不错"。小组成员先思考,再对他人进行评价和表扬,最后用"你真的很不错"来结束,增强每个小组成员的信心
20 分钟		回顾活动,分享感悟	小组成员谈谈自己的感受和体会,分享自己的收获
10 分钟		后测与总结	小组成员填写问卷,了解小组成员的金融素养是否有所提高,并与前测进行对比。 社工疏导小组成员的别离情绪,促进小组成员相互支持,并予以祝福

此次活动是本次小组工作的最后一次活动。社工在上一次活动结束后就

提前和组员沟通了,组员们都显得十分不舍,并且询问可否多举办小组活动,希望了解更多的金融知识。社工发现组员情绪低落,给予了组员更多的情感支持,并且安抚了情绪低落的组员,给他们更多的鼓励。成员 E 因为参加社团活动,无法按时参加小组活动,所以没有参与后测与意见填写,其他人都按时参加了活动。

社工首先帮助小组成员回顾了所有的小组活动内容,并且询问小组成员最喜欢、记忆最深刻的是哪一次小组活动。在游戏过程中,组员显得有些尴尬,不知道如何夸奖对方,社工率先带头,引导他们说出对方的改变或者参加活动的状态,帮助他们发现对方的改变。根据小组成员的反馈,大部分小组成员认为,第五次活动中的制定生活开支计划环节和第六次活动中的案例分享环节让人记忆深刻。

成员 B:第五次活动真的让我印象深刻,我突然觉得自己这么能花钱,而且完全没有开支计划。在活动结束后,我也认真地执行了,感觉还是挺有效的,节约了挺多钱。

成员 G:我觉得第六次活动给我的印象最深刻,没想到还能这样被骗。我真的很想了解更多的案例啊,感觉这些案例让我开了眼界,真的好有趣。

最后,社工发放了后测问卷以及小组活动调查问卷,以主观和客观的形式了解组员的变化及金融素养水平。在填写完问卷后,小组成员又对活动再次表达了不舍,并且肯定了小组活动,并表示希望未来能通过这样的形式学习金融知识,提升自己的金融素养水平。

五、案例评估

(一)小组活动设计评估

根据组员的表现以及组员之间的沟通状况,小组成员的参与度与活跃度随着小组活动的增加而不断提升。在第一次小组活动中,由于社工对活动顺序的安排不是特别合理,组员一开始介绍时有些尴尬。但是随着游戏的进行,小组成员开始互相交流,希望参与到小组活动中。在活动结束后,小组成员更加了解对方,增强了彼此间的亲密感。

在第二次和第三次活动中,社工清楚地感觉到组员的积极性被调动了起来,每个组员都在积极地表达自己的想法,与其他组员分享自己的经历。小组成员沟通更加频繁,并且会提出自己心中的疑惑,发表自己的见解。相较于第一次活动,小组凝聚力更强,活动气氛更加活跃。从一开始的陌生、不敢发言、不敢表达自己的看法,到现在的相互鼓励、支持和交流,组员之间更加亲密,这就是组员关系的变化。

在第四次和第五次活动中,社工设计的情景小剧场以及生活开支计划的制定,都引起了小组成员的共鸣,每个组员对剧情内容都有切身体会,也激发了他们进一步参加小组活动的欲望和学习金融知识的欲望。在小组活动结束后,小组成员也表达了做好生活费开支计划的重要性和实用性,对社工表达了感谢。同时,组员之间也更加亲密,形成了互助支持网络,相同的经历和想法拉近了组员间的距离。

在第六次活动中,社工分享的真实案例激发了小组成员的兴趣,每个人都认真听,全身心投入小组活动中,并表示希望学习更多的案例知识。这充分表明组员对金融知识的态度正在转变。

在最后一次的小组活动中,组员们表达了对活动结束的不舍。后测部分以及问卷调查,都明显地显示出活动的有效性。组员们对活动提出了一些宝贵的建议,例如,希望深入学习一些金融知识,多分享一些金融诈骗案例,活动增加,辅助一些专业课程学习等。根据测试的结果和反馈,社工认为活动达到了预期目标,小组成员的金融素养水平也得到了显著提升。

(二)小组工作设计的合理性

本次小组工作的最终目的是通过小组活动帮助大学生提升金融素养,所以活动内容是根据金融素养的每个部分来设计的。在前期的问卷调查中,社工发现大学生对金融知识掌握不足,所以在活动设计中增加了活动次数,以提升和巩固小组工作成效。在金融能力方面,随着年级的增长,大学生使用网络信贷或投资的欲望可能会随之增多,所以社工主要科普一些基础金融工具的使用方法,同时增加一些与创业有关的诈骗案例。在金融意识方面,问卷显示,大部分学生的消费观念存在一定的问题,容易非理性消费,所以社工在活动中也设计了两次树立理性消费观念的活动。综合而言,这些小组活动能够提升大学生的金融素养水平,帮助大学生全方位地了解金融知识,激发大学生学习的兴趣。

在小组活动过程中,社工控制了单次小组工作的时长,并且在小组工作开展前,在教室中排练,规划出时间安排表,以有序地开展小组工作。小组工作的活动流程也是根据实际情况精心安排的,在小组活动初期,为了更好地营造活动氛围,提高小组成员的积极性,社工设计了热身活动。在后面的活动中,社工了解了小组成员之间的沟通方式,删除了一些不必要的小游戏,增加了组员的讨论和分享,以增加组员的思考时间,保证活动的效果。

(三)小组成员满意度评估与反馈

在第七次小组活动结束后,社工给参加活动的组员都发放了小组活动过程满意度调查问卷,以量表的形式了解组员们的真实感受以及对活动的反馈。85%的同学认为活动时间和内容安排合理,愿意参加每一次活动,对社工感到满意,积极参加了每次活动,活动气氛很好。76%的组员认为,活动场地安排合理。在自我提升方面,100%的组员认为自己学到了金融知识,学会了如何规避金融风险(金融诈骗、个人信息泄露和传销等)。85%的组员认为,活动对学习金融知识具有启发作用。76%的同学认为,小组工作激发了自身学习金融知识的兴趣。

以上数据显示,大部分组员认同小组工作的成效并且对小组工作比较满意。在活动场地安排上,由于在不同的教室开展活动,部分组员可能对场地安排不太满意。整体来看,小组工作的内容和社工的服务都得到了组员们的肯定。

(四)组员金融素养前后对比

在第一次活动结束后,社工通过问卷对小组成员的金融素养水平进行了测试,并且对得分进行了统计。在最后一次活动中,社工再次发放了问卷,并且进行统计(表1.35)。

表1.35　组员金融素养状况

	大学生	前测	后测
均值(分)	6.75	6.5	7.42
标准差	2.62	4.65	0.72
n	280	8	7

从问卷的得分情况来看,组员的金融知识得分明显增加,平均分从6.5分上升到7.42分。部分组员有较大的提升,如成员C、成员D和成员H,在满分为9分的题目中得到了7分。在金融意识方面,组员们的消费意识增强了。对于"今天有钱今天花,明天的事情明天再说"这个看法,全部组员从中立态度转为

不太同意和完全不同意,并且愿意储蓄和投资。在金融能力方面,小组成员都表示已经了解并且学会了制定生活开支计划,提升了基础金融能力,为之后的学习奠定了基础。

根据统计分析,小组成员的金融素养水平得到了相对明显且有效的提升,组员的均值也已经高于大学生的平均水平。

六、专业反思

(一)结论

本次社会工作小组活动的过程评估结果和内容评估结果都可以证明,本次社会工作小组达到了帮助小组成员改变认知方式,促进小组成员自我成长,增强小组成员参与金融市场的积极性,帮助小组成员形成良好的消费习惯、树立金融风险防范意识以及提升金融素养水平的目标。社会工作小组本身强调发挥团体作用,在社工的专业引导下,通过具有趣味性和启发性的活动,带动组员积极参与,在互动中激发兴趣和挖掘潜力,提升了金融素养。

整个过程中,每次活动都能紧扣主题,满足提升大学生金融素养的实际需求。小组成员的参与积极性较高,并且活动内容能引发组员的共鸣,促使组员积极主动地参与其中。对于小组活动过程中的突发情况以及存在的问题,社工在活动后进行了总结与研究,会在后面的活动中进行完善,以避免问题重复发生。小组成员对小组开展的活动予以了肯定,前测与后测证明了本次社会工作小组活动的有效性与正确性。

本次社会工作小组活动不仅达到了预期的目标,还比较详细地了解了大学生的金融素养情况,进一步发展了金融社会工作实务研究的服务对象,增加了服务方式,对金融社会工作实务的研究与发展具有一定的借鉴意义。

(二)建议

提升大学生金融素养需要个人、家庭、学校、社工以及政府等各方面的共同努力。

1. 大学生要自觉提升金融素养

一方面,要加强理论学习,提升金融理论素养。大学生可以利用学校的资源优势,借助图书馆、手机和互联网等各种形式,丰富金融知识和金融技能的学习途径,增长金融方面的知识。

另一方面,从实践方面提升金融素养。大学生要树立正确的人生观、价值观和科学的消费观,合理规划自己的支出计划,避免超前消费;同时也应当注重应用能力的培养,养成金融储蓄的好习惯,积极参加学校举办的金融活动,将理论与实践相结合,提高自身的金融能力。

2. 家庭要重视子女的金融教育

家庭对子女的金融教育要一以贯之,不可忽视。家长要注意培养子女的金融意识,合理分配子女的生活费等金融资源,引导他们制定有效的储蓄和支出计划,要经常关注子女的在校生活,及时与子女沟通,提醒他们注意防范金融风险。子女遭遇金融诈骗,家长不要一味地指责,而应当努力引导他们以正确的心理和态度面对金融问题,共同寻找解决金融问题的方法与途径。

3. 学校应广泛开展大学生金融素质教育

学校应重视大学生金融素质教育,将金融素养提升课程纳入大学生的通识教育课中,举办各种金融讲座或者活动,增长大学生的金融知识。学校应加大金融反诈骗宣传,建立大学生金融风险联防联控机制,在学生因遭遇金融诈骗出现情绪波动时,及时帮助学生走出困境,维护学生的合法权益。学校还可以与政府、金融机构合作,邀请专业人士到学校进行金融素质教育、举办培训活动,提高学生的金融素养。

4. 政府应出台相关政策提升大学生的金融素养

政府应加大对大学生的奖学、助学力度,出台针对大学生的资产建设政策,鼓励大学生养成良好的储蓄习惯,学会理财技能。政府应加大监管力度,规范针对大学生的网贷项目,严厉打击针对大学生的金融诈骗等违法犯罪行为。教育部门应在全国高校推广金融素养提升课程,为大学生提升金融素养创造良好的氛围和空间。

5. 社工应积极帮助大学生提升金融素养

社工一方面要努力提升金融素养,夯实专业服务能力;另一方面要与学校建立全面的合作关系,帮助学生理解和掌握金融专业知识,开展各种活动,提升大学生的金融素养。特别是在大学生遭遇金融诈骗时,社工要开展介入服务,帮助大学生联系资源,如政府救助和法律援助等,帮助大学生渡过难关。同时,社工还可以为大学生提供专业的心理辅导,开展个案工作,避免大学生做出极端的行为,引导大学生形成正确的认知,减轻金融风险问题所带来的伤害。

（根据江西财经大学 2021 届 MSW 学位论文《大学生金融素养提升的小组工作介入——以江西省 J 大学为例》编写，论文作者朱億，指导教师朱彬钰。）

案例点评

本案例是针对江西 J 大学的大学生开展的一次支持成长性小组，目的是激发小组成员学习金融知识的兴趣，帮助小组成员提升金融素养，积极学习金融知识，增强参与金融市场的积极性，形成良好的消费习惯以及树立金融风险防范意识。通过使用自编的大学生金融素养现状调查问卷以及影响因素调查问卷发现：大学生金融素养整体不高，个体差异较大；大学生金融素养水平受到年级的影响，两者呈正相关关系；女性比男性更加注重财务规划；经济管理专业大学生的金融素养水平比非经济管理专业大学生的金融素养水平高。如何帮助大学生规避金融风险，减少校园金融问题的发生，是一个值得全社会关注的问题。本案例的服务对象是从江西 J 大学招募的 8 名大学生，开展金融素养提升实务小组工作。前测发现他们的金融素养水平较低。本次小组活动共设计了 7 期，每一期设计了一小时的小组活动，期望能够从整体上提升组员的金融素养水平。

本案例的社工选取了增能理论和社会学习理论作为本次小组活动的理论支撑，并把整个活动分为两大部分，分别解决大学生对自身金融素养的认知问题和提升金融素养的问题，为服务对象今后自觉提升金融素养打下了基础。

整个小组活动包括"破冰行动""金融知识知多少""金融知识大考验""情景大挑战""思维大碰撞""脑洞大开"和"每天新一点"。通过观察者评估、组员评估、量表评估，小组干预取得了一定的效果。本次介入活动促进了小组成员树立学习金融知识、养成良好金融习惯、防范金融风险的意识，增强了组员参与金融市场的积极性，提升了小组成员的金融素养水平。

本案例取得了不错的成效，但也存在一些局限性：

首先，服务对象的选取存在一定的局限性。在进行问卷调查、初步掌握江西 J 大学的大学生金融素养的基本情况后，应尽可能招募具有代表性的且同质性较强的大学生作为小组成员。在本案例中，由于疫情的影响，小组成员多为自愿加入，金融素养水平不一，有些成员在金融素养测评中得分较高，组员存在的金融问题也不一样，给小组活动的设计增加了困难，直接影响了小组活动的最终成效。

　　其次,在开展小组活动前没有对服务对象的需求进行深入评估。尽管社工利用问卷测评大致了解了服务对象的基本问题,但是评分并不能完全反映他们的真实需求。由于服务对象本身对金融知识存在一定的认知困难,因此不能保证问卷是其真实问题的表现。如果在开展服务时结合问卷进行无结构式谈话,进一步获得小组成员的可信情况,就可以有针对性地设计服务计划。

　　再次,服务计划还需要进一步优化。毋庸置疑,金融素养提升是一项系统性、长期性的工程。要想在短时间内使服务对象的金融素养明显提升,就需要对服务计划的目标进行十分精准的设定。在本案例中,社工以全面提升服务对象的金融素养为初衷,设计了形式多样的小组活动。但是服务对象的金融问题存在较大的差异性,每一次的小组活动是否能准确地指向每一位组员的金融问题,值得商榷。第七次小组活动中的巩固环节,对保持组员继续提高金融素养的积极性着力不足,使得小组活动是否具有中长期效果存在一定的疑问。

(唐俊)

第二章　城镇老年人数字金融素养提升的
小组工作介入

一、案例背景

近年来,数字技术有了新的突破且成为一种重要的认知工具和影响社会生活的力量。《中华人民共和国国民经济和社会发展第十四个五年规划和2035年远景目标纲要》明确提出,要加快数字社会建设步伐,以适应数字技术全面融入社会交往和日常生活新趋势。同时,金融业和信息技术的结合改变了传统的业务形态和人们的交互方式[1],使得传统的金融结构和融资功能面临新的转型。新兴的数字金融投资、数字金融理财模式等也为社会金融的发展注入了新的活力。与此同时,我国老龄化进程正明显加快。2021年5月公布的第七次全国人口普查结果显示,我国60岁及以上人口占比达18.70%,与2010年相比上升了5.44个百分点[2]。与之相应的老年网民比例也在稳步提高,《第49次中国互联网络发展状况统计报告》显示,截至2021年12月,我国网民规模达10.32亿,较2020年12月新增网民4296万。其中60岁及以上老年网民规模达1.19亿,占比为11.50%[3]。

尽管老年人参与数字社会取得了可喜的成绩,但与年轻人相比,其数字素养仍然偏低。中国社会科学院信息化研究中心2021年3月11日发布的《乡村振兴战略背景下中国乡村数字素养调查分析报告》显示,随着年龄的增长,中老年群体数字素养得分逐步下降,61岁及以上老年人的数字素养得分仅14.2分,

---

① 黄益平,黄卓.中国的数字金融发展:现在与未来[J].经济学(季刊),2018,17(4):1489-1502.

② 国家统计局,国务院第七次全国人口普查领导小组办公室.第七次全国人口普查公报(第五号):人口年龄构成情况[R/OL].(2021-5-11)[2023-2-14].https://www.stats.gov.cn/sj/zxfb/202302/t20230203_1901085.html.

③ 中国互联网络信息中心.第49次中国互联网络发展状况统计报告[R/OL].(2022-02-25)[2023-03-14].https://www.doc88.com/p-549597708212473.html?r=1.

老年人遭遇了"数字鸿沟"①。同年 8 月，央行发布的《消费者金融素养调查分析报告》指出，我国消费者金融素养在年龄上的分布呈现倒"U"形，老年人和青少年的金融素养水平相对较低，"一老一少"是金融教育持续关注的重点②。在人口老龄化和数字金融浪潮的背景下，城镇老年人相较于农村老人及城镇高龄老人受到数字金融的冲击更大。

二、案例分析

朝阳社区是山西省晋中市 H 县下辖的城区中心社区，共有住宅小区 14 个，划分 10 个社会服务管理基础网格。常住人口有 12943 人，其中 60 岁及以上 795 人，占 6.14%。朝阳社区于 2010 年被晋中市老龄工作委员会评为"晋中市老龄工作示范社区"，2015 年被晋中市城市社区建设工作领导组评为"先进社区居民委员会"，2019 年被晋中市精神文明建设指导委员会评为"2017—2018 年度文明社区"。

2022 年 7 月 25 日至 10 月 31 日，社工采用问卷和访谈的方式在朝阳社区开展了针对城镇老年人数字金融素养的入户调查。问卷调查采取抽样调查的方法，问卷内容分别从老年人的基本信息、数字金融能力、数字金融风险感知力三个方面进行调查。其中，问卷的基本信息包括性别、年龄、受教育程度、子女数量、身体健康状况、家庭年收入以及收入来源。数字金融能力主要从数字金融意识（表 2.1）、数字金融工具应用能力、数字金融素养自我评价以及金融知识等方面设计。数字金融风险感知力主要从风险偏好、风险感知、对数字信贷优点的认识三个方面来调查。一共发放了 155 份问卷，回收 151 份，问卷有效率达 97.42%。

（一）数字金融素养存在的主要问题

1. 数字金融意识薄弱

在受访者中，超出 1/3 的老人对数字金融意识持非常不同意和不同意的态

---

① 中国社会科学院信息化研究中心. 乡村振兴战略背景下中国乡村数字素养调查分析报告［R/OL］. (2021 - 03 - 11)［2023 - 4 - 02］. http://iqte. cssn. cn/yjjg/fstyjzx/xxhyjzx/xsdt/202103/P020210311318247184884. pdf.

② 中国人民银行金融消费权益保护局. 消费者金融素养调查分析报告：2021［R/OL］. (2021 - 08 - 03)［2023 - 03 - 18］. https://www. doc88. com/p - 64187194128738. html.

度。在"我很重视查找各类金融信息的方法和途径"这一描述中,将近50%的老人不重视这样做。接近1/3的被访者在四个问题上都持不确定的态度,不确定自己是否具有数字金融意识。在"我会主动通过手机、电脑等途径查找金融产品信息"以及"我很重视查找各类金融信息的方法和途径"这两个描述中,仅有约13%的老人持肯定的态度。有42.38%的老人对线上贷款、投保、理财等持谨慎态度,具有风险防范意识。由此可见,目前城镇老年人的数字金融意识还较为薄弱。

表2.1 被访者的数字金融意识

描述	非常不同意	不同意	不确定	同意	非常同意
我平时会关注经济金融信息	21.19%	17.88%	32.45%	19.87%	8.61%
我会主动通过手机、电脑等途径查找金融产品信息	22.52%	23.84%	30.46%	13.25%	9.93%
我很重视查找各类金融信息的方法和途径	27.15%	19.87%	31.13%	12.58%	9.27%
我对线上贷款、投保、理财等持谨慎态度	16.56%	14.57%	26.49%	24.50%	17.88%

2. 数字金融工具应用能力较差

在数字金融工具应用能力(表2.2)方面,超过60%的被访者持否定和不确定的态度。随着应用能力的提高,被访者持否定和不确定态度的占比也越来越大。如:在"我会通过支付宝或微信等移动支付工具来获得互联网消费贷款,购买保险、理财等项目"和"我经常使用人工智能、智能交互服务(例如理财咨询、财务咨询等)"这两项中持否定和不确定态度的占比分别达到了79.47%和82.79%。经常使用智能手机以及经常使用支付宝或微信等移动支付工具的老人占比相对较高,为被访人数的1/3左右。在其他问题上,老人持肯定态度的占比基本不足30%,如经常使用人工智能、智能交互服务(例如理财咨询、财务咨询等)的老年人占比仅为17.21%。由此可见,目前城镇老年人的数字金融工具应用能力很差。

表2.2　被访者的数字金融工具应用能力

描述	非常不同意	不同意	不确定	同意	非常同意
我经常使用智能手机、信息平台等数字工具	17.88%	27.15%	22.52%	23.84%	8.61%
我能够较好地利用数字工具或者技术获取所需信息	21.85%	24.50%	27.81%	16.56%	9.27%
我会通过体验,购买自己需要的数字产品或服务	21.85%	25.83%	25.83%	18.54%	7.95%
我能够对所获得的信息进行有效处理和使用	19.87%	24.50%	31.79%	15.89%	7.95%
我经常使用支付宝或微信等移动支付工具	21.85%	20.53%	21.19%	21.85%	14.57%
我会通过支付宝或微信等移动支付工具来获得互联网消费贷款、购买保险、理财等项目	28.48%	21.85%	29.14%	11.92%	8.61%
我会使用支付宝余额宝或微信零钱通进行储蓄或消费	23.84%	22.52%	25.17%	19.87%	8.61%
我经常使用人工智能、智能交互服务(例如理财咨询、财务咨询等)	29.80%	27.15%	25.83%	9.93%	7.28%

3.数字金融素养自我评价较低

　　总体来看,被访者的数字金融素养自我评价(表2.3)不高。在各类选项中持否定和不确定态度的占比依旧很高,甚至达到了百分之八十以上。可见,被访者的数字金融素养自我评价不高,他们认为自己的数字金融素养处于较低的水平。

表2.3　被访者的数字金融素养自我评价

描述	非常不同意	不同意	不确定	同意	非常同意
我很了解数字金融产品种类(包括数字支付、数字信贷、数字理财)	26.49%	28.48%	26.49%	10.60%	7.95%

续表 2.3

描述	非常不同意	不同意	不确定	同意	非常同意
我能通过数字金融产品更好地管理家庭资产	27.15%	27.15%	25.83%	12.58%	7.28%
我知道数字金融有哪些风险	19.87%	26.49%	28.48%	15.89%	9.27%
我知道数字金融服务提供商会将我的信息用于计算信用需求、广告和信用评级	25.17%	24.50%	19.87%	20.53%	9.93%
我在使用数字金融产品和服务时能明确知晓自身权益	25.83%	23.18%	28.48%	13.25%	9.27%
当出现网络诈骗、过度借贷和高额利息等风险时,我知晓申诉对象及相关流程	23.18%	29.80%	23.84%	11.92%	11.26%

4. 数字金融知识普及性教育严重不足

在问及被访者是否接受过数字金融知识普及性教育（表 2.4）时,有 81.46% 的被访者表示没有接受过数字金融知识普及性教育,仅有 18.54% 的被访者表示接受过。原因有二:一方面是数字金融知识普及率低,居民缺乏数字金融知识;另一方面可能是社区居民缺乏主动学习的意识,所以才出现数字金融知识普及性教育不足的情况。

表 2.4　被访者是否接受过数字金融知识普及性教育

选项	频率	百分比
是	28	18.54%
否	123	81.46%

5. 对数字金融产品不了解

当问及接触不了解的数字金融产品的第一反应（表 2.5）时,高达 82.12% 的被访者持消极的态度,30.46% 的被访者选择拒绝了解,而 51.66% 的被访者不感兴趣,仅有 17.88% 的被访者感兴趣,想深入了解。由此看来,老年人依旧是数字金融领域的沉默对象,数字金融产品和服务对于老年人这一群体来说在未来会有很大的发展空间。

表2.5　被访者接触不了解的数字金融产品的第一反应

	频率	百分比
拒绝了解	46	30.46%
不感兴趣	78	51.66%
感兴趣，想深入了解	27	17.88%

6. 数字金融风险感知力较强

被访者数字金融风险感知力（表2.6）相对较强。有44.37%的老年人认为，数字金融可能会给自己带来损失。43.04%的被访者认为数字金融可能得不到期望的回报。45.03%的老年人担心使用数字金融服务时个人信息被盗。总的来看，由于投资意识较保守，或对数字金融缺乏了解，老年人认为使用数字金融会带来风险。

表2.6　被访者数字金融风险感知力

	非常不同意	不同意	不确定	同意	非常同意
数字金融可能会给我带来损失	13.91%	10.60%	31.13%	24.50%	19.87%
数字金融可能得不到期望的回报	13.25%	13.25%	30.46%	24.50%	18.54%
使用数字金融服务时担心个人信息被盗	13.25%	10.60%	31.13%	26.49%	18.54%

（二）老年人数字金融素养的影响因素

1. 受教育程度

不同受教育程度的人在数字金融素养方面存在很大的差异。受教育程度较高的人能获得较多的金融产品和服务机会，数字金融素养水平也会更高。国外学者研究发现，受教育程度低的人正确回答金融问题的概率较低，而且更有可能说自己不知道答案。可见，学历与个人的金融素养水平直接相关。

在受访的老年人中，大部分老年人受教育程度相对较低，以小学、初中文化为主。以是否能正确回答金融知识问题为例，从表2.7可以看出，随着受教育程度的提高，能正确回答该问题，选项为"更少"的比例也在相应增加，回答不知道的人主要为"初中"及以下学历。

受访者：我就是初中文化水平，现在能认识字，知道是什么意思就已经很不错了。我们用的手机也是孩子们不用的手机，在前两年刚用，还是孩子们非让我用的，说是联系起来方便，见不着的时候能够视频，然后学会了用微信语音。

对数字金融接触很少,更别说能正确回答它的相关问题了。(A102－02)

表2.7　受访者的受教育程度及金融知识问题回答情况

选项	不识字	小学	初中	高中、职高或中专	大专	大学本科及以上	总计
更多	2	10	23	2	1	2	40
	22.2%	32.3%	36.5%	7.4%	14.3%	14.3%	26.5%
更少	3	10	26	16	5	11	71
	33.3%	32.3%	41.3%	59.3%	71.4%	78.6%	47%
不变	0	0	0	0	0	0	0
	0%	0%	0%	0%	0%	0%	0%
不知道	4	11	14	9	1	1	40
	44.4%	35.5%	22.2%	33.3%	14.3%	7.1%	26.5%
总计	9	31	63	27	7	14	151

2. 收入水平

已有的一些研究表明,数字金融素养与年收入水平相关(表2.8)。收入水平较高的人可能具有较高的数字金融素养。在朝阳社区的受访者中,超过35%的老年人都处于低收入水平。低收入水平的老人在关注和参与数字金融方面更多地持否定态度。因此,低收入水平的老年人的数字金融素养在一定程度上落后于高收入水平的老年人,收入水平也是影响朝阳社区老年人数字金融素养的因素之一。在调查中发现,年收入较高的老年人在回答金融知识问题方面相较于低收入的老年人,正确率更高。可能是因为有稳定的收入,平时更关注数字金融信息,他们在参加线上理财活动时持同意的态度。

表2.8　受访者参与线上理财的态度及家庭年收入情况

	4万元及以下	5万至8万元	9万至12万元	13万元及以上	总计
非常不同意	11	8	1	0	20
	20.4%	11.0%	6.7%	0%	13.2%
不同意	23	17	3	1	44
	42.6%	23.3%	20.0%	11.1%	29.1%

续表2.8

	4万元及以下	5万至8万元	9万至12万元	13万元及以上	总计
不确定	8	20	2	0	30
	14.8%	27.4%	13.3%	0.0%	19.9%
同意	10	22	8	6	46
	18.5%	30.1%	53.3%	66.7%	30.5%
非常同意	2	6	1	2	11
	3.7%	8.2%	6.7%	22.2%	7.3%
总计	54	73	15	9	151

3. 风险态度和认知

风险态度和认知也会影响居民的数字金融素养。风险偏好型消费者往往具有更高的金融素养,这可能是因为偏好风险的人更愿意学习金融知识,尝试新的数字金融产品。风险态度和认知会影响老年人对数字金融信息的获取、处理和运用,进而影响老年人的数字金融素养。在受访的老年人中,有44.37%的老年人认为,数字金融可能会给自己带来损失,43.04%的受访者认为数字金融可能得不到期望的回报,45.03%的老年人担心使用数字金融服务时个人信息被盗。总的来看,老年人的风险投资意识相对保守。由于金融诈骗层出不穷,受访的大部分老年人对数字金融服务和产品持怀疑的态度,在一定程度上影响了老年人的数字金融素养。

受访者:有时候看新闻,会看到一些有关诈骗的消息。社区也时不时地宣传怎么防止被诈骗。听多了,我们心里也害怕,感觉那些理财的都是骗人的。去银行取钱的时候,银行的柜员知道我们有退休工资,也会向我们推荐一些理财产品,说是比存款的收益高。但是我们不懂那些金融知识,也听不懂人家介绍的是什么,心里也没谱,不敢去买。(A112-03)

还有一些只懂得理财皮毛的老年人,抱着侥幸的心理接受一些金融机构的无差别推广,随意购买理财产品,给自己造成了不必要的损失。

受访者:我之前在手机银行上购买过一段时间的理财,听说理财能赚钱,然后就抱着能赚钱的心态,看到哪个利率高就直接买了,根本不懂你说的什么风险等级、投资方向,因为我根本不会看这些,也不懂。还好刚开始没投多少钱,最后亏了一半多。不心疼是假的,我也没敢和家里人说。(A111-05)

4. 数字金融教育

在数字金融教育问题上,接受过数字金融教育的人比没有接受过数字金融教育的人能做出更好的金融决策。数字金融基础知识匮乏是老年群体数字金融素养低的重要原因。在问及受访者是否接受过数字金融知识普及性教育时,仅 28 位老年人回答接受过,其余 123 位老年人表示没有接受过此类教育。在 28 人中,超过一半的老年人接受数字金融教育的方式以专家讲座、专业书籍、报刊和银行等金融机构网点为主,通过金融社工、互联网和亲友等来接受数字金融教育的占比较少。

表 2.9　受访者接受数字金融教育的方式

受教育的方式	响应		个案百分比
	频数	百分比	
专家讲座	19	20.7%	67.9%
专业书籍	16	17.4%	57.1%
报刊	14	15.2%	50.0%
互联网	11	12.0%	39.3%
银行等金融机构网点	15	16.3%	53.6%
亲友	9	9.8%	32.1%
金融社工	2	2.2%	7.1%
其他	6	6.5%	21.4%
总计	92	100.1%	328.5%

受访者:我和老伴都是单位退休人员,我们两个人退休工资也不少。除去日常的花费剩下的钱,我们都会到银行进行投资理财,一方面是攒我们的养老金,另一方面是为孩子们攒点钱。我们也听说过手机上就能理财,各大银行的手机银行上就有很多理财产品。我们了解理财产品主要还是通过银行,怕自己在手机银行上面弄错了。毕竟投的是钱,所以我们一直在银行办理,也放心。(A112 – 08)

由此可见,数字金融教育普及率低以及老年人接受数字金融教育的渠道狭窄是老年人数字金融素养低的一大重要原因。

5.数字技能

相较于传统金融,数字金融能够降低金融服务的门槛,提高金融的可得性。但是,在依托信息技术的数字金融方面,老年群体在使用 App、线上办理理财业务等事项上依然具有难度。基础性操作不熟悉是老年人使用手机的一大重要问题,由于使用功能障碍,手机的作用得不到正常发挥,老年人对数字金融服务的需求无法最大限度地得到满足。

受访者:现在用手机感觉手一点都不灵活,在微信上说话基本发语音,很少打字。有时候也会试试手写,但是达不到人家那速度。没等我写完,手机上面又蹦出字来了,而且不是要打的字。反正不像你们年轻人那样划来划去,看起来可轻松了,我们到底是老了。(A112 – 01、A102 – 07)

受访者:我现在会使用微信,是我孙子费了好长时间一步步教会的。刚开始的时候,家里人教几次,我大概能记个七七八八。但是他们走了之后,我又忘了,然后就打电话问。问的时候,他们说了其实也没用,因为我根本不知道每个标识对应的是什么意思。后来,孙子为了让我们学会,就把步骤都画在纸上。这一步按哪个,下一步按哪个,这样经过多次的练习,我们才学会使用微信。学个微信都这么费事,学习那什么数字金融就感觉更难了,呵呵。(A103 – 04)

对于大部分老年人来说,获取信息的渠道大多是书籍、广播、电视等单向传播媒体。在新媒体环境下,由于老年人数字技能不足,数字金融线上操作常常让老年人望而却步,线下的人工服务和现金支付仍是老年人的首要选择。我国暂时还没出台相关的行业管理标准,老年人即便要尝试也常常无从下手,不知怎么操作。使用工具上的障碍导致大部分老年人对数字金融服务的使用意愿不强,数字金融在老年人群体中收不到好的宣传和推广效果。

受访者:咱们社区有那个老年舞蹈队,每天在广场上跳舞和看跳舞的老人都挺多的。有时候,我们闲聊就会说起用手机的情况。大家在手机上说个话、看个视频基本还能行,再深入点就不行了。我们年轻点,还会用微信支付,但也花现金居多,年长的基本还是用现金。现在的平台是好,方便不少,但是我们不会,也就懒得去了解了。(A101 – 06)

另外,由于企业在设计智能产品、推出智能服务的过程中忽视了老年群体的需求,产品本身就带有使用门槛,存在字体不够大、验证码操作烦琐等情况。这使得老年群体在操作上更是难上加难。

三、服务计划

(一)小组概况

小组名称:"共享数字金融,护航幸福晚年"城镇老年人数字金融素养提升小组。

小组成员:朝阳社区的 8 位老年人。

活动次数:7 次。

活动地点:朝阳社区老年活动中心。

活动时间:2022 年 8 月 15 日至 10 月 10 日。

(二)小组模式

本小组是以增能理论和社会支持理论为支撑的一个互帮互助、持续交流的小组,致力于弥补老年人在数字金融素养方面的不足,转变老年人对数字金融的看法,从而帮助老年人享受数字化社会带来的便利,提升老年人的幸福感和获得感。

1.增能理论

增能理论,最早来源于 20 世纪 70 年代的"自我帮助"观点,主要包括两方面的内容,即社会人际关系增能和自身接受增能[1]。美国学者所罗门(Solomon)在所写的《黑人的增能:被压迫社区里的社会工作》中首次提出增能理论,即当个体在社会环境中感觉到不如意的时候,个体却无力去改变现状,这种由社会环境所造成的情况在个体、交际、社会三方面增能作用下可以得到改观:社会方面通过改变相关社会机制,交际方面通过改变人与人交流合作的方式,个体通过改变自身的主观能动意识[2]。服务对象通过赋能积攒力量,不断改变自己,不断朝着理想的方向改变[3]。赋能并不是赋予服务对象某种权力,而是激发服务对象的潜能,提高他们参与社会的能力,以及面对问题、解决问题的能力[4]。

---

① JEROFKE T A. Concept analysis of empowerment from survivor and nurse perspectives within the context of cancer survivorship[J]. Research and theory for nursing practice,2013,27(3):157 – 172.

② 王思斌.社会工作概论:第 3 版[M].北京:高等教育出版社,2014:6 – 69.

③ 郑广怀.伤残农民工:无法被赋权的群体[J].社会学研究,2005,20(3):99 – 118.

④ 刘淑娟.增权理论视阈下针对妇女家庭暴力研究[J].东北师大学报(哲学社会科学版),2010(6):237 – 240.

总的来说,赋能就是通过改变、激发自身的潜能并积极与他人或社会互动,以提高适应社会的能力和自信心。当面对数字金融时,老年人往往会因为各种障碍和困难而在一定程度上降低自我效能感,容易产生不愿意接触和不愿意学习的心态。针对这一现状,我们可以通过对老年人进行金融知识和能力培养,运用赋能理论教授老年人使用智能设备的方法以及在智能终端上获取、鉴别和利用金融信息,提升老年人的数字金融素养。

2. 社会支持理论

社会支持理论发端于20世纪六七十年代。外国研究者认为社会支持在人际交往中对调节个体心理压力、负面情绪起到至关重要的作用。有些学者关注的焦点在于个体得到的真情实感和利益的支持,不仅突出社会的有形支持,而且也有社会的无形支持①。还有的学者把社会支持分为两个方面:一方面是工具性支持,主要引导和协助交流、解决问题;另一方面是表达性支持,主要通过自我情感表达和自我价值肯定来达到目标②。在社会学理论研究中,通常把个体和整个社会交集的过程叫社会支持。此说法也被用来描述社会互动产生的资源,这些资源能够增进个人的健康和福祉。

社会支持注重个体在外部支持网络中得到的利益和情感支撑。本文将社会支持理论倾向的专业方法引入城镇老年人的数字金融素养问题研究中,主要通过干预城镇老年人的个人社会网络以丰富其学习互联网金融知识的途径,增强其解决数字金融问题的能力。

(三)小组目标

长期目标:第一,希望通过小组活动,帮助组员弥补数字技能方面的不足,加深对数字金融知识的了解;第二,通过有趣的小组活动,改变组员对数字金融的观念,激发组员学习数字金融的兴趣;第三,通过案例分析和相关的情景模拟,增强组员防范风险的意识;第四,帮助组员融入数字金融环境,使自己的资产能够得到有效利用,进而提升自己的幸福感和获得感。

短期目标:

---

① TARDY C. Social support measurement［J］. American journal of community psychology, 1985,13(2):187-202.

② LIN N,DEAN A,ENSEL W M. Social support,life events and depression［M］. 1st ed. Florida:Academic Press,1985:54-66.

1. 帮助小组成员构建专业关系。

2. 通过活动帮助小组成员学习数字金融知识,拓宽金融知识学习途径,激发小组成员学习的兴趣。

3. 帮助小组成员提高使用数字金融工具的能力。

4. 帮助小组成员加深对非理性金融行为的认识,同时树立金融风险防范意识。

5. 帮助小组成员学会熟练使用1~2种数字金融产品或服务。

6. 帮助小组成员搭建社会支持网络。

(四)组员招募

1. 招募方式:采取线上线下同时进行的方式。线下制作宣传海报,将海报张贴在社区大门显眼处和社区公示栏处进行招募。线上制作电子海报,通过微信群、微信朋友圈、抖音、快手等渠道招募。

2. 进行筛选:对报名的老年人,依据年龄和经济收入情况进行筛选。

3. 实地走访:跟随社区工作人员对筛选出来的老年人进行实地走访,了解老年人的情况,将有经济实力、掌握基本的手机操作并有数字金融需求的老年人作为服务对象。

4. 根据报名人员的情况,最终确定了8名小组成员。情况如下:

组员A:男,66岁,健康状况良好,高中学历,单位退休人员。家中只有自己和老伴两人。收入可观。会基本的手机操作,但观念保守。平常多使用现金支付,有投资理财需求,愿意了解数字金融信息。

组员B:男,60岁,健康状况良好,初中学历,煤矿退休工人。子女在外,独自居住。主要收入来源为退休工资。经常使用微信、支付宝支付。从未参与过网上理财,对数字金融有较强的戒备心。

组员C:女,65岁,健康状况良好,大专学历,退休教师,和老伴在一起居住。收入来源为退休工资。会用手机进行支付操作。懂一点金融知识,但是没实际参与过。想做一点金融投资。

组员D:男,69岁,健康状况良好,初中学历,开过小卖部,和儿子一起居住。收入来源为养老工资。多使用现金支付,对线上数字金融服务保持防范心理。愿意了解数字金融信息,对数字金融产品的收益期望较大。

组员E:女,64岁,健康状况良好,文旅局退休人员。收入来源为退休工资。

主要通过专业书籍、专家讲座了解金融信息。接受过数字金融知识普及性教育,知道金融风险有哪些。接触到不熟悉的金融产品时,第一反应是拒绝。

组员 F:女,67 岁,健康状况良好,初中学历。开过服装店,收入来源为养老金。听朋友介绍过数字金融,粗略地了解过数字金融产品。使用数字金融时担心个人信息被盗。

组员 G:男,65 岁,健康状况良好,初中学历,工厂退休人员。收入来源为养老金。和女儿在一起居住。没有接受过数字金融知识普及性教育。使用现金支付。对数字金融投资感兴趣,认为熟悉金融可以得到一定的回报。

组员 H:男,68 岁,健康状况良好,初中学历。目前在废旧厂房看大门。收入来源为工资。会使用手机进行支付。对金融产品有需求,想了解金融产品。但是平常较少接触金融产品,担心数字金融给自己带来损失。

(五)小组活动安排

本小组为"共享数字金融,护航幸福晚年"城镇老年人数字金融素养提升小组。该活动分七次展开,主要根据小组成员的实际情况来安排,同时也会根据每次活动后成员对活动内容的反馈对活动进行调整。具体活动安排如下:

第一期小组活动的时间为 8 月 15 日,活动主题是"你好,我想认识你"。活动首先通过"破冰"游戏,帮助小组成员相互认识,建立专业关系。其次,社工向小组成员介绍小组工作的主题、内容以及活动的目的,并与小组成员共同制定小组规则。

第二期小组活动的时间为 8 月 26 日,活动主题为"数字金融知多少"。活动目标主要是进一步增强小组成员的凝聚力。活动中设置问答环节,了解组员对金融知识的掌握程度,了解小组成员对哪方面的金融知识感兴趣,为下一次活动做好准备。

第三期小组活动的时间为 9 月 7 日,主题是"金融知识来讲解"。本期活动通过设置金融知识讲解课程,帮助组员全面系统地学习基本的金融知识。同时邀请银行工作人员给小组成员授课,一方面确保了知识的权威性,另一方面也增强了组员的信赖感。

第四期小组活动的时间为 9 月 15 日,主题为"实操演练不能少"。活动目标主要是带领组员通过支付宝、微信、手机银行等渠道进行实际操作,通过情景模拟的方式,提高组员使用数字金融服务的熟练程度。

第五期小组活动的时间为 9 月 23 日,活动主题是"遇到问题及巩固"。活动目标主要是归纳小组成员在使用过程中出现的问题和困惑,帮助组员拓宽解决途径,巩固学习成果。

第六期小组活动的时间为 9 月 28 日,主题是"风险意识要增强"。风险态度是影响数字金融素养的重要因素之一。小组活动中设置了金融风险课程,给小组成员讲解目前存在的各种常见风险,并通过相关视频和案例教学,帮助小组成员提高警惕,增强风险意识。

第七期小组活动的时间为 10 月 10 日,活动主题是"实际使用做记录,回头交流知成效"。活动目标主要是帮助小组成员回顾小组活动,巩固活动成果,并发现自己的成长与进步。最后,社工总结此次小组工作的内容,处理好组员的离别情绪,并做好回访工作。

(六)预料中的问题和应变计划

1. 组员招募方面

预计困难:由于所涉及的群体是老年人,存在警惕和戒备心理,再加上活动主题与数字金融相关,小组工作可能不太顺序。老年人对社会工作认知较少,可能也会在一定程度上不信任社工。因此,可能出现老年人参与活动的积极性不高的现象。

应对措施:保证宣传到位,将老年人熟悉的社区设为主要阵地,借助社区工作人员进行线上线下宣传,逐渐打消老年人的顾虑。或者在前期通过举办活动、发放礼品的方式,激发老年人参加小组活动的兴趣,使他们能够积极参与到小组活动中来。

2. 时间协调方面

预计困难:由于生活习惯不同或者遇到紧急事件,组员可能不能及时到场,从而导致小组活动在预定时间不能如期开展。

应对措施:活动开展前,工作人员可以在组员微信群里或者通过打电话的方式与组员一同商定活动时间,并列举出几个时间段供大家参考,然后根据大家商定的结果来确定活动时间。在活动结束后,要和参加本次活动的组员就下一次活动开展的时间达成一致,以保证每一次小组活动如期开展。

3. 活动秩序方面

预计困难:大部分老年人对新事物接受较慢,所以在活动开始时,跟不上进度的老年人可能会拉家常,从而导致话题偏离小组活动主题,造成现场嘈杂的局面。

应对措施:首先,前期宣传工作必须做扎实,切实让组员了解清楚活动主题和目的。其次,工作人员要合理安排活动时间,劳逸结合。再次,工作人员在活动期间要把节目准备充分,提高吸引力,提高组员参加活动的积极性。

4.活动成效方面

预计困难:很多老年人只是怀着看热闹的心态过来参加活动,因此在活动结束之后可能存在将活动内容抛诸脑后的现象。

应对措施:首先,要明确活动的主题和目标。其次,工作人员列出组员花名册,对组员的情况保持跟进。再次,通过问卷调查组员的满意度,分析活动的成效。

四、服务计划实施过程

(一)第一期小组活动:你好,我想认识你

1.活动名称:你好,我想认识你。

2.活动时间:2022 年 8 月 15 日。

3.活动地点:朝阳社区老年活动中心。

4.活动参与者:社工和 8 名小组成员。

5.活动目的:小组成员通过破冰游戏,建立专业关系。社工向小组成员介绍小组活动的主题、内容及活动目的(表 2.10),和小组成员共同制定小组规则。

表 2.10　第一期小组活动安排表

活动环节	活动内容	活动时长	备注
入场	1.播放暖场歌曲《打靶归来》。 2.组织到场老人有序签到,并发放带有各自名字的挂脖工作牌。 3.引导老人有序入场就座	10 分钟	PPT、音响、话筒、工作牌、桌椅
小组介绍	1.社工首先做自我介绍。 2.社工介绍小组的基本情况以及开展活动的目的和意义	10 分钟	PPT、话筒

续表2.10

活动环节	活动内容	活动时长	备注
小组成员相互认识	1.小组成员依次进行自我介绍,并简要介绍自己的兴趣爱好。 2.组织组员在不看工作牌的情况下,进行"你好,我想认识你"的活动	15分钟	话筒、工作牌
破冰游戏	进行小组游戏"饼干猜猜猜":准备8块外形一样的夹心饼干,其中两块夹有芥末,让大家来猜谁吃到了夹有芥末的饼干。8人分成两组。在猜的过程中,每人发表看法,最终推选一人发言	20分钟	夹心饼干、芥末
制定规则签订契约	1.理清组员的需求和期望。 2.与组员一起讨论小组规则并做好记录。 3.讨论结束后,组员在契约上签字,并将契约发布在小组群里	20分钟	纸、笔
问卷测试	社工发放问卷,对组员的数字金融素养进行前测,不得干扰组员填写问卷	10分钟	纸、笔
活动总结	1.组员分享第一次小组活动的感受。 2.社工总结这次活动的成果,并介绍第二次活动的大致情况,重点说明第二次活动的内容。 3.布置课后作业,让组员思考什么是数字金融素养	15分钟	话筒

　　本次小组活动的目标主要有三个。首先,社工引导组员进行自我介绍,通过"破冰游戏"帮助小组成员建立专业关系。其次,社工向小组成员介绍小组工作的主题、内容及目标,理清组员的需求和期望,和小组成员共同制定小组规则。再次,社工以发放问卷的形式,对组员的数字金融素养进行前测,对第一次小组活动的成果进行总结,并对第二次小组活动的内容做大致的安排。具体活动内容如下:

　　在入场阶段,虽然有振奋人心的音乐,但是到场的老人基本处于懵懵的状态,签完到领取了工作牌后坐在座位上也比较拘谨,与其他老人也没有任何交流。社工为了帮助组员尽快熟悉与认识,邀请组员依次进行自我介绍,组员的自我介绍都很简单,基本是姓名加年龄,并没有什么亮点。所以之后在不看工作牌的情况下,进行"你好,我想认识你"的活动时,由于记忆不深刻,大家都处于尴尬的状态。

　　在游戏阶段,社工为了尽快打破这种僵局,组织组员玩"饼干猜猜猜"的游戏:8人自由分成两组,准备8块外形一样的夹心饼干,其中两块夹有芥末。两组中各有一人会吃到这块饼干,即便吃到也要通过演技来迷惑对方,不能让对方看出来,否则就失败了。在社工介绍了玩法后,大家都表现得很积极,主动交流应该怎么玩,让谁吃这块饼干。

组员C问道:没有吃到芥末饼干的人是不是也可以迷惑对方?

社工:是的,你们都可以迷惑对方,只要别让另一组猜出来谁吃到了芥末饼干就可以。

通过玩这个游戏,现场的氛围很快就活跃起来,大家也在互动中逐渐消除了紧张感和陌生感,同时加深了印象。

破冰游戏结束后,社工向组员介绍小组活动的主题、目标和内容,理清每个组员的需求和期望。例如:有的组员希望通过小组活动对数字金融服务有所了解,逐渐消除对数字金融服务的排斥心理;有的组员希望通过小组活动能够更加熟练地使用数字金融软件,相对全面地掌握数字金融知识;有的组员希望在小组活动结束后能用自己的闲置资金进行投资,获得稳定的收益。

最后,为了保证小组活动能够顺利、有序地进行,社工同组员一起探讨小组规范,制定小组规则,签订小组契约。同时,社工为了了解组员的数字金融素养情况,通过问卷的形式,对组员的数字金融素养进行了前测。随后,社工告知组员接下来的小组安排、预期结束的时间。

6.活动小结:第一期小组活动开展的效果比社工预想的要好,小组目标基本实现。通过破冰游戏,小组成员之间建立了良好的关系,小组氛围也很融洽。虽然小组目标基本实现,但活动过程中还有一些不足:社工控场能力不足,造成小组活动时间拖延;社工沟通技巧不熟练,与其他成员的协调不是很顺利,在活动衔接的过程中会出现短暂的冷场;小组活动开展前,活动场地布置不够简洁和温馨。社工在接下来的活动中还需要进一步完善场地布置。

(二)第二期小组活动:数字金融知多少

1.活动名称:数字金融知多少。

2.活动时间:2022年8月26日。

3.活动地点:朝阳社区老年活动中心。

4.活动参与者:社工和8名小组成员。

5.活动目的:进一步增进小组成员的关系,增强小组成员的凝聚力。设置问答环节,了解组员对金融知识的掌握程度。

表2.11 第二期小组活动安排表

活动环节	活动内容	活动时长	备注
暖场游戏	社工现场示范教学"手指操",组员们跟着社工认真学习每一个动作	15分钟	音响、话筒
上期回顾	1.社工随机提问,看组员是否记得其他组员的名字,帮助组员加深彼此的记忆。 2.社工引导组员回顾上一期的活动内容并复习小组契约	10分钟	音乐、话筒
知识抢答	社工就一些基础的金融知识进行提问,组员根据自身的情况进行抢答,通过记录的分数,了解组员对金融知识掌握程度	20分钟	白板、笔、题库、话筒
谈谈我心中的数字金融	1.社工邀请每位组员谈谈自己心中的数字金融是什么或者自己接触到的数字金融有哪些。 2.设置记录员,记录每位组员的情况,以便后续活动的开展	25分钟	话筒、纸、笔
活动总结	1.邀请组员分享参与本次活动的感受。 2.社工对本次活动进行总结发言。 3.社工介绍下次活动的时间和内容	20分钟	话筒、音乐

本期为第二次小组活动(表2.11),主要目标有四个:首先,通过暖场游戏进一步增进小组成员之间的关系。其次,巩固上期活动的成果,社工检验组员对彼此是否有印象,带领组员一起复习小组契约。再次,通过问答环节,了解组员的金融知识掌握程度。最后,初步了解组员对数字金融的熟悉程度。具体活动内容如下:

吸取上期活动的经验,本期小组活动首先做了暖场游戏:社工现场教学"手指操",组员们都举着双手积极地配合社工,跟着社工的教学一步步学习。热身结束后,社工随机问组员是否还记得其他组员的名字。大部分组员的名字能说出来,说明第一期活动的互动有显著效果。随后,社工还与组员一起复习了小组契约。

在金融知识问答环节,组员们的积极性明显下降,大家都处于一种互相张望、似懂非懂的状态。有的组员只能简单地回答部分问题,能完全回答准确的人几乎没有。

组员D:这些名词,有的我们倒是听过,就是说不上来它具体是什么意思,平时哪顾得上专门研究这个呀。老了,也不中用了。这就是让你们年轻孩子研究的。

在问及什么是数字金融的时候,组员们的回答也参差不齐。有的组员能说个一二,有的组员一知半解,还有的组员觉得这个名词很高大上,那些成功人士才了解。

组员 H:数字金融是不是只有那些企业才用? 咱们这些小老百姓用不上。

组员 F:我在家经常听我闺女说,买东西就先用花呗买。这算不算数字金融?

面对组员的反应,社工首先鼓励大家勇敢表达自己所知道的,不要害怕出错,想到什么说什么,大胆地说出来,才有助于之后金融机构有针对性地提供服务。现在遇到的问题,我们在之后的活动中都会解答。其次,社工对组员的反馈先予以肯定,肯定组员敢于表达自己所知道的内容。在组员沉默时,社工先进行适度的自我表露,在金融知识和数字金融等相关问题上做示范,慢慢地引导组员参与到问答环节中来。再次,社工根据组员的回答做好记录,为之后的活动奠定基础。

最后,社工邀请组员分享参加此次活动的感受,并对活动进行了总结发言,对下次活动开始的时间和内容进行了预告。

6.活动小结:总的来说,本次小组活动基本实现了预期的目标。组员们通过游戏的互动逐渐熟络起来,凝聚力进一步增强。在知识抢答和"谈谈我心中的数字金融"环节,组员对社工的依赖性较强,因害怕说错,不太敢说出自己心中的答案。经过社工多次鼓励和动员,组员的积极性明显提高。不足之处包括:社工的控场能力不足,常出现组员在活动过程中私下交流的现象,在一定程度上影响了整个小组活动的进程。另外,社工应该设置一些激励机制来调动组员的积极性,活跃现场的氛围。

(三)第三期小组活动:金融知识来讲解

1.活动名称:金融知识来讲解。

2.活动时间:2022 年 9 月 7 日。

3.活动地点:朝阳社区老年活动中心。

4.活动参与者:社工和 8 名小组成员。

5.活动目的:通过课程的讲解使小组成员能够掌握基本的金融知识,了解什么是数字金融,之后在遇到数字金融服务时知道如何操作。

表2.12　第三期小组活动安排表

活动环节	活动内容	活动时长	备注
暖场游戏	社工带领组员们做"套圈游戏"。在社工的引导下,组员们逐渐熟悉套圈的手法,获得对应的奖品,也达到了锻炼身体的目的	15分钟	套圈、牙刷、抽纸、盐、八宝粥、洗衣粉、音乐
上期回顾	1.社工引导组员简单回顾上一期活动的内容。 2.社工简要阐述本期活动的主题和内容	5分钟	音乐、话筒
知识小课堂	1.社工邀请当地中国建设银行的张经理给组员普及金融知识,就《老年人金融服务手册》分别从金融权益、金融服务、金融风险和金融维权四个方面进行详细的讲解,随后带领组员做一些简单的计算,如银行存款利息、单利、复利、投资收益率等。 2.社工通过PPT的形式带领组员一起了解"高大上"的数字金融到底是什么,数字金融的模式有哪些,数字金融业务分为哪几类,数字金融如何影响我们的生活。 3.社工通过视频的方式带领组员一起观看《新时代数字生活手册——金融服务篇》系列课程,帮助组员解决日常生活中遇到的数字金融服务等方面的操作问题	60分钟	PPT、话筒、纸、笔
交流互动	1.组员就以上学习内容进行交流互动。 2.组员若有解决不了的问题,可向社工和银行经理请教	20分钟	纸、笔
活动总结	1.社工对本次活动进行总结发言。 2.社工将知识小课堂的内容分享至微信群,供大家共同学习。 3.布置作业,请组员对课堂学习的内容进行复习	10分钟	话筒、音乐

　　本期为第三次小组活动(表2.12),活动的主要目标是帮助组员系统学习基础金融知识,了解数字金融,让组员在接受数字金融服务时知道如何操作。具体活动内容如下:

　　活动开始时,社工带领组员一起玩"套圈游戏"。每人有两次机会,套中的物品归自己所有。组员们纷纷跃跃欲试。有组员套中的时候,大家都高兴地鼓掌,还送上称赞的话语。当组员没有套中时,大家都为他加油打气,所有人都沉浸在套圈的欢乐氛围中。随后,社工和组员一起回顾了上期的活动内容,重点对上期活动中组员的困惑和疑虑做解答,希望组员能带着问题来认真学习。

在知识小课堂环节,社工首先邀请当地中国建设银行的张经理给组员普及金融知识,分别从金融权益、金融服务、金融风险和金融维权四个方面进行详细的讲解。其中包括金融消费者有哪八项基本权利,储蓄存款的类型有哪些,如何判断金融机构是否受存款保险保障,人民币防伪识别,使用电子银行的注意事项,如何防范网络电信诈骗,正确维权的途径,等等。张经理还带领组员做了简单的计算,如银行存款利息、单利、复利、投资收益率等。其次,社工通过放映PPT的形式带领组员一起了解"高大上"的数字金融到底是什么,数字金融的模式有哪些,数字金融业务分为哪几类以及数字金融如何影响我们的生活。再次,社工通过视频的方式带领组员一起观看《新时代数字生活手册——金融服务篇》系列课程,帮助组员解决日常生活中遇到的数字金融服务等方面的问题。

在交流互动中,社工鼓励组员组成学习小组。对于不懂的问题或者没有听明白的地方,大家可以相互讨论、互相学习。组员们认真地翻看着《老年人金融服务手册》,时不时地就一些问题进行探讨,发表自己的看法。在看到如何辨别真假币的内容时,有的组员还拿出自身携带的人民币进行检验,激发了其他组员一起学习的热情。有解决不了的问题,组员们积极向张经理请教,并邀请张经理加入微信群,方便以后学习。

组员E:张经理是否可以加入我们的微信群,我们日后假如有不懂的地方希望可以向您咨询。

张经理连忙说道:当然可以了,很高兴能够认识大家,也希望能够帮助大家。

组员G:咱们的课堂挺好的,就是学得太多了,脑子跟不上,感觉都记不住。

社工:确实是这样,由于时间的关系,进度相对来说有点快。不过大家放心,我之后会把相应的文件发到我们的微信群。大家可以继续交流,也可以和家人继续学习。

最后,社工首先对张经理的到来表示感谢,接着对本期活动学习的内容进行了总结,并布置了课后作业,要求组员回去以后不仅要温故知新,而且要把学到的知识尽可能地讲给自己的家人听,以便检验自己的学习成果。

6.活动小结:第三次小组活动中,小组成员的参与性相较于前两次有了明显提高,每个人都在积极地参加活动和学习知识。小组秩序维持得也相对较好,并没有出现小组成员窃窃私语的情况。对于学习的内容,组员在活动结束后一致给了好评。不足之处主要有:社工没有考虑到组员的接受程度,在有限的时间内灌输的知识相对较多,留给组员消化的时间较少。社工之后不仅要注意把握时间,也要时刻关注组员的接受程度。

(四)第四期小组活动:实操演练不能少

1.活动名称:实操演练不能少。

2.活动时间:2022 年 9 月 15 日。

3.活动地点:朝阳社区老年活动中心。

4.活动参与者:社工和 8 名小组成员。

5.活动目的:帮助组员通过支付宝、微信、手机银行等渠道进行实际操作,通过情景模拟,提高操作的熟练程度。

表 2.13　第四期小组活动安排表

活动环节	活动内容	活动时长	备注
暖场游戏	社工组织组员做成语接龙的游戏,在 5 秒钟内接不上来的组员需要表演节目。此游戏进行三四轮,不仅提升了组员的精气神,同时也活跃了气氛	15 分钟	音响、话筒
上期回顾	1.社工针对上期的学习内容准备相应的题目进行问答,以了解组员的掌握程度。 2.社工对上期的学习内容进行简要的梳理	15 分钟	PPT、话筒
视频课堂	社工继续带领组员观看《新时代数字生活手册——金融服务篇》系列课程。在观看视频期间,社工可以带领组员进行操作,便于组员加深记忆,更直观地感受到数字金融是如何被运用的	40 分钟	PPT、话筒
实操演练	1.社工可以设置不同的情景,让组员进行角色扮演,模拟使用微信、支付宝或手机银行的情景。 2.想了解基金和股票的组员,可以在支付宝上练习基金的搜索、买入与赎回,模拟股票投资	30 分钟	手机
活动总结	1.邀请组员分享参加本次活动的感受。 2.社工对本次活动进行总结发言。 3.社工介绍下次活动的时间和活动内容	10 分钟	话筒、音乐

本期为第四次小组活动(表 2.13),目标是帮助组员以情景模拟的方式,在

支付宝、微信、手机银行等渠道进行实际操作,提高数字金融应用的熟练程度。具体活动内容如下:

刚开始组员们做了成语接龙的游戏,活跃了现场的氛围。之后社工对上期的内容进行了简单的梳理,并准备了相应的题目进行问答,以了解组员对知识的掌握程度,同时帮助大家巩固之前所学的知识。

随后,社工带领组员观看了《新时代数字生活手册——金融服务篇》系列课程。该课程主要包括支付宝收支业务、微信收支业务、手机银行业务、手机金融理财、手机安全基础知识、金融诈骗案例等,内容较多,上期并没有全部学完,本期继续学习。在学的过程中,社工带着组员边看视频边操作。

在实操演练环节,组员们扮演了不同服务行业的角色,模拟收支、转账。想了解基金和股票的组员可以根据微课的内容在支付宝进行基金搜索、买入与赎回或进行股票模拟交易。通过实操演练,组员的潜能得以激发,组员适应社会的能力和信心得以提高。最后,社工邀请组员分享参加本次活动的感受,并进行了总结发言。

组员 B:我们学会了这些,是不是也可以像年轻人一样去抢政府发放的消费券进行消费了?

组员 F:对呀,之前总是听孩子们说在银行 App 上可以抢消费券,优惠还挺大的。我们学会了,也可以试着抢了,也算是跟上时代了。

总的来说,第三期和第四期小组活动是赋能的过程,通过视频教学以及实操的方式,激发了组员的学习潜能,提升了组员的自我效能,帮助组员在智能终端上获取、鉴别和利用金融信息,进而提升了组员的数字金融素养。

6.活动小结:本期活动主要是进行实操演练,基本达到了预期的效果。通过观察,组员们在练习的过程中都比较认真,遇到问题会主动向身边的组员或者社工询问。有的组员还做了笔记。不足之处是,在演练的过程中组员学习能力较差,导致小组活动的时间有所延长。

(五)第五期小组活动:遇到问题及巩固

1.活动名称:遇到问题及巩固。

2.活动时间:2022 年 9 月 23 日。

3.活动地点:朝阳社区老年活动中心。

4.活动参与者:社工和 8 名小组成员。

5. 活动目的：归纳小组成员在使用过程中出现的问题和困惑，帮助组员拓宽问题解决途径，引导组员保持和巩固学习成果。

表2.14　第五期小组活动安排表

活动环节	活动内容	活动时长	备注
秋分漫谈	1. 今天是秋分，社工可以动员组员一起讨论对秋分的认识有哪些，包括习俗、诗词等，然后请代表起来发言。 2. 交流结束后，社工和组员一起观看关于秋分的小视频，和组员共同了解关于秋分的小常识，并着重向组员介绍秋分的注意事项	20分钟	PPT、话筒
上期回顾	社工带着组员针对上期的学习内容做简要的回顾，并阐述本期活动的主题和内容	10分钟	话筒
困惑大探讨	结合上期的实操演练，组员就近期遇到的问题在组内进行分享讨论，可以向其他组员寻求帮助。如果有相同的问题，大家可以找社工解决	30分钟	纸、笔
活动总结	1. 社工对本次活动进行总结发言。 2. 社工介绍下次活动的时间和内容	20分钟	话筒、音乐

本期为第五次小组活动（表2.14）。活动内容主要是帮助小组成员解决在使用过程中遇到的问题和困惑，拓宽组员解决问题的途径，帮助组员搭建自己的社会支持系统，引导组员保持和巩固学习成果。具体活动内容如下：

9月23日为秋分，首先，社工和组员一起开展了"秋分漫谈"的活动。组员们都很活跃，纷纷谈了自己对秋分的认识。

组员A：秋分过后，白天就短了，夜就越来越长了。

组员C：秋分过后，天也越来越冷了，动物们也要冬眠了。

组员H：秋分也是丰收的季节，热火朝天的收秋好像就在昨天一样，哈哈。

组员E：那我就说一句有关秋分的诗词吧，秋分客尚在，竹露夕微微。

通过观看视频，社工从饮食、起居、疾病预防等方面再次进行强调。

其次，社工和组员对上期内容进行了回顾，并说明本期活动的目标主要就是让大家说出使用数字金融时遇到的困惑，让大家清楚地认识到自己在哪些方面还不够熟练，对哪些方面不太清楚。大家有问题可以向小组成员寻求帮助或找社工帮忙解决。

组员F：之前老是听说余额宝可以存钱，一直想试试余额宝怎么用。打开支付宝里面的余额宝的时候,我看到那个收益率有的比银行存款还高,真不错啊。

组员 A:那不一样,你看到的余额宝的利率是七天年化收益率,咱们的银行存款是年利率。两个不一样,具体我也说不上来,哈哈哈。

组员 F:那有什么不一样呢? 七天的那个是要除以七吗?

组员 C:不是,七天年化收益率就是最近七天年化收益率的平均值。假如你有 10000 元,你一天的收入是 1 元,那么年化收益率就是 $1/10000 \times 365 = 3.65\%$。假如余额宝当前的七天年化收益率是 3.65%,余额宝前七日的水准不变,那么这一年就可以得到 3.65% 的收益。但是基金每日会变化,不太可能出现一年不变的情况。所以余额宝的七天年化收益是不稳定的,并不能代表一年的收益率。而年利率就是一年的存款利率,在一年内是固定的。如果年利率是 3.5%,10000 元投资一年,那么得到的利息就是 350 元。

组员 F:原来是这样,这回懂了。

组员 C 讲解完后,社工对组员 C 给予了肯定,并鼓励组员 C 将自己学到的知识分享给有需要的人。社工观察到,组员 C 的讲解,也解决了大家的困惑,会议室立马就响起热烈的掌声。看到组员为实现小组的目标而共同努力,社工也很欣慰。最后,社工进行了总结发言,并预告了下次小组活动的时间和内容。

6. 活动小结

本期小组活动内容较为简单,主要是帮助组员解决在接受数字金融服务时遇到的困惑,同时拓宽组员解决问题的途径,巩固学习成果。在本期活动中,组员互动更加频繁,参加活动更加积极,营造了很好的氛围。不足之处是,在有限的时间内,社工并不能解决所有人的问题。社工应该挖掘组员的潜力,充分发挥组员互帮互助的作用。

(六)第六期小组活动:风险意识要增强

1. 活动名称:风险意识要增强。

2. 活动时间:2022 年 9 月 28 日。

3. 活动地点:朝阳社区老年活动中心。

4. 活动参与者:社工和 8 名小组成员。

5. 活动目的:设置金融风险课程,给小组成员讲解目前存在的各种常见风险,并通过相关的视频进行教学。通过案例分析,让小组成员提高警惕,增强风险意识。

表 2.15　第六期小组活动安排表

活动环节	活动内容	活动时长	备注
颂祖国感恩党	1. 国庆来临之际,社工邀请组员以各种形式来表达对祖国的感谢与热爱。 2. 一起合唱《歌唱祖国》	20 分钟	音响、话筒
上期回顾	1. 社工引导组员一起回顾上一期的活动内容,并对小组的整体表现予以肯定。 2. 社工阐述本期活动的主题和内容	5 分钟	音乐、话筒
分享会	社工邀请有受骗经历的组员将自己的经历分享出来,让大家增强防范意识	30 分钟	话筒
如何守住"钱袋子"	社工播放相关视频,通过案例来讲解防诈骗和金融风险的知识点,同时穿插有奖知识竞答来调动组员学习的积极性	40 分钟	PPT、话筒
活动总结	1. 组员分享自己的感受。 2. 社工对活动进行总结发言。 3. 社工介绍下次活动开展的时间,提醒组员在国庆期间对自己的数字金融产品使用情况做好记录,在下期活动中进行分享。 4. 告知组员下次的小组活动是最后一期,希望大家做好小组解散的准备	15 分钟	话筒、音乐

本期为第六次小组活动(表 2.15),活动的主要目标是帮助组员在使用数字金融产品的过程中提高警惕,增强风险意识。具体活动内容如下:

国庆即将来临,活动开始,组员们用歌声、祝福语或亲身经历等多种方式来表达自己对祖国的感恩与热爱。随后,大家激情澎湃地合唱《歌唱祖国》。接下来,开始分享环节。

在分享环节,大家互相分享被骗的经历,社工这时只是扮演倾听者的角色,在认真倾听组员发言的同时,给予组员正向的反馈,并强调被骗的经过。

组员 D:之前在村里,有一群人开着车来,说是什么厂家来做活动,只要每天早上坚持听他们讲课就能获得免费的奖品。后来我就抱着好奇心去了,第一天讲完后确实给了奖品——每人 6 个鸡蛋,感觉挺好,没想到在那坐一个多小时就能得到 6 个鸡蛋。之后我连续几天都去了,领到了菜刀、洗脸盆和菜篮子。等到第六天的时候,他们说预交 20 块钱就给一个炒锅,大家相信就交钱,不相信就不交钱。然后我带着贪便宜的心理就去了,看现场有不少人交了钱,没想到人家真的给了锅,并且还把 20 块钱退了,相当于免费得了一个炒锅。人家说第七天是最后一天活动,大家如果信得过就带 2000 块钱来,他们可以免费给大家安装一个价值七八千的净水器。想到每天喝的水确实不干净,净水器也挺贵的,人家这不仅实惠,还免费安装。而且他们现场做了实验,确实把酱油都净化干净了,所以我就信了,心里还想着说不定能免费安装一个。随后大家留下了地址,他们说会挨家挨户上门安装。我们等了好长时间也没等来,才知道被骗了。后来,我们被骗的几家一起报警,才把钱追回来。所以大家一定不要相信天上会掉馅饼,不要贪图小便宜啊!

社工:相信组员 D 的分享能给大家带来很多的感触和警示,也希望大家不要相信天上掉馅饼的事情。

在如何守住"钱袋子"环节,社工播放了相关的视频,通过案例来讲解防诈骗和有关金融风险的知识点,同时穿插有奖知识竞答来调动组员学习的积极性。在活动过程中,组员积极与社工互动。通过前期的金融知识教育,组员的防诈骗意识明显提高。在知识竞答环节可以发现,大部分组员可以准确识别诈骗手段并有效应对。

最后,社工邀请组员分享参加本次活动的感受,对本次活动进行总结发言。社工介绍了下次活动开展的时间,提醒组员在国庆期间对自己的数字金融产品使用情况做好记录,在下期进行分享。社工提前告知组员下次的小组活动是最后一次,希望大家做好小组解散的准备。为了顺利结案,活动结束后,社工尽可能提前满足有特殊需求的小组成员,帮助组员接受小组解散的事实。

6. 活动小结:本期小组活动预期效果很好,无论是刚开始的合唱,还是接下来的分享互动,组员们都表现得更亲密,更愿意合作。在邀请组员分享经历的时候,大家对小组的认可度很高。不足之处是,有的组员可能沉浸于分享而忘记了活动的进程,社工也忽视了对时间的把控,导致其他组员没时间说出自己的感受。

(七)第七期小组活动:实际使用做记录,回头交流知成效

1. 活动名称:实际使用做记录,回头交流知成效。

2. 活动时间:2022 年 10 月 10 日。

3. 活动地点:朝阳社区老年活动中心。

4. 活动参与者:社工和 8 名小组成员。

5.活动目的:组员在有一定的金融知识和风险意识后,通过实际使用记录,发现自己的进步和不足;帮助小组成员回顾整个小组活动,巩固所学到的金融知识,分析各阶段的难点;总结此次小组工作的内容,处理好组员的离别情绪,并做好相应的回访工作。

表2.16　第七期小组活动安排表

活动环节	活动内容	活动时长	备注
暖场游戏	社工带领组员玩"拍七令"的游戏,让组员按顺序从1开始报数(报到99时重新从1开始报数)。数字是7或7的倍数时,不能报数,要拍一下桌子。然后由后面的组员继续报数。报错数的人要表演节目	15分钟	音乐
上期回顾	1.社工引导组员一起回顾上一期的活动内容。 2.阐述本期活动的主题和内容。 3.再次告知组员,此次活动结束后小组解散	10分钟	音乐、话筒
使用盘点	社工邀请组员将自己的使用记录进行分享,说说自己使用前后的感受,目前还有哪些困惑以及对未来有什么展望	30分钟	音乐
历程大回顾	社工通过PPT的形式带组员一起回顾活动的历程,并邀请组员分享参加所有活动的感受以及对小组的满意程度	25分钟	PPT、音乐
活动总结	1.社工对整个小组活动进行发言。 2.社工向每位组员表示感谢,宣告小组解散,并处理好小组成员的情绪	20分钟	话筒、音乐
合影留念	1.播放《朋友》背景音乐。 2.社工组织组员合影留念	20分钟	相机、音乐

本期为第七次小组活动,主要目标有:帮助组员通过实际使用记录,发现自己的进步和不足;和小组成员回顾整个小组活动,巩固所学到的金融知识,分析各阶段的难点;总结此次小组工作的活动内容,处理好组员的离别情绪,并做好回访工作。具体活动内容如下:

活动开始的时候,就有组员问社工:"这真的是最后一期小组活动吗?"可以看出,在将要离别时,组员们很不舍。通过暖场游戏"拍七令",现场的氛围活跃了不少。

在"使用盘点"环节,组员们互相分享近期使用数字金融产品的情况,时不时地听到组员说"我使用了这个……""我用了那个……"。在组员互相诉说的过程中，社工明显感受到组员的自我效能感和成就感有了明显的提升。

组员A：数字支付真的很方便，用钱支付还得找零钱，怪不得受年轻人喜欢。是我老古板了。

组员F：我最近还抢了消费券，真划算啊！原来银行App上基金理财什么都有。

社工邀请组员填写问卷，讲述自己在活动前后的变化（可以是心态的变化，也可以是数字金融意识、数字金融应用能力、数字金融风险感知力等方面的变化），来帮助小组成员感知到自己的变化。通过组员的讲述，社工发现组员有以下几个变化。首先，组员在接触不了解的数字金融产品时，并非一上来就有排斥情绪，而是愿意去了解，对数字金融产品和服务有一定的兴趣。其次，通过数字金融知识教育及应用，组员的学习潜能得到了激发，组员的数字金融意识和数字金融工具应用能力有了明显提升，组员更有信心和能力去适应社会。在此过程中，组员也搭建了自己的社会支持系统，形成了自己的社会支持网络。再次，通过填写问卷进行后测，组员很明显地看到自己的变化。

随后社工通过PPT的形式带领大家一起回顾活动的历程，每个人脸上都洋溢着灿烂的笑容。社工邀请组员分享参加所有活动的感受以及对小组的满意程度，并向每位组员表示感谢，鼓励小组成员相信自己，相信自己也是社会前进道路上的一员。

组员D：确实舍不得我们的小组，希望这样的活动以后常常有。

社工：大家放心，我们还有微信群啊。有什么问题，发个消息，大家就知道了。我们都在一个社区，会常常见面的。我们也会对大家进行回访。

最后，社工对整个活动进行了总结，宣告小组解散。在《朋友》的背景音乐声中，大家合影留念，愉快地结束了整个小组活动。

6. 活动小结：本期小组活动圆满结束，组员之间分享了数字金融服务使用情况，发现了自己参加活动前后的变化，看到了自己的进步。社工带领组员将所有的小组活动做了一次总结，和组员一起巩固了小组活动的成果。在最后一次小组活动中，大家或多或少都会有离别的伤感情绪。社工及时安抚组员，并告知组员这只是活动的结束，并不是大家关系的结束，大家依然可以相互学习和交流。最后大家互相拍照留念，整个小组活动结束了。

五、案例评估

(一)过程评估

过程评估贯穿于整个实务介入过程。七次小组活动过程评估如下:

第一次小组活动帮助组员建立了小组关系,组员也在互动中逐渐消除了陌生感。社工和组员一起制定了小组规则,明确了小组规范,组员之间初步建立起彼此信任的关系。第一次小组活动顺利举办,小组目标基本达成。

第二次小组活动进一步增强组员之间的关系,初步了解组员对数字金融的熟悉程度。因为是否掌握数字金融知识是使用数字金融的关键因素,所以社工通过知识抢答等环节来了解组员目前掌握数字金融知识的程度。在组员对社工有依赖性,不敢表达想法的时候,社工多次鼓励和动员,组员的积极性有了明显提高。

第三次小组活动的主要目标是帮助组员系统学习金融基础知识,了解数字金融,让组员在接受数字金融服务时知道应该如何操作。每个人都积极参加小组活动和学习知识,小组的秩序也较上次有了明显改进。

第四、第五、第六次活动中,都设置了互动分享的环节。组员们在互动中不仅增进了关系、收获了知识、解决了困惑,也拓宽了自己的社会关系网络。每个人都全身心地投身于小组活动中,感受着小组的氛围。虽然有时候组员在讨论的过程中过于热烈,情绪有点激动,但是社工进行了积极的应对,保证了活动顺利进行。

第七次小组活动是对以往所有小组活动的总结和回顾。在这次小组活动开始前,社工提前告知组员小组活动结束的时间。小组活动中,社工主动对所有的小组活动进行总结,认可组员在小组中取得的进步和改变,同时帮助组员处理好离别的情绪,告知组员这只是小组活动的结束,组员仍然可以在小组解散后维持联络。社工要做好小组评估,为下一次活动的开展做好准备。

(二)效果评估

效果评估是判断小组活动是否有意义、小组目标是否实现的重要评估方法,是小组活动的重要环节。效果评估可以采用定性和定量相结合的方式来进行。在本研究中,定量分析主要通过前、后测量表和小组成员意见反馈表来评估小组活动的效果和了解组员的满意度。定性分析主要依据社工的观察来评估组员对小组活动的意见和看法。

1. 小组成员意见反馈表

本研究中,小组成员意见反馈表主要包括四个方面的内容:小组活动的内容,参加本次小组活动的感受,对服务的整体看法,组员对小组的其他意见或建议。通过对以上四个方面的内容进行打分,社工就可以了解组员对小组的认可程度。对于做得不好的方面,社工要改进。

从小组成员意见反馈表来看,七次小组活动中有六次小组活动的内容满意度在80%以上。其中,第三、第四、第五、第六次小组活动的内容满意度达到100%。这些数据代表小组活动的大部分内容设计适用于组员,得到了他们的肯定与支持。遗憾的是,第二次小组活动的内容得到的反馈不太理想。因此,社工应该找出问题所在,加以完善。

组员对社工的工作给予了较高的认可。在小组活动内容方面,组员对活动时间和场地的安排、主题和内容的安排、社工的表现和服务都非常满意,表明小组组员对社工工作的充分肯定。作为社工,应该归纳总结好的工作方法,形成长效机制。

小组活动采用教育和娱乐相结合的方式来开展,受到组员的喜爱和支持,而且达到了不错的效果。从小组成员对"参加本次小组活动后,我觉得"这部分包含的五道题的回答来看,组员们都非常认可本次活动。这说明组员通过本次小组活动在一定程度上提升了自己的数字金融素养,同时也建立了自己的社会支持网络。

2. 小组成员数字金融素养量表测评

为了更直观地看出小组成员的数字金融素养在小组活动结束后是否有明显的提升,社工在第一次小组活动和最后一次小组活动中邀请8位组员填写数字金融素养量表。通过前后对比,社工可以发现小组成员在数字金融知识、数字金融意识、数字金融工具应用能力以及数字金融风险控制方面的变化。量表结果见表2.17,表明在活动开展前后,小组成员的数字金融素养有了明显的变化。小组活动结束后,所有组员的后测得分基本保持在90分左右,说明通过七次小组活动,小组成员在数字金融知识、数字金融意识、数字金融工具应用能力和数字金融风险控制等方面都有进步,在一定程度上提升了自己的数字金融素养,同时也间接地说明小组目标基本达成,小组活动有效。

表2.17　小组成员数字金融素养前后测得分对比

组员	前测分数	后测分数	分值变化
A	65	93	28
B	61	92	31
C	64	91	27
D	57	89	32
E	62	90	28
F	58	87	29
G	59	86	27
H	57	87	30

3. 社工观察

本次小组活动主要探讨金融小组工作在提升城镇老年人数字金融素养方面的作用。活动过程中,社工将参与式观察法贯穿于活动的整个过程。在观察的过程中,社工对组员的变化、困惑以及活动的进度做好记录,以更直观地了解组员以及活动的进程,以便从多方面了解活动的成效以及是否对组员产生了作用。通过记录发现组员有以下变化。

第一,组员之间的关系更加亲密。由于组员来自不同的单元和楼层,组员在活动中不可避免地出现拘谨和不熟络的情况,交流比较少。但是经过破冰游戏,小组成员逐渐打开话匣子,互帮互助,共同完成活动内容。在社工后续组织的小组活动中,组员主动与同伴携手完成活动内容,积极交流想法和意见,保持了整个活动的协作性和纪律性,小组关系更为融洽。

第二,组员们主动参与到小组活动中来。在小组成立之初,小组活动氛围不够活跃,组员之间不熟络。但是随着一次又一次活动的开展,上述情况发生了很大的变化,小组成员开始主动参与到小组活动中来,遵守小组活动规则,形成了良好的活动氛围。

第三,组员们的数字金融素养有了明显提升。之前因为思想传统保守,组员们对数字金融了解较少,对数字金融不信任。但是经过社工的介入,组员们开始了解数字金融知识,学到了一些数字金融技能。经过一系列的小组活动,组员们有了很大的变化,慢慢融入数字金融生活中。有的组员已经能辨别欺骗行为和欺骗陷阱,并学会了维权。

六、专业反思

(一)结论

在数字金融浪潮到来及人口老龄化的背景下,老年人的数字金融素养相较于其他群体处于低水平的状态。老年人是数字金融时代的弱势群体,受到了社会的广泛关注。要使老年人提升幸福感和获得感,适应数字化的环境,跟上数字金融浪潮,金融社工就要在提升老年人的数字金融素养方面发挥积极的作用。

通过对山西省 H 县朝阳社区老年人的问卷调查和访谈,社工发现老年人存在受教育程度低、数字金融意识薄弱、数字金融工具应用能力差、数字金融产品使用意愿不强等问题。老年人数字金融素养的影响因素包括受教育程度、收入水平、风险态度和认知、数字金融教育和数字技能。在此背景下,社工在朝阳社区最终选取了 8 位年龄在 60 和 75 岁之间、对新鲜事物接受程度较高且对数字金融感兴趣的老年人作为小组成员,在赋能理论和社会支持理论的指导下,开展了以"共享数字金融,护航幸福晚年"为主题的 7 次小组活动。

经过过程评估和效果评估,本次小组活动的目标全部达成。组员们掌握了一定的数字金融知识,激发了使用数字金融服务的兴趣,数字金融素养在小组活动结束后有了明显提升,同时也构建了自己的社会支持网络。

(二)建议

1. 推动数字金融教育发展,提升老年人的金融素养

要充分发挥金融社工在推动数字金融教育发展中的作用,为提高老年人的数字金融素养奠定坚实的基础。

(1)作为服务提供者和教育者,金融社工可首先发挥自身的专业优势,通过个案辅导以及成立发展性小组的方式,根据老年人的性别、年龄、学历、收入、认知能力和实际金融需求,专门向他们这个群体普及金融基础知识,激发他们的学习潜力。同时,呼吁大众消费者通过学习提升金融素养,增强风险意识,保障个人资产安全。

(2)作为资源获取者和协调者,金融社工可联合行业协会通过专题报道、专家讲座、网络等形式,深入开展数字金融知识和风险教育,联合社区成立老年人金融协助组织。金融社工要给老年人提供专业服务,充分利用老年人丰富的经

验,发掘他们的数字金融潜能,让他们互相分享、传授好的经验和技巧,从而达到助人和自助的效果。

(3)作为政策的影响者,金融社工在金融规划工作中可提议将数字金融素养作为一项重要内容,在年度宣传日、年度教育活动中体现出来;同时可以要求数字金融服务提供商尽到规范化、透明化的责任。

2. 加快数字金融技术创新,提高技术的易用性

(1)全面开展老年用户可用性测试,提升老年用户的服务体验。以前一般挑选年轻人来进行可用性测试,以后可以让更多的老年人作为目标群体来测试数字金融产品,不仅能发现一些操作性的问题,而且还能为老年人提供更好的服务体验。

(2)研发人工智能语音服务,方便老年人群体。老年人普遍存在视力不佳的问题。对老年人来说,智能屏幕使用起来不太方便,数字金融智能语音功能更适合老年人使用。因此,企业要加强对此功能的研究和开发,使语音服务成为老年人使用的主流。

(3)金融术语去专业化。老年人普遍对金融术语不了解,因此对数字金融服务接受程度较低。举个例子,金融 App 里出现"赎回""认购"等名词时,如果没有客户经理解释与指导,老年人根本不了解这些名词的准确意思。因此,建议将行业内的相关专业名词与实际情况相结合,为方便老年人了解和使用进行一定的调整与规划。

3. 完善数字金融安全体系,保护老年人的金融权益

(1)注意存款保险制度的宣传方式和方法。适老数字金融服务,应该由国家主导开展全国性的统一认证,统一标识和品牌等。适老数字金融服务知名度和专业度的提升,将对适老数字金融服务的发展起着举足轻重的作用,同时也为保护老年人的数字金融权益奠定了基础。

(2)提高反欺诈水平。适度降低老年人使用安全认证的门槛,使老年人在认证过程中更容易操作,不至于因为安全认证太复杂而放弃。考虑到部分安全设备(U 盾等)可用性和兼容性不足,应适当对数字金融服务安全认证形式做一定的调整,比如使用人脸识别、指纹识别等活体检测方法。

(3)加强老年人金融宣传教育。日常生活中,为使老年人在使用数字金融服务时权益得到保障,宣传教育的作用不容忽视。社会各界应多方发力,通过

大众媒体、专家讲座、网络媒体等向老年人宣传数字金融的优势,给老年人提供更好的金融服务。

4.明确金融监管规则,提高数字金融治理水平

一要完善数字金融行业监管机制。金融的本质不会因为数字化而发生改变,数字化对金融交易规则有重要影响,改变了以往单一的金融风险类型,增加了机器的风险和人机交互的风险。要不断完善金融行业的相关监管规则和法律法规,形成安全、稳定、适用的金融交易监管方式,防范和化解数字金融风险,使现代金融体系不断适应出现的各种情况。

二要强化老年人数字金融权益保护意识。为防止系统性的金融风险,金融服务提供商应具有防范金融风险的能力和实力,不断增强风险防范意识,减弱信息的滞后性、不对称性;应开设相应的培训课程或者举办专家讲座,不断提高老年人的数字金融素养。行业监管者应加大对数字金融服务提供商的资质和业务相关水平的审核力度,应在政府的支持与指导下,相互配合,提高老年数字金融消费者的数字金融素养,打消老年人的顾虑,使老年消费者权益保护机制的作用得到稳定发挥。

(根据江西财经大学 2023 届 MSW 论文《城镇老年人数字金融素养提升的小组工作研究——基于山西省 H 县朝阳社区的实践》编写,论文作者祁鑫,指导教师吴时辉。)

案例点评

本案例是以山西省 H 县朝阳社区老年人为对象开展的一次数字金融素养提升小组,目的是运用社会工作专业知识,通过小组活动帮助成员弥补数字技能方面的不足,加深对数字金融知识的了解,改变成员对数字金融的观念,激发成员学习数字金融的兴趣,增强成员防范风险的意识,帮助成员融入数字金融化环境,使他们的资产能够得到有效利用,进而提升幸福感和获得感。社工通过抽样调查和访谈了解到,老年人存在受教育程度低、数字金融意识薄弱、数字金融工具应用能力差、数字金融产品使用意愿不强等问题。针对老年人数字金融素养低的影响因素设计了七次小组活动,针对组员存在的问题及需求进行针对性的介入。

本案例中的社工以增能理论和社会支持理论为本次小组活动的理论支撑,

根据服务对象的特点,将整个小组活动分为五个部分:第一,设置问答环节,了解小组成员对数字金融的了解程度;第二,开设金融知识讲堂,邀请专业人士向老年人普及金融知识,让老年人知晓获取金融信息的渠道;第三,社工带领组员通过支付宝、微信、手机银行等渠道进行实际情景模拟,提高组员的实操能力;第四,通过案例教学和组员的互动分享,帮助组员增强风险意识;第五,帮助组员搭建社会支持网络。活动内容贴近服务目标,整个小组活动实施过程比较顺畅,克服了老年人对社会工作和数字金融认知有限等诸多障碍。从小组评估可以看出,组员的满意度比较高。作为第一次接触社会工作小组的组员,体验相当不错,这说明社工具备社会工作专业素养,设置的内容比较合理,能够调动组员的积极性,并在融洽的氛围中解决组员的问题。本案例采用定量资料与定性资料相结合的方法,在问卷调查过程中灵活访谈,掌握了真实的组员心理状态,并根据这些信息及时对小组活动进行微调,体现了社工的人文关怀。

本小组取得了不错的成效,但也存在以下局限和不足之处:

(一)缺乏对服务对象的需求评估

在本案例中,虽然通过抽样调查和访谈了解到服务对象数字金融素养存在的问题和影响因素,但缺乏对服务对象的需求评估。因此,在设计小组活动时,更多的是依赖社工自身对服务对象所存在问题的主观判断,活动内容是否贴近服务对象的真实需求存在一定的疑问。

(二)小组活动掌握的资源不足

在本案例中,社工没有邀请社区工作人员、金融从业人员,造成小组活动资源不足。如果能够请到金融从业人员为老年人提供专业的数字金融教育,则更具有权威性,效果会更好。另外,社工侧重于朋友之间的社会支持,而忽视了家庭、代际关系对老年人数字金融素养的影响。

(唐俊)

第三章　新生代农民工理财能力提升的小组工作介入

一、案例背景

国家统计局有关监测数据显示,2020 年,我国农民工数量达到了 28560 万人。其中,新生代农民工占比为 47.8%,农民工人均月收入 4072 元,比上年增长 2.8%。[①] 随着城镇生活成本和房价的增长,新生代农民工承担着较大的生活压力。与老一代农民工相比,新生代农民工留在城镇的意愿逐渐增强。他们对财产规划和增收等方面的理财需求非常迫切。但是由于教育经历和生活阅历的限制,新生代农民工在理财方面还存在诸多问题,如理财知识不足、消费缺乏理性、资金缺乏规划、难以做出合理的理财决策、容易遭遇理财诈骗等。这些问题不但会对新生代农民工融入城镇生活造成困扰,也会影响金融市场和经济社会的稳定。

S 县隶属于江西省赣州市。第七次全国人口普查结果显示,全县常住人口总数为 26.8 万人,其中城镇人口为 12.9 万人,占总人口的 48.07%。与第六次全国人口普查结果相比,城镇人口比重上升 20.9 个百分点。S 县位于赣州一小时经济圈的范围内,目前经济发展具有很大的潜力,产业的发展为人们提供了大量的就业机会,使得新生代农民工留在附近城镇就业成为现实。东湖社区成立于 2008 年,是 S 县委、县政府所在地,现有 3547 户居民,共 10949 人。东湖社区离 S 县工业园区较近,有较多出租的自建房,租金便宜,吸引了不少新生代农民工在此居住。

二、案例分析

本案例以东湖区的新生代农民工为服务对象。为了解新生代农民工理财能力的基本情况,我们设计了相关的调查问卷。此调查问卷设计了四个一级指

---

① 国家统计局.2020 年农民工监测调查报告[EB/OL].(2021 - 04 - 30)[2022 - 03 - 13].https://www.stats.gov.cn/sj/zxfb/202302/t20230203_1901074.html.

标,即理财知识、理财态度、理财技能和理财行为。每个一级指标下设若干个二级指标,并根据这些指标体系设置了相应的问题(表3.1)。

表3.1　新生代农民工理财能力测评体系

一级指标	二级指标
理财知识	理财知识自我评价、理财产品收益率、通货膨胀
理财态度	对理财教育的态度、对财产规划的态度、对投资的态度
理财技能	对理财产品或服务的选择、对非法投资的辨别、对风险与收益的认知
理财行为	消费规划、超前消费、意外支出计划、持有或购买理财产品

本次调查采用简单随机抽样方式,共发放110份问卷,回收问卷105份。经整理和筛查,剔除了9份无效问卷,最终得到96份有效问卷,有效问卷回收率为91.43%。通过对问卷结果的分析,并结合焦点小组访谈,发现服务对象主要存在以下问题:

(一)理财知识匮乏

理财知识匮乏现象在新生代农民工群体中极为普遍。其原因一方面是受家庭环境和成长背景的影响。农村缺乏良好的金融环境,人们闲置资金较少,对投资理财的需求不高。另一方面是新生代农民工受教育程度不高,并且缺乏学习理财知识的机会。主要体现在以下三个方面:

第一,对理财知识缺乏了解。调查数据显示,新生代农民工对自身的理财知识水平表现得不自信。绝大部分新生代农民工认为自己对理财知识掌握不足,不到一半的人认为自己对理财知识有一定的了解。从问卷数据(表3.2)来看,新生代农民工对基础的金融知识有一定的了解,如通货膨胀与利率的关系。有63.54%的新生代农民工能够准确地判断通货膨胀与利率之间的关系。对于更复杂一点的理财知识,如理财产品收益率,则表现得比较陌生。有35.42%的新生代农民工不知道如何计算理财产品的年化收益率,能够准确地计算理财产品收益率的只占25%。这反映出新生代农民工较少接触理财产品,对理财产品比较陌生。

表3.2　新生代农民工对理财知识的了解情况

问题	选项	人数	百分比
您是否了解一定的理财知识	不了解	49	51.04%
	有一些了解	47	48.96%
假如您的储蓄账户年利率为1%,当年通货膨胀率为3%,那么一年后您账户里的储蓄资金将发生什么变化	能够购买到更多东西	22	22.92%
	购买力不变	11	11.46%
	能够购买到更少东西	61	63.54%
	不知道	2	2.08%
某理财产品期限是9个月,累积收益率为9%,那么它的年化收益率是多少	9.0%	15	15.63%
	12.0%	24	25.00%
	6.0%	23	23.96%
	不知道	34	35.42%

第二,缺乏学习的主动性。新生代农民工知道自身的理财知识匮乏,又觉得自己没有能力,也没有必要学习,对自身的学习能力存在一种否定心理,认为自己文化水平不高,无法理解理财知识。也有人将不愿意学习理财知识的原因归结为缺乏学习时间。种种原因说明新生代农民工对理财的重要性认识不够,缺乏内生动力。他们渴望资产增值,但是金融知识、理财知识的不足减少了他们进入金融市场、获得金融服务、实现资产增收的机会。

访谈者小胡:我初中都没毕业,这种理财产品,我是看不懂哦。普通老百姓还是不要接触这种东西,到时候亏死就晓得苦了。再说了,我们天天上班,忙得要死,哪里有时间去了解这种东西,学习理财知识也要花蛮多时间吧。而且我感觉理财好高深,我肯定学不会。如果有闲钱,我还是更愿意把钱存在银行里,这样比较放心。

第三,获取理财信息的渠道单一。新生代农民工对理财知识的求知欲望不强,大多数人不会主动寻找理财信息,一方面是担心上当受骗,另一方面是觉得自己能力有限。新生代农民工获取理财知识和理财信息的渠道不畅通也在一定程度上影响了其理财能力的提升。在新生代农民工获取理财知识和理财信息的渠道方面(表3.3),有53.13%的新生代农民工选择从电视和网络获取,21.88%的人表示通过营业厅宣传获取理财知识和理财信息,甚至有35.42%的人表示没有获取理财知识和理财信息的渠道。这说明新生代农民工获取理财知识和理财信息的渠道有限,也可能是因为他们对这些信息的关注度不够。

表3.3　新生代农民工获取理财知识和理财信息的渠道情况

获取理财知识和理财信息的渠道	回应		观察值百分比
	人数	百分比	
营业厅宣传	21	16.03%	21.88%
朋友介绍和推荐	12	9.16%	12.50%
金融机构与企业合作宣传	3	2.29%	3.13%
电视、网络	51	38.93%	53.13%
无渠道	34	25.95%	35.42%
其他	10	7.63%	10.42%

(二)理财态度消极

理财态度一方面是指投资理财、实现资产保值增值的意识,另一方面是指合理规划资金、避免资金浪费的意识。新生代农民工在这两方面(表3.4)都显得比较消极,主要表现如下:

第一,缺乏对理财重要性的认识。调查显示:只有22.92%的新生代农民工认为理财教育很重要;36.46%的新生代农民工持中立态度;40.63%的新生代农民工表示理财教育不重要,认为理财教育并不会给他们的生活带来变化。这说明新生代农民工对理财教育的态度比较消极,缺乏对理财重要性的认识。理财教育是持续的、长期的、循序渐进的过程,需要通过引导、不断灌输理财观念才能够增强新生代农民工的理财意识,让他们对理财引起重视。

第二,理财观念陈旧。绝大部分新生代农民工理财观念比较保守,普遍认为理财就是将钱存入银行。在"如果您有一笔闲钱,您会如何利用"的问题上,调查结果显示,有67.71%的新生代农民工会选择将这笔闲钱放进银行储蓄,用来购买理财产品的人只占15.63%,4.17%的人会将这笔闲钱用来投资其他产业,有6.25%的人选择把这笔闲钱放在家中。这说明新生代农民工的风险承受能力较差。相较于有风险的投资,他们更愿意把闲钱放进更安全的银行。但仅仅依靠在银行存钱,忽视通货膨胀的影响,也是盲目的。想要实现财富增值还需要具备一定的投资理财观念。

第三,缺乏资金规划意识。通过调查了解到,一部分新生代农民工的资金规划意识较为薄弱。70.83%的新生代农民工不同意"今天有钱今天花,明天的事明天再说"的说法,表示中立的人占15.63%,但也有13.54%的人认可这种消费观念。资金规划意识薄弱,会降低他们抵御经济风险的能力。一旦发生不可控的意外,他们就容易陷入经济困境。

表 3.4　新生代农民工理财态度情况

问题	选项	人数	百分比
您觉得理财教育重要吗	重要	22	22.92%
	一般	35	36.46%
	不重要	39	40.63%
如果您有一笔闲钱,您会如何利用	储蓄	65	67.71%
	购买理财产品	15	15.63%
	放在家中	6	6.25%
	投资产业	4	4.17%
	其他	6	6.25%
您是否同意以下说法:不担心未来,今天有钱今天花,明天的事明天再说	不同意	68	70.83%
	中立	15	15.63%
	同意	13	13.54%

(三)理财技能不足

第一,理财技能欠缺,对收益与风险的认知不足。调查结果(表3.5)显示,绝大部分新生代农民工对理财产品或服务的风险和收益没有清晰的认识,仅有18.75%的新生代农民工对理财产品或服务的风险和收益有比较清晰的认识。有些新生代农民工在投资理财时,过于关注高收益,而忽视了自身所能承受的风险。数据显示,只有15.63%的新生代农民工会对同类理财产品或服务进行比较,64.58%的新生代农民工不知道该如何比较,16.67%的新生代农民工表示没有足够的信息渠道进行比较,也有3.13%的新生代农民工没有比较。这也反映出新生代农民工理财技巧不高,实操经验不足。

第二,识别金融风险能力较低。随着互联网技术蓬勃发展,线上理财诈骗手段花样百出。骗子常打着资深理财专家、投资专家等幌子骗取投资者的信任,通过网络社交平台、网页等渠道发布虚假的理财信息。在低成本、高收入的诱惑下,投资者很容易落入骗子的圈套。不法分子利用各种手段一步步取得投资者的信任,随后引诱投资者加大资金投入,之后便制造"亏空"的假象,最后导致投资者倾家荡产或负债累累。调查结果显示,绝大部分新生代农民工不知道或者不能辨别非法投资,只有13.54%的新生代农民工认为自己能辨别非法投资。这说明新生代农民工的辨别能力还有待提高。理财诈骗的手段越来越科技化,对新生代农民工的辨别能力提出了更高的要求。在走访中发现,部分新生代农民工对此不以为意,有些人甚至觉得这不算被骗,只不过是投资失败。有些新生代农民工十分自信,认为自己警惕心很强,不会落入理财诈骗陷阱。在投资理财诈骗形式花样百出的背景下,新生代农民工不仅需要保持警惕心,更需要提升自身的理财能力。

表3.5　新生代农民工理财技能情况

题目	选项	人数	百分比
当您选择某项理财产品和服务时,下列哪项描述与您的行为相符	我会对同类理财产品或服务进行比较	15	15.63%
	我不知道如何比较	62	64.58%
	没有足够的信息渠道进行比较	16	16.67%
	没有比较	3	3.13%
在您选择购买某项理财产品或服务时,您是否对该产品或服务的风险和收益有清晰的认识	是	18	18.75%
	否	33	34.38%
	不知道	45	46.88%
在您选择购买理财产品或服务时,您能否正确分辨合法与非法投资渠道和产品服务	能	13	13.54%
	不能	39	40.63%
	不知道	44	45.83%

(四)理财行为不合理

第一,理财方式单一,以银行储蓄为主。问卷调查结果显示,新生代农民工对理财方式的选择具有较高的一致性。从表3.6中可以看出,新生代农民工近五年购买或持有的理财产品中银行储蓄占比高达100%,其次是房地产投资和保险投资,占比分别为18.75%和17.71%。风险相对较高的股票投资占比仅为2.08%。这说明新生代农民工理财的首要目标是保证资金的安全,所以银行储蓄是他们首选的理财方式。

第二,消费行为不理性,过度超前消费。在市场经济繁荣的背景下,新生代农民工的消费欲望逐渐膨胀,并且易受拜金主义、享乐主义等不良社会风气的影响,从而导致他们容易和同龄人在消费上互相攀比,过分追求物质享受,陷入非理性消费中。有些新生代农民工为了一款流行手机或者名牌服饰,节衣缩食,甚至借钱消费以满足欲望。问卷调查结果(表 3.7)显示,超过一半的人赞成超前消费的观念,在过去半年里存在超前消费的人超过50%。这都说明新生代农民工具有较开放的消费观,对超前消费的接受程度比较高。

初入社会的新生代农民工消费目的往往不明确,易出现盲目消费、冲动消费等非理性消费现象。社工在访谈中了解到,新生代农民工普遍存在超前消费的现象。超前消费大多并不是必要消费,其中也存在着冲动消费和攀比消费的现象。

访谈者小林:我现在每个月都要还花呗,我身边的人基本上都会使用花呗、白条这种超前消费方式,因为有的时候资金周转不过来。用这个还是蛮方便的,就是容易控制不住消费欲望,容易过度消费,买东西永远超过计划,于是就陷入困境。用这种方式消费让人没有概念,不像现金花了就没了。

在消费观念上,新老两代农民工有很大的差异。新生代农民工消费更加注重高层次的精神需求以及自身的发展和享受。从访谈可知,新生代农民工对超前消费的态度比较积极。随着各种支付方式的创新,超前消费越来越被大家认可和接受。一些新生代农民工存在忽视自身消费实力和还款能力,过度超前消费的现象。消费观念超前和消费实力滞后,表明新生代农民工理财能力缺乏。

第三,财产缺乏规划,消费随意性强。新生代农民工的成长环境与其父辈有很大的差异。他们成长于社会主义市场经济快速发展时期,消费观念也受到了一定程度的影响。新生代农民工更加偏好及时行乐,节俭意识不强,缺乏长远规划,消费随意性强。调查发现,新生代农民工的消费行为具有一定的随意性,消费缺乏计划,以至于出现"月光族"的普遍现象。结果显示,经常做预算的新生代农民工只占小部分,占比仅为 15.63%,从来不做预算的占比达到 20.83%,绝大部分人偶尔会做消费预算。

访谈者小陈:哎,你们不要笑话我。我月初是富人,月末就是穷人了。我经常纳闷钱都用到哪里去了,感觉也没买什么,钱就用完了,赚的钱都不够花。我工作四年了,但是没有存到什么钱,平时花钱也没什么计划性,想买什么就买什么,更没时间去记账了。

访谈者小徐:我觉得存不存钱无所谓,反正银行存钱的利息那么低,放几年也没多少利息。我也不敢把钱拿去投资。我现在还没有什么存钱计划,哪个月有钱多就放着,没有刻意要求自己一个月固定存多少钱。因为我有的时候能剩比较多的钱,有的时候根本不够用。不够用的时候,我就先向朋友借,下个月有钱了再还回去。

从访谈可知,新生代农民工没有良好的财富管理习惯,偏好及时行乐,储蓄的意愿相对较低且能力不足。有的新生代农民工虽然有储蓄的意识,但是缺乏行动和技能,这样也无法实现储蓄的目的。在询问新生代农民工是否能拿出一笔约等于三个月工资的意外支出时,只有39.58%的人表示自己完全可以支付这笔意外支出费用,有20.83%的人认为自己或许拿得出,20.83%的人表示自己可能没有能力支付这笔费用,还有18.75%的人表示自己肯定拿不出这笔意外支出费用。

表3.6 新生代农民工近五年购买或持有的理财产品情况

近五年购买或持有的理财产品	回应		观察值百分比
	人数	百分比	
银行储蓄	96	61.54%	100.00%
股票投资	2	1.28%	2.08%
债券投资	7	4.49%	7.29%
基金投资	12	7.69%	12.50%
保险投资	17	10.90%	17.71%
金银投资	4	2.56%	4.17%
房地产投资	18	11.54%	18.75%

表3.7 新生代农民工理财行为情况

题目	选项	人数	百分比
您平时花费是否有合理的预算	经常有	15	15.63%
	偶尔有	61	63.54%
	从来没有	20	20.83%
您如何看待超前消费	赞成	51	53.13%
	能接受,但不轻易尝试	33	34.38%
	不赞成	12	12.50%

续表 3.7

题目	选项	人数	百分比
过去半年里,您是否有超前消费(如使用京东白条、花呗分期及分期付款等)	有	56	58.33%
	没有	40	41.67%
假如下个月您有一笔约等于三个月工资的意外支出,您是否能全额支付这笔费用	完全可以	38	39.58%
	或许可以	20	20.83%
	可能拿不出	20	20.83%
	肯定拿不出	18	18.75%

三、服务计划

(一)小组概况

小组名称:理财能力提升小组。

活动次数:7 次。

组内成员:东湖社区的 7 名新生代农民工。

活动时间:每周日 18:30—19:30。

活动地点:东湖社区活动室。

(二)小组模式

该小组以增能理论为主要理论支撑,工作模式注重人的发展,关注组员社会功能的恢复和提升。此小组旨在提高组员对理财的认知能力,激发组员对理财的兴趣,引导组员养成合理规划资金、理性消费等习惯。在这个小组工作模式中,社工的职责包括引导组员积极参与,提高组员自主解决问题的能力和意识,实现小组的目标。为了保持小组的稳定性和活力,社工在小组活动中要经常鼓励组员,激发组员的潜能,建立并维护小组的良好互动关系。

(三)小组目标

小组目标是通过小组活动的开展,帮助组员培养良好的消费习惯,预防消费危机的出现,树立科学的理财观念,增强对理财的认识,学会规划资金,提高金融风险防范意识,提高识别诈骗的能力,掌握基本的理财技能,拓宽理财渠道,学会合理配置资产,从而提高自身的理财能力。在小组活动开展的过程中,组员们相互激励,构建组员互助网络,增强解决问题的能力,进而更快地融入城镇生活。与此同时,社工的实务技能也得到提高。

（四）组员招募

社工采用线上线下相结合的招募方式。具体招募方法如下：

一是利用网络媒体在线上宣传，制作宣传海报，并请社区工作人员将其转发至朋友圈和社区业主群。

二是进入社区，在线下宣传。在访谈过程中寻找潜在的服务对象，向新生代农民工介绍此次小组活动，留下感兴趣的人的联系方式。在活动开展前一周联系已报名和有意向的人，确定时间并再次询问他们最终是否能来参加此次小组活动。

三是向社区工作人员寻求帮助。筛查符合本次小组活动要求的居民信息，并通过电话或线下拜访的方式，向其详细说明本次活动的目的，了解他们参加活动的意愿。

本次招募组员遵循自愿参与原则，社工向 1980 年以后出生且年满 16 周岁，具有农村户籍，在城镇从事非农生产活动的居民发出邀请。在社区工作人员的协助下，社工根据具体时间安排，最终选取 7 名新生代农民工作为本次小组活动的组员。

表 3.8　组员的基本信息表

组员	性别	学历	年龄	职业	基本情况
小徐	女	大专	25 岁	理疗师	有投资理财需求，但是缺乏理财经验和渠道
小陈	男	初中	24 岁	汽车修理工	开支较大，缺乏资金规划，无理财经验
小孔	男	初中	26 岁	车间工人	有过理财被骗经历，不敢轻易投资理财
小刘	女	初中	21 岁	美容技师	月光族，存在不合理消费行为
小胡	女	初中	22 岁	酒店前台	存在理财误区，观念保守
小林	女	高中	21 岁	奶茶店店员	缺乏资金规划，经常超前消费
小谢	男	大专	26 岁	房地产销售	有一定的积蓄，缺乏资金规划，易冲动消费

（五）小组活动安排

在前期调研结果的基础上，社工设计了七次小组活动，并根据组员的特点调整了活动内容。小组活动时间为 2021 年 9 月 4 日至 10 月 16 日，活动场所在东湖社区活动室。具体活动方案如表 3.9 所示。

表 3.9　小组活动情况一览表

活动期数	活动时间	活动主题	活动目标
第一期	9 月 4 日	有缘相聚	活跃小组气氛,减轻组员的陌生感,促进组员间的了解,初步建立小组关系,明确小组目标与小组规范,签订小组契约
第二期	9 月 11 日	认识理财	帮助组员初步了解理财,改变错误的理财观念,提高理财意识,转变理财态度,让组员意识到理财的重要性
第三期	9 月 25 日	了解消费	增进组员的关系,增强组员的情感共鸣,理清组员的不良消费观和习惯,帮助组员树立合理的消费观
第四期	9 月 25 日	计划用财	帮助组员改变不良的消费方式,引导组员养成记账、规划收支的习惯,做好未来的支出计划并严格执行
第五期	9 月 30 日	火眼金睛	向组员介绍理财诈骗手段,提高组员对诈骗的辨别能力,帮助组员识别理财诈骗,普及预防诈骗的方法,提高组员抵御金融风险的能力
第六期	10 月 09 日	理财有道	提高组员的投资理财技能,让组员学会运用简单的理财工具;拓宽组员的理财渠道,让组员理性投资理财,树立风险意识
第七期	10 月 16 日	筑梦未来	总结小组活动,肯定组员的正向改变,鼓励其继续学习;宣布小组活动结束,处理好离别情绪

(六)预料中的问题和应变计划

社工对小组活动过程中出现的问题进行了预估,并采取了相应的应对措施,如表 3.10 所示。

表 3.10　小组活动过程中可能出现的问题及应对措施

序号	可能出现的问题	应对措施
1	组员时间难以协调	前期做好调查,了解大家的空闲时间,尽可能满足每个组员的时间要求;告知组员有事情要提前通知,以便提前做调整
2	小组秩序混乱	在小组活动开展前,社工要与组员建立小组契约,引导组员遵守秩序;在活动前后,与有经验的社工沟通交流,吸取经验和教训,提前做好准备,加强驾驭和指导现场的能力
3	组员跟不上进度	放慢活动进度,询问组员是否能听懂,鼓励组员及时提出问题,并耐心解释

续表 3.10

序号	可能出现的问题	应对措施
4	组员中途退出	密切关注组员的情绪,及时帮助组员缓解不良情绪;了解想退出的组员的具体情况,积极劝说;对确定要退出的组员表示充分理解和尊重
5	组员参与度低	观察每个组员在活动过程中的状态及其性格,及时给予组员鼓励;合理分配小组角色,增强组员的成就感和归属感;在小组成立之初,选择积极活跃的组员当小组领袖,带动组员互动

四、服务计划实施过程

(一)第一次小组活动:有缘相聚

1. 活动时间:2021 年 9 月 4 日 18:30—19:30。

2. 活动地点:东湖社区活动室。

3. 活动过程见表 3.11。

表 3.11　第一次小组活动安排表

活动流程	活动内容	时间安排
第一场	1. 社工进行自我介绍,阐明自己的角色与作用,简单介绍本次小组活动的目的、内容和安排。 2. 组员进行自我介绍,以及表达对小组活动的期望。 3. 社工表达自己对小组的期望或建议	15 分钟
第二场	做"考考记忆力"的破冰游戏,活跃组内气氛,加深组员间的认识	20 分钟
第三场	1. 社工与组员共同讨论小组规范,将讨论后形成的小组规范写在纸上并签字,初步建立组员对小组的归属感和责任感。 2. 解答组员的疑惑,明确组员的职责,理清小组活动的目的和内容,强调小组秩序	15 分钟
第四场	1. 社工总结本次小组活动,邀请组员谈谈感受。 2. 建立微信群,以便组员相互沟通和探讨。 3. 给组员布置作业:你是如何理解理财的	10 分钟

4. 活动记录。活动开始时,社工发现有的组员在其他组员进行自我介绍的时候低头玩手机,并出现手机信息提示音。社工立即提醒该组员关闭手机声音,集中注意力听讲。同时,社工注意到有些组员在别人发言时没有认真听,低声交谈,影响了活动的有序开展。因此,在组员进行自我介绍后,社工引导组员

建立小组规范,形成契约。最后,社工表示,希望组员在接下来的活动中能够共同遵守契约。

在社工介绍破冰游戏时,有组员表示不想参与,觉得这种游戏很幼稚。随后,社工向组员解释了设计破冰游戏的意义,希望通过游戏的形式活跃气氛,同时拉近组员的距离。在社工耐心解释过后,组员们表示理解并愿意参与游戏。在本次小组活动结束前,社工询问了组员对本次活动的感受。

小徐说:"我的性格比较内向,来社区的时间也不是很长,平时与社区的人接触较少,没什么朋友。通过这次活动能认识新朋友,我觉得很开心,也很期待后面的几次活动。"

第一次活动进展较为顺利,小组开始搭建互助网络。

5.活动反思。总体来说,第一次小组活动效果良好,获得了组员的认可,本次小组活动目标基本达成,但还是存在不足。社工第一次开展小组活动,缺乏实践经验,对可能发生的问题缺乏预判。社工由于比较紧张,语言表达不流畅,导致活动节奏把控不到位,造成活动超时。另外,组员也是第一次参加此类活动,有些内向的组员比较害羞,不愿意表达自我,缺乏积极性。第一次小组活动能顺利实现目标,对于初次组织这次活动的社工而言,是很大的鼓励。因此,在接下来的活动中,社工要从此次活动中吸取教训,调整自己的心态,把控好时间,准备更充分,学习更多的沟通技巧,更好地开展后续活动。

(二)第二次小组活动:认识理财

1.活动时间:2021 年 9 月 11 日 18:30—19:30。

2.活动地点:东湖社区活动室。

3.活动过程见表 3.12。

表 3.12　第二次小组活动安排表

活动流程	活动内容	时间安排
第一场	1.回顾上次活动,简单介绍本次活动。 2.邀请组员分享自己对理财的理解	10 分钟
第二场	1.社工向组员介绍理财的基本概念以及理财的原因。 2.介绍理财的四大板块,即开源、节流、风控和投资	15 分钟
第三场	1.社工向组员介绍一些常见的理财误区。 2.组员交流理财误区,加深对理财的理解	20 分钟

续表3.12

活动流程	活动内容	时间安排
第四场	1.社工通过案例讲解理财的重要性。 2.邀请组员分享本次活动对其理财的启发	10分钟
第五场	1.总结与回顾本次活动,帮助组员巩固知识点。 2.布置作业:分享自己近一个月的消费单	5分钟

4.活动记录。经过第一次小组活动,组员间渐渐熟悉起来,没那么拘束了。在本次小组活动开始时,社工让组员自愿举手,分享自己对理财的理解。有两位组员主动分享,社工对他们进行了表扬,同时也鼓励其他组员积极分享。

在小组活动的第二阶段,社工首先向组员介绍了理财的原因,提高组员对理财的认识,激发组员对理财的兴趣。其次,社工向组员介绍了理财的一些基本概念,如单利、复利和通货膨胀等,并通过一些具体的例子来进行讲解。但是文化水平有限、平时较少接触金融知识的组员,并不能很快消化这些知识。因此,在后面的答疑环节,组员们提出了自己的疑惑,表示有点消化不过来,对很多知识点不理解。随后,社工耐心地向他们解释,并通过列举一些日常生活中的事例,让他们明白理财并不等于购买投资理财产品,合理规划资金、养成良好的消费习惯等都属于理财,让组员意识到理财并不仅仅是投资理财,我们日常生活中的很多行为都算理财,从而激发组员对理财的兴趣,让组员更加重视理财。

小组活动的第三阶段是社工向组员介绍常见的理财误区,组员们听得很认真。在社工分享结束后,组员们积极参与到讨论中,分享自己对理财的误解。在讨论的过程中,社工注意到组员对"理财是有钱人的事,没钱的人不需要理财"这个话题有争议。社工随即让大家开展一场辩论赛,正方的观点是"没钱的普通人更需要理财",反方的观点是"理财是有钱人的事"。在激烈的辩论过程中,大家表达了自己的理财观念和态度,社工仔细观察和记录组员辩论过程,进一步了解了组员的理财观念。本次活动也取得了圆满成功。

5.活动总结与反思。此次小组活动的基本目标已经达成。通过理财知识和理财误区的学习,组员学到了此前没有学过的理财知识,并对理财误区有了大概的了解,在树立正确的理财观念上又向前迈进了一步。辩论赛进一步拉近了组员的距离,加深了组员与组员、社工与组员之间的了解。

本次小组活动的不足之处是社工没有考虑到组员对新知识的消化能力,讲解不够通俗易懂,导致在答疑环节花费较长时间;加上没有控制组员的提问时间,有的组员提问占用较长的时间,导致社工没有时间为其他人解答问题。此外,社工临时改变了活动计划,增加了一个辩论环节。由于辩论过于激烈,社工的控场能力显得较弱,虽然辩论赛取得了较好的效果,但是严重超时。因此,在后续的活动中,社工应该充分考虑组员的特点,尽量用通俗的语言列举一些接地气的例子,帮助组员更快地理解知识。同时,社工也应该提高控场能力,把握好时间和进度。

(三)第三次小组活动:了解消费

1. 活动时间:2021 年 9 月 17 日 18:30—19:30。

2. 活动地点:东湖社区活动室。

3. 活动过程见表 3.13。

表 3.13　第三次小组活动安排表

活动流程	活动内容	时间安排
第一场	1. 回顾上次活动,简单介绍本次活动。 2. 播放歌曲《陀螺》,从理财的角度解释歌词"在欲望里转,在挣扎里转,在东窗事发的麻木里转……你扔下手中的道具,开始咒骂这场游戏,说你一直想放弃,但不能停止转"的意思,引出理性消费、控制消费欲、不做剁手党的活动主题	10 分钟
第二场	1. 邀请每个组员分享自己近一个月的消费单,简要说明自己的消费理念,并指出自己在消费中存在的问题。 2. 每个组员分享后,组员们相互讨论,回忆自己的购物经历,从而产生情感共鸣,提高小组的凝聚力	30 分钟
第三场	1. 社工进行总结,理清组员的非理性消费行为、错误的消费观念,让组员意识到非理性消费观可能导致的后果。 2. 引导组员思考陷入非理性消费的原因并鼓励组员改变错误的消费观,树立正确的消费观	15 分钟
第四场	1. 组员依次表达参加活动的感受。 2. 布置作业:制作一周财务预算支出表和实际支出表	5 分钟

4. 活动记录。在小组活动开始前,组员们就已经开始交流,小组气氛越来越融洽,组员的积极性有了明显提升。有的组员在分享消费单时滔滔不绝,丝毫没有停下来的意思。社工为了保证活动的进度,避免再次出现超时的情况,及时提醒组员控制发言时间,才使得活动按时进行下去。

小刘说:"我平时很喜欢在网上购物,特别是现在有了直播,更加控制不住消费欲望。有的时候觉得活动力度这么大，不买就亏了。所以，我每次都买了一堆东西，有的放到过期也没用完。"

小林说："我喜欢用花呗进行消费，每个月一发工资就得先把上个月的花呗还掉，所以工资就剩不了多少。"

看着自己的消费账单，不少组员陷入沉思，深刻意识到自己的消费观念存在一定的问题。

组员们对自己的消费行为展开了激烈的讨论，在分享中找到了共鸣。最后，社工进行了总结，对组员们合理的消费行为予以表扬，并且鼓励他们今后继续保持。同时，社工也指出了他们不合理的消费观念和行为，让他们认识到理性消费的重要性。

5. 活动反思与总结。在分享消费观念这一环节中，组员小孔多次打断其他组员发言，并试图将自己的想法和观念强加给他人，不尊重别人的想法。社工意识到小孔的行为属于小组转型时期出现的权力垄断行为，随后及时引导小孔，为他创造表达自我的条件和机会，同时让他发现该行为存在的问题，鼓励他做出改变。

在本次小组活动中，组员们重新对以往的非理性消费观念和行为进行了思考，意识到自身存在的一些问题和不足，并且初步形成了规划资金、节省开支、攒钱储蓄的意识。在总结时，社工对大家给予鼓励，希望组员能够坚持改变，摒弃不合理的消费观念。

（四）第四次小组活动：计划用财

1. 活动时间：2021 年 9 月 25 日 18:30—19:30。

2. 活动地点：东湖社区活动室。

3. 活动过程见表 3.14。

表 3.14　第四次小组活动安排表

活动流程	活动内容	时间安排
第一场	1. 回顾上次活动，简单介绍本次活动。 2. 观看视频《合理规划消费》	5 分钟
第二场	1. 组员分享自己的一周财务预算规划表及实际支出表，并请其他组员评价是否存在不合理消费的现象。 2. 邀请组员结合自己制定的一周财务预算规划表与实际支出表，分享视频观后感	25 分钟

续表 3.14

活动流程	活动内容	时间安排
第三场	1. 引导组员思考如何做好适合自己的资金规划。 2. 引导组员梳理自身财务状况,制定理财目标及规划。 3. 社工介绍新手理财的做法和记账工具,介绍理财规划"五步走"	20分钟
第四场	1. 发动头脑风暴,为更好地预防财务危机出谋划策。 2. 社工对本次活动进行总结。 3. 给组员布置作业:分享自己知道的诈骗类型或被骗经历	10分钟

4. 活动记录。在第二场活动中,社工邀请组员主动分享一周的财务预算规划表与实际支出表,发现举手的总是那几个人,个别组员的积极性不高。社工鼓励积极性不高的组员发言,肯定他们之前的表现,并表达了对他们的期望。在后续的活动中,社工将更关注这些积极性不高的组员,给予他们更多的鼓励。通过组员分享自己的财务预算规划表与实际支出表,社工发现大部分组员不能很好地执行自己制定的财务规划,消费随意性较强。

在第三场活动中,社工着重介绍了资金规划和消费支出,并结合组员们制定的财务预算规划表及实际支出表,提出了建议,向组员介绍了家庭资产负债表和收入支出表。社工讲解了表中涉及的一些公式、指标、常识等,指导组员记账,使他们养成良好的记账习惯。通过记账,他们可以发现自己的不合理消费情况,以便及时改正,同时还可以及时发现自己及家庭的财务问题。随后,社工讲解了理财规划的五个步骤,让组员根据自身的理财目标和财务状况,做好未来开支计划。此外,社工还向组员介绍了一个记账 App,这个记账 App 有不同的模板,可以满足他们多样化的需求,并且可以通过图表的形式清晰明了地展现自己的消费数据。相比于纸质记账工具,电子记账 App 操作简单,且数据不易丢失,因此得到了更多组员的认可。

在总结环节,社工询问了组员对本次活动的感受,组员普遍表示本次小组活动内容实用性很强,贴近生活,对小组活动给予了肯定。最后,社工再次强调理财规划的重要性,并鼓励组员持之以恒,继续巩固学习成果。

5. 活动反思与总结。组员在这次活动中没有出现玩手机、聊天等现象,并且能够尊重他人的想法。本次活动具有一定的现实意义,组员们也有了更强的参与感。通过社工的不断引导与鼓励,理财课堂变得更加有趣,大家也觉得活动不枯燥了。

本次活动基本实现了预期目标,但是也存在一些不足。社工应该多关注积极性不高的组员,询问这些组员对活动的看法,进而改进小组活动方案,提升小组活动质量。针对积极性不高的组员,社工在小组活动结束后进行了一对一的谈话,进一步了解他们对小组活动的想法和意见,并在后续的活动中改进。

(五)第五次小组活动:火眼金睛

1.活动时间:2021 年 9 月 30 日 18:30—19:30。

2.活动地点:东湖社区活动室。

3.活动过程见表 3.15。

表 3.15　第五次小组活动安排表

活动流程	活动内容	时间安排
第一场	1.回顾上次活动,简单介绍本次活动。 2.邀请组员分享知道的诈骗类型或被骗经历	5 分钟
第二场	1.结合视频,社工向组员介绍常见的金融诈骗的特征、表现形式及手段。 2.社工分享常见的理财诈骗案例,引导组员认清金融诈骗的本质和危害,提高组员对理财诈骗的认识,增强组员的防范意识	25 分钟
第三场	1.组员讨论如何甄别金融诈骗、理财诈骗。 2.情景假设:如果理财诈骗发生在自己身上,该怎么办	20 分钟
第四场	1.社工对本次活动进行总结,帮助组员巩固学习成果,树立风险意识,提高风险识别能力。 2.邀请组员分享参加本次活动的感受。 3.给组员布置作业:分享自己知道的理财产品和理财投资经历	10 分钟

4.活动记录。在组员分享自己的被骗经历时,社工观察到有的组员想说但是又不好意思开口。为了鼓励组员主动表达,社工先做了示范,分享了自己的被骗经历,引导组员大方分享自己的故事,并再次强调保密原则。在社工的逐步引导下,组员小孔表示愿意分享自己的被骗经历。

小孔说:"我去年在网上看到一个广告,只需要支付一元钱就可以学习理财,便毫不犹豫地付款报名。在完成一期基础理财的课程后,老师开始推荐进阶课程,并承诺上完进阶课程就可以赚取收益,年化收益率能达到 15%,如果没达到承诺的收益率还可以退款。于是我被高额的收益冲昏了头脑,花了将近8000 元报了进阶课程,但是很快就发现与老师此前承诺的收益不符。我们要求退款,但是却联系不上老师了,才意识到自己被骗了。"

小孔分享完之后,大家也纷纷讨论自己身边发生的或者在网上看到的诈骗案例,组员们越讲越投入,大家的积极性提高了。

在社工分享典型案例时,组员们听得十分专注,表现得十分感兴趣并积极发言。大部分组员表示如果自己遇到这种情况肯定不会被骗,并且不理解案例中的主人公为什么这么轻易相信别人。在情景假设部分,大部分组员选择找警察来解决问题,且不知道其他渠道和方法。最后,社工还向组员推荐了国家反诈 App,降低组员被骗的风险。

5. 活动反思与总结。社工通过鼓励、表达同理心和倾听等支持性技巧,帮助组员打开心扉,让他们积极分享自己的故事,使本次活动取得了较好的效果。组员表示参加本次活动收获满满。金融诈骗种类繁多,普及防诈骗知识可以帮助组员识别骗局,增强风险意识。但是现在各种骗术层出不穷,组员们不可能通过一次活动就能百分之百地掌握这些知识。这些骗术在一定程度上加剧了大家对理财产品的担忧,有的组员甚至不敢投资理财了。

在这次活动中,组员表现不错,能够主动交流、积极回应,小组活动氛围变得轻松,互动性越来越强,活动开展得比较顺利。

(六)第六次小组活动:理财有道

1. 活动时间:2021 年 10 月 9 日 18:30—19:30。

2. 活动地点:东湖社区活动室。

3. 活动过程见表 3.16。

表 3.16　第六次小组活动安排表

活动流程	活动内容	时间安排
第一场	1. 回顾上次活动,简单介绍本次活动。 2. 邀请组员分享自己知道的理财产品和理财投资经历	10 分钟
第二场	1. 社工向组员介绍理财产品的种类,根据组员的特点,着重介绍简单易操作的理财工具。 2. 社工向组员讲解理财风险,提醒组员在进行投资和理财时,不要一味地追求高回报,需要兼顾风险,合理合法地进行投资理财	30 分钟
第三场	1. 社工讲解简单的理财操作,提升组员的理财技能,拓宽理财渠道。 2. 社工为组员答疑解惑	15 分钟
第四场	1. 社工对本次活动进行总结,帮助组员巩固学习成果。 2. 社工提醒组员小组即将解散	5 分钟

4. 活动记录。在邀请组员分享自己的理财经历时,社工发现很少人有投资理财的经历,大部分人对投资理财表现得很陌生。银行存款几乎是所有组员首要的理财方式。他们普遍认为基金或股票等理财产品难以掌控,不敢尝试。随后,社工向组员介绍了一些风险较小、流动性较强、收益较稳定、操作简单的理财产品,并建议他们将资金存放在余额宝、京东小金库等年化利率较高、日收入可见的网络理财平台。此外,社工还向组员介绍了基金定投,建议组员将每个月收支结余的一部分资金用于基金定投。社工的介绍激发了组员投资理财的兴趣,组员们纷纷表示今后会多关注此类理财产品,并在自己的能力范围内进行尝试。

理财投资是一门实践性很强的课程,需要经过长期的实践训练和经验积累。然而很多人易受他人影响,盲目跟风投资,最后导致血本无归。因此,社工在讲解完理财产品和理财操作后,特意强调了不同产品的风险程度,提醒组员一定要根据自己的财务状况和风险承受能力进行投资理财,切勿盲目投资。

5. 活动总结与反思。社工一开始了解到组员的投资理财观念较为保守,并且觉得投资理财是一件很烦琐的事情。社工介绍了几个简单易操作的理财产品,一方面转变了他们对理财的狭隘观念,另一方面拓宽了他们的投资理财渠道,增强了他们投资理财、实现财富保值增值的意识。但是投资理财并不是通过一节课就能掌握的,所以社工希望组员继续学习理财知识。

(七)小组活动:筑梦未来

1. 活动时间:2021 年 10 月 16 日 18:30—19:30。

2. 活动地点:东湖社区活动室。

3. 活动过程见表 3.17。

表 3.17　第七次小组活动安排表

活动流程	活动内容	时间安排
第一场	1. 回顾上次活动,社工再次提醒小组即将解散。 2. 通过 PPT 的形式,展现小组一路走来的历程,见证彼此的成长	5 分钟
第二场	1. 邀请组员——分享在这次活动中的收获和对未来的展望	30 分钟
第三场	1. 社工做总结,表达与组员共成长的感激之情,巩固组员的学习成果,认可组员的进步和改变,鼓励组员保持学习势头	20 分钟

续表 3.17

活动流程	活动内容	时间安排
第四场	1. 社工宣告离别,安抚组员的离别情绪。 2. 向组员发放纪念品	5 分钟

4.活动记录。这是最后一场小组活动,意味着服务阶段即将结束。社工带着组员重温了一遍在前几次活动中学习的重要知识点,再一次巩固组员的学习成果。重温知识点后,社工通过 PPT 展现了组员们的活动影像,回顾美好瞬间。组员们看完后迫不及待地想分享自己在这段时间的感受。社工按照组员举手的先后顺序,让组员一一分享自己的收获和对未来的展望。

小胡说:"我以前对理财的认知太狭隘了,以为理财就是简单的投资赚钱呢。原来理财还包括这么多内容。我们这些年轻人是需要好好规划一下工资,不能成为月光族,争取早日攒够钱买房。"

小陈说:"我以前觉得理财没什么必要,毕竟自己也没几个钱。现在我觉得理财挺有必要的,理财和钱多钱少没什么关系。"

组员们纷纷说出自己的收获和感受,社工从他们的发言中感受到了他们的变化,这也让社工有了一点成就感。社工最后也向组员表达了感激之情,感谢组员参加这次活动并且没有中途放弃,让本次小组活动顺利开展。

5.活动总结与反思。总体来说,小组活动圆满结束。组员通过小组活动学习了理财知识,提升了理财技能。通过回顾前六次小组活动,组员们看到了自己的变化,并且对未来充满了信心,表示今后会将从活动中学习到的经验运用到生活中。

社工在表达自己的感受时过于感性,因为是第一次开展此类小组活动,所以未能控制好自己的离别情绪。之后,社工也进行了深刻的反思。作为一名专业的社工,不能对服务对象产生移情现象,同时需要帮助组员摆脱对社工的依赖,这样才能促进彼此的成长。

五、案例评估

本次小组工作的评估主要包括过程评估和结果评估。过程评估主要是对每次小组活动的开展情况进行评估,结果评估的数据则来源于社工的观察、访谈和组员满意度反馈。

（一）过程评估

1.组员参与度情况

本次小组活动得到了东湖社区的大力支持，东湖社区为活动的开展提供了场地。为了保持组员的积极性，社工采取了激励措施。社工在每次活动开始前安排了签到，对出勤率达到100%的组员给予物质奖励。七次活动中，应到人数和实到人数都为6人次，出动率均达到100%，说明组员的参与热情比较高。

2.活动开展情况

第一次小组活动的主要目的是消除组员之间的陌生感，初步建立小组关系，确定小组规范和目标，让组员彼此熟悉，营造轻松愉快的氛围。本次小组活动加深了组员对活动目的的认识，建立了较融洽的组员关系，为后续活动的开展奠定了良好的基础。

第二次小组活动主要是向组员介绍理财的相关知识，讲解理财误区，让组员初步了解理财，让组员意识到自身存在的理财问题，转变自身对理财的态度，树立正确的理财意识，让组员对理财引起重视。经过第一次小组活动，大家已经渐渐熟悉起来，能够主动与组员交流，积极参与讨论，说出自己的理财误区。在整个活动过程中，活动氛围轻松愉悦，小组成员相处融洽。

第三次小组活动主要是帮助组员认识消费，了解组员的消费观念与消费行为。组员通过分享自己的消费单，认识到自身存在的问题。社工帮助组员认清不良的消费习惯，引导组员树立理性的消费观。通过分享消费单，组员们产生了情感共鸣，小组的归属感和认同感增强。与此同时，小组内部出现了权力垄断行为，社工及时引导和鼓励组员进行正向改变。

第四次小组活动主要是向组员介绍理财规划知识，帮助组员养成规划资金的习惯，学会制作开支计划表，引导组员做好未来支出计划，通过分享自己的一周财务预算规划表和实际支出表，检验自己是否存在不合理的消费行为。社工向组员介绍记账工具，引导组员养成记账的好习惯。组员表示，此次活动很实用，具有实际意义，他们将在以后的工作中不断强化所学知识与技能。

第五次小组活动主要是帮助组员提高抵御经济风险和识别诈骗手段的能力。通过分享被骗经历和结合案例讲解常见的诈骗类型、特征和预防诈骗的方法，提高了组员辨别信息真伪的能力。有的组员在分享环节一开始比较拘束，想说又不好意思说。在社工的鼓励和引导下，组员们开始慢慢敞开心扉，诉说自己的故事与经历。在这次活动中,社工能明显感觉到组员们的状态有了改变,气氛也变得轻松,服务效果明显改善。

第六次小组活动主要是向组员介绍投资理财的方法和渠道,提高组员的投资理财技能,加深组员对理财产品的理解。同时,社工提醒组员不要盲目投资,要树立风险意识。本次小组活动结束后,社工明显感觉到组员的理财兴趣被大大激发,小组活动目标实现了。

第七次小组活动是最后一次小组活动,社工对前六次活动做了回顾与总结,告知组员小组活动即将结束,并安抚好组员的离别情绪。社工激励组员对未来生活要充满信心,鼓励组员保持密切联系,将小组活动中学习到的知识和技能运用到今后的生活和实践中去。

(二)结果评估

结果评估旨在检验小组工作介入是否达成预期目标。本次小组工作的结果评估主要体现在组员的理财能力是否得到提高上。社工分三步进行评估:第一步是在小组活动开展过程中进行观察,发现组员的一些变化;第二步是每次活动后与组员进行交谈,了解组员的感受和想法,获得他们对服务效果的反馈;第三步是通过组员的满意度评估,了解服务效果。

1.观察结果

社工的观察评估贯穿整个活动过程。社工关注组员每一次的变化,在每次活动结束后会把每个组员的表现做好记录。在下一次活动结束时,将本次活动与上一次活动进行对比,发现组员存在的问题及变化。七次小组活动后,社工根据观察记录,总结出组员存在以下变化。

组员的小组规范意识增强,积极性提高。小组成立之初,大家对小组没有归属感和责任感。在开展活动的过程中出现了交头接耳、玩手机等影响活动秩序的情况,组员漠视小组规范。一开始大家比较陌生,在活动中放不开,组员之间缺乏主动交流。随着小组活动的深入开展,大家开始遵守小组规范,活动秩序越来越好,小组氛围也越来越融洽,拘束感逐渐减轻。

组员的亲密度得到改善,凝聚力增强。组员们虽然来自同一个社区,但是大部分人是初次认识,在第一次小组活动中难免会出现尴尬的情况。第一次小组活动结束后,社工组建了微信群,以便大家交流,加深感情。随着社工的引导和活动的深入开展,组员之间的了解程度大大加深,关系越来越密切,组员在活动中勇于表达自己的观点。

组员对理财的兴趣提高了,从被动学习到主动学习。参加几次小组活动后,组员对理财的兴趣有了很大的提高。在参加小组活动之前,他们没有接受过专门的理财教育培训和理财知识学习。在小组活动前期,大部分组员对理财知识比较陌生,且对理财存在一定的误解。经过后面几次小组活动,他们对理财有了初步了解,对理财知识越来越感兴趣,愿意主动去探究和学习。他们在这个过程中明白了理财能力的提升会给他们带来好处,因此,学习兴趣被激发,学习主动性提高了。

2. 访谈结果

在每次小组活动过后,社工都会与组员进行简单的交流,以了解组员对每次活动的看法和体会,并记录下来作为小组效果评估的依据。同时,社工也会根据组员的反馈及时调整与完善活动内容。在小组活动正式结束后,社工对每一个组员都做了深入的访谈,了解他们内心的真实感受,获得反馈意见。以下是部分访谈内容。

访谈者小徐:不瞒你说,我一开始对这种活动根本没什么期待,只是觉得无聊,因为我的好朋友都去外地打工了,所以想借助这个小组活动认识新朋友。说到理财啊,我以前是真的一点都不懂嘞。通过这次活动,我学到了一点金融知识,突然觉得自己变厉害了。现在我有一种莫名的成就感,以后还可以给别人介绍理财知识。

访谈者小刘:以后我再也不会把没钱当作不理财的借口了。现在想起来我以前真的好没规划啊,难怪总是存不到钱呢。我以后打算定期拿出1000块钱存到银行里,以备不时之需。我下载了你说的那个记账软件,还挺方便的。现在已经用了几天了,我觉得可以控制一下我的消费。因为现在天天用手机付款,买东西像不花钱一样,根本没有花了多少钱的概念,这样就会导致有的时候超支消费。我现在用软件记账就可以看到每天花了多少钱,钱花在哪里,这样可以督促我节约用钱。

访谈者小林:我决定下个月就把花呗关掉,不能让自己养成透支消费的习惯。我也不用担心哪个月还不上钱,影响信用。我还打算给自己设一个网购资金额度,控制自己的网购欲望,并且时刻提醒自己减少非必要消费,不能因为便宜就买一堆,最终造成浪费。

3.组员意见反馈

在小组活动结束后,组员填写了意见反馈表(表3.18),"非常满意"记5分,"满意"记4分,"一般"记3分,"不满意"记2分,"非常不满意"记1分。从统计结果可以看出,本次小组活动的满意度整体较高,小组目标基本达成。

表3.18　组员意见反馈表

内容	非常满意（人）	满意（人）	一般（人）	不满意（人）	非常不满意（人）	平均分（分）
对活动内容的安排	5	1	0	0	0	4.8
对社工的表现	4	1	1	0	0	4.5
丰富了理财知识	6	0	0	0	0	5.0
激发了理财兴趣	5	0	1	0	0	4.7
掌握了理财技能	4	0	2	0	0	4.6
转变了理财观念	6	0	0	0	0	5.0

六、专业反思

(一)结论

本次社会工作小组活动的过程评估和结果评估都可以证明,本次小组活动取得了一定的成效。小组成员学到了理财知识,转变了错误的理财观念,意识到自身存在不合理的消费行为,树立了正确的消费观等。此外,小组关系变得越来越密切,组员的凝聚力和归属感逐渐增强。他们在小组活动中不仅提高了理财能力,还建立了深厚的友谊,促进了自我成长与自我发展。小组活动实践证明了小组工作提升新生代农民工理财能力的可行性和有效性。

金融社会工作可以帮助组员培养良好的消费习惯,预防消费危机的出现,树立科学的理财观念,加深对理财的认识,学会规划资金,提高金融风险防范意识,提高识别诈骗的能力,掌握基本的理财技能,拓宽理财渠道,学会合理配置资产,从而提高自身的理财能力。在小组活动开展的过程中,组员们相互激励,构建互助网络,增强解决问题的能力,进而更快地融入城镇生活。与此同时,社工的实务技能也得到提高,使社工与小组的整体发展得以实现。同时,金融社工也需要加强专业学习,掌握各方面的知识,拓宽知识面,提高将理论知识运用于实践的综合能力。

（二）建议

1. 加强政策倡导

社工对社会中存在的问题较为敏感，容易发现政策的不足，因此，在新生代农民工理财能力不足这个问题上，可以充当政策倡导者的角色。首先，社工可以倡导开设新生代农民工金融知识培训等课程，加强新生代农民工理财能力建设，让新生代农民工紧跟时代发展的步伐。其次，新生代农民工由于户籍等原因，在城镇化进程中往往会遇到不少阻力，权益难以得到保障，需要付出很大的努力才能真正扎根城市。因此，社工应呼吁政府为新生代农民工等特殊群体提供补助，为他们提供优惠、优质的金融政策和金融服务，并加强其资产建设，让他们具备可持续发展的能力。再次，社工还要呼吁政府及相关部门做好互联网金融监管，完善相应的法律法规，加大对金融诈骗等违法行为的查处力度，整顿互联网金融诈骗行为，为新生代农民工创造一个良好的理财环境，这样才能够提高新生代农民工的金融市场参与度。

2. 加强新生代农民工的金融教育

社工在为服务对象提供服务时，常以资源链接者的角色出现。为了更好地帮助服务对象，社工需要与政府部门、金融机构、社会群体等接触，为服务对象争取资源。在提高新生代农民工理财能力方面，社工可以通过联合银行、金融机构，为新生代农民工提供理财帮助。一方面，社工可以倡导金融行业关注新生代农民工群体，为他们定期开展金融教育活动，充分发挥教育的作用，丰富新生代农民工的金融知识，加深他们对金融产品的了解，从而转变他们的理财观念。金融机构也要对新生代农民工加强宣传金融诈骗知识，加深新生代农民工对金融理财诈骗的认识，提高他们防范经济风险的能力。另一方面，社工还可以倡导金融行业开发操作简单、风险小、收益较稳定的适合新生代农民工的理财产品，鼓励新生代农民工尝试简单的理财投资，拓宽收入获取渠道，实现理财方式多元化。

3. 加强新生代农民工自身能力建设

社工在加强新生代农民工自身能力建设时可以充当支持者的角色，发挥助人自助的社工精神，充分挖掘新生代农民工的内在潜力，促使他们成为更好的自己。首先，社工要激发新生代农民工的学习能力，调动其学习积极性，鼓励他们通过专业书籍和网络等渠道加深对理财知识的理解，消除对理财的刻板印象,增强理财意识,逐步养成良好的消费习惯,摒弃不良的消费观念,树立正确的消费观念。其次,社工可以帮助新生代农民工构建社会支持系统,发展互助小组,鼓励他们互相学习、共同成长。再次,新生代农民工要在日常生活中养成规划资金的习惯,根据自身的财务状况和实际需求,设定理财目标,进行详细的理财规划,树立正确的消费观和理财观,逐步达成理财目标。

(根据江西财经大学 2022 届 MSW 论文《小组工作介入新生代农民工理财能力提升研究——以赣州 S 县东湖社区为例》编写,论文作者范依涵,指导教师吴时辉。)

案例点评

本案例是针对江西省 S 县新生代农民工开展的一个理财能力提升小组,目的是运用社会工作专业知识,从多个层面提升新生代农民工的理财能力,激发他们理财的兴趣,帮助他们养成良好的理财习惯,减少理财能力不足给他们带来的不利影响。新生代农民工理财能力普遍不强,存在理财知识匮乏、理财态度消极、消费行为不理性、理财方式单一等问题,不利于他们抵御经济风险、实现资产积累、融入城镇生活。本案例的服务对象是通过自愿报名和社区工作人员推荐的方式确定的 6 名新生代农民工。社工了解到,服务对象有改变理财认知、提升理财能力、创造美好生活的需求,并根据需求设计了 7 次小组活动,针对组员存在的问题及需求进行针对性的介入。

本案例的社工将增能理论作为本次小组活动的理论支撑,根据服务对象的特点,将整个小组活动分为两大块,分别帮助服务对象提高理财认知和理财能力,内容贴近服务目标。整个小组活动实施过程比较顺畅,克服了新生代农民工整体文化水平不高、对社会工作认知有限等诸多障碍,从小组评估中可以看出,组员的满意度比较高。作为第一次接触社会工作小组的组员们体验相当不错,说明社工具备社会工作的专业素养,设置的内容比较合理,能够调动组员们的积极性,并在融洽的氛围中解决组员的问题。本案例采用定量资料与定性资料相结合的方式,在问卷调查过程中灵活访谈,掌握了组员真实的心理状态,并根据这些信息及时对小组活动进行调整,体现了社工的人文关怀。

本小组虽然取得了不错的成效,但也存在以下局限和不足之处。

(一)对服务对象理财能力的量化评估不足

本案例中虽然设置了农民工理财能力指标体系,但是在实务中并没有利用这套指标体系对服务对象的理财能力进行量化评估,造成结果评估主要集中在服务对象的满意度上,而没有对服务对象的理财能力是否通过本次小组活动得到提升进行量化评估,从而使本次小组活动的成效缺乏足够的说服力。

(二)组员的自我发展能力未得到充分发挥

在小组活动的整个过程中,社工一直是领导者,未充分挖掘与发挥组员的领导能力,没有给予组员展现自我的机会,在一定程度上影响了组员自我发展的能力。因此,社工要不断完善各方面的技能,加强实务练习,为今后活动的开展奠定基础,提高服务质量。

(三)小组活动的成效性和长效性不确定

一方面,本次问卷调查的样本较少,仅以一个社区为例,因而可能缺乏代表性。另一方面,在小组活动结束之后,组员是否能够在日常生活中继续将所学到的知识应用于实践不得而知。在没有监督和引导的情况下,组员是否能够持续学习也是一个未知数。

(唐俊)

第四章　农村居民保险素养提升的小组工作介入

一、案例背景

随着我国社会经济的全面发展,农村居民的收入逐步提高,家庭固定资产增多,医疗、养老、意外等保险需求不断增加,农村居民有了参与保险市场的物质基础及现实需求。2021年发布的《中国银保监会办公厅关于2021年银行业保险业高质量服务乡村振兴的通知》指出,要提升农村地区人身保险发展水平,积极发展面向低收入人群的普惠保险①。保险是巩固脱贫攻坚成果、服务乡村振兴的有效金融工具,有利于化解农村居民的金融风险,增强农村居民的抗风险能力,保障农村居民的财产和生命安全。但是,农村居民在参与保险的过程中存在诸多问题,如保险知识匮乏、保险技能亟待提高、风险防范意识欠缺等,导致农村保险服务效果不佳,农村居民也不适应社会金融化的趋势与现实。

Y村位于湖北省恩施土家族苗族自治州巴东县,有10个村民小组,共432户,常住人口1189人,流动人口375人。近些年来,精准扶贫、乡村振兴等一系列利民政策的助力使得Y村发生了翻天覆地的变化。在县级财政政策的倾斜下,Y村打造生猪养殖、烟草种植、光伏发电、八角观旅游等惠民产业,村庄呈现经济繁荣发展、人民生活日益改善、村民和睦团结的良好局面。

二、案例分析

社工在Y村通过线上线下两种方式共发放问卷123份,回收有效问卷120份,问卷回收率为97.56%。同时,社工还深入Y村居民家中进行个案访谈,访谈内容主要包括农村居民保险购买情况、保险金融环境情况以及保险教育培训情况。社工依据调查情况评估Y村居民的保险素养需求,为小组活动目标以及

---

① 中国银行保险监督管理委员会办公厅. 中国银保监会办公厅关于2021年银行业保险业高质量服务乡村振兴的通知:银保监办发[2021]44号[A/OL]. (2012–04–02)[2023–03–18]. https://www.gov.cn/zhengce/zhengceku/2021–04/11/content_5598901.htm.

小组工作计划的制定提供参考。

调查问卷分析结果显示,Y村居民政策性保险参保率较高,但商业性保险参保率较低。在120名农村居民中,社会基本养老保险的参保率为99.20%,社会基本医疗保险的参保率为98.30%,意外险的参保率为43.30%,车险的参保率为35.00%,其他保险的参保率为3.30%(图4.1)。

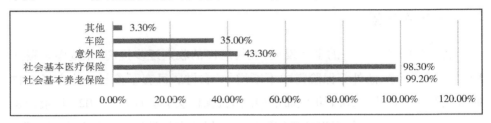

图4.1 Y村居民保险产品持有现状

(一)Y村居民保险素养水平

1. 保险知识储备不足

在保险知识水平方面,调查问卷共设置了6道题目,包括保险功能、退保条件、保险投保流程、保险理赔流程、社保基本政策以及保险知识自我评价等方面。根据调查问卷分析可知,Y村居民的保险知识储备普遍处于匮乏状态。

(1)对保险功能的认识不足

保险的基本功能是分摊风险。在绝大多数农村居民的认知里,保险是防止财产贬值和投资增值的金融工具。受教育水平和保险教育环境的影响,农村居民对保险功能的认识不足。在120份有效问卷中,仅有49.17%的被访者能够正确认识到保险的功能是分摊风险,近一半人不能正确理解保险的功能。从性别角度分析,47.40%的男性农村居民、50.80%的女性农村居民能够正确认识保险的功能。由此发现,农村居民对保险功能的认知程度在性别方面差异不大,女性略高于男性。从受教育程度的角度分析,保险功能答题正确率随着受教育程度的提高而提高。

(2)保险基本知识欠缺

农村居民的保险知识储备不足。在被问及"刚买的保险在多长时间内可以无条件退保"时,约2/5的农村居民认为从投保到收到保单15日内可以退保,正确率约为40.83%;约2/5的农村居民不知道刚买的保险能否退保;约1/5的农村居民认为保险购买后不能退保。这表明多数农村居民对保险退保期限的认知存在盲点。

（3）不了解政策性保险法规

农村居民对政策性保险法规的了解程度较低,不清楚国家社保缴纳层级、补贴条件等相关保险法规。在被访者中,仅有5.84%的农村居民表示自己非常了解政策性保险法律法规,15.00%的农村居民认为自己很了解政策性法律法规,认为自己不太了解和很不了解的农村居民占比分别为45.83%、3.33%。由此可见,农村居民对政策性保险法律法规的了解程度不够。

（4）不清楚保险操作流程

农村居民不清楚保险操作流程。本研究主要了解 Y 村居民对投保流程和理赔流程的熟悉程度。通过问卷调查发现,57 名农村居民表示一般清楚保险投保流程,32 名农村居民表示不太清楚保险投保流程,21 名农村居民表示比较清楚保险投保流程,仅有 4 名农村居民表示非常清楚保险投保流程。在保险理赔流程问题上,近一半的人只了解部分保险理赔流程,1/3 的人不太清楚保险理赔流程,仅有 1/10 的人比较清楚保险理赔流程。由此可见,农村居民不清楚保险投保流程和理赔流程。这导致他们在保险市场中处于弱势地位。

（5）保险知识自我评价较低

农村居民保险知识自我评价反映了农村居民对保险知识的掌握情况。通过调查数据,社工发现农村居民的保险知识自我评价较低。在农村居民保险知识自我评价中,选择"非常好""比较好""一般""不太好""很不好"的人数分别为3、8、70、38、1。从数据可知,绝大部分农村居民的保险知识自我评价较低,这与问卷调查结果相符。

2. 保险态度总体积极

在保险态度方面,社工共设置了 8 道题目来调查农村居民的保险态度情况,包括保险消费态度、保险教育态度和风险防范态度三个方面。

（1）保险消费态度积极

农村居民的保险消费态度积极。他们普遍认为保险消费对个人和家庭有好处。在保险消费态度方面,选择"非常有必要""比较有必要""一般""没有必要""很没有必要"的人数分别为39、42、30、8、1。由此可知,农村居民的保险消费态度总体较好,大部分农村居民认为保险消费是必要的,能够认识到保险消费的重要性。

（2）重视保险教育，但参与意愿低

农村居民虽然认识到保险教育的重要性，但是保险教育参与意愿不强。调查显示，在"您认为保险教育重要吗"这个问题上，90%以上的被访者认为保险教育很重要。当问及"您想了解保险知识与政策吗"，92.49%的被访者表示想了解保险知识与政策。当问及"如果有普及保险知识的活动，您是否愿意参加"时，仅有约一半的人表示愿意参加保险知识普及活动。由此可见，绝大部分农村居民虽然意识到保险教育的重要性，也想了解保险知识，但参与积极性不高。农村居民参与保险教育活动的内生动力有待加强。

（3）风险防范意识薄弱

风险无处不在，提高风险应对能力以化解风险对农村居民群体而言至关重要。调查结果表明，农村居民的风险防范意识薄弱，大部分居民虽然意识到自身存在的风险，也做好了心理准备，但较少付出实际行动，家庭风险承受能力较差。据表4.1可知，超过60%的农村居民认为自身面临着养老风险和健康风险，近37%的居民认为自身面临着种植业风险，30%的人认为自身面临着养殖业风险，而仅有约20%的居民认为自身面临着房、车等财产风险。

表4.1 Y村居民面临的风险多重响应表

变量	指标	响应		个案百分比（%）
		N	百分比（%）	
面临的风险	养老风险	78	30.59	65.00
	健康风险	75	29.41	62.50
	种植业风险	44	17.25	36.67
	养殖业风险	36	14.12	30.00
	房、车等财产风险	22	8.63	18.33

在"您是否为风险做好了充足的准备"这道题目中，仅有27名农村居民表示做好了心理准备且付出了实际行动，61名农村居民虽然做好了心理准备但却未付出实际行动，32名农村居民表示暂未做任何准备。总体来说，农村居民能意识到自身存在的风险，比如养老风险、健康风险、种植业风险等，但风险防范准备情况堪忧。

3. 保险技能普遍匮乏

在保险技能方面,社工共设置了6道题目,包括保险产品评估能力、保险公司选择能力、保险合同的理解和运用能力等方面,具体分析如下。

(1)保险产品评估能力

农村居民的保险产品评估能力较强。表4.2中的数据显示,在选择保险产品时,在"保险代理人的职业道德和业务素质""自身的保险需求""保险公司的偿付能力""保险公司的服务水平""保险产品的种类和内容""家庭经济水平"和"家庭、亲戚和朋友的推荐"这七个指标中,居民认为需要注重"自身的保险需求""保险公司的偿付能力""保险公司的服务水平",选择"家庭、亲戚和朋友的推荐"的占比较小。由此可见,农村居民的保险产品评估能力较强,能够正确评估一份保险产品是否值得消费。

表4.2　Y村居民保险产品评估能力多重响应表

变量	指标	响应		个案百分比(%)
		N	百分比(%)	
保险产品选择注意事项	保险代理人的职业道德和业务素质	47	13.95	39.17
	自身的保险需求	78	23.15	65.00
	保险公司的偿付能力	55	16.32	45.83
	保险公司的服务水平	49	14.54	40.83
	保险产品的种类和内容	46	13.65	38.33
	家庭经济水平	41	12.17	34.17
	家庭、亲戚和朋友的推荐	21	6.23	17.50
总计		337	100.01	280.83

(2)保险公司选择能力

农村居民的保险公司选择能力整体较强。由表4.3可知,在如何选择靠谱、正规的保险公司这个问题上,约50%的农村居民认为可以通过查看周围的人及网友对保险公司的评价,查询保险公司服务热线、官方网站和微博,查询投诉率、纠纷率等得知其口碑和信誉等方法来选择。仅有11.67%的居民不知道通过哪种手段去选择靠谱、正规的保险公司。可见,大多数农村居民知道怎样选择靠谱的保险公司。

表4.3　Y村居民保险公司选择能力多重响应表

变量	指标	响应		个案百分比(%)
		N	百分比(%)	
如何选择靠谱、正规的保险公司	不知道,凭感觉	14	4.62	11.67
	看周围的人及网友的评价	64	21.12	53.33
	查询保险公司服务热线、官方网站和微博	56	18.48	46.67
	利用负面新闻快速分辨	53	17.49	44.17
	查询投诉率、纠纷率等得知其口碑和信誉	62	20.46	51.67
	查询保险公司商业运作时间	54	17.82	45.00
总计	—	303	99.99	252.51

（3）保险合同的理解和运用能力

农村居民的保险合同理解和运用能力较差。在被访者中,共有93名农村居民购买了商业保险。在保险合同阅读方面,66.67%的农村居民简要阅读保险合同,6.45%的农村居民从不阅读保险合同,绝大部分人购买保险比较盲目,没有认真阅读保单的习惯。在对保单规定的权利和义务的理解方面,26.88%的农村居民在阅读保险合同后不太理解保险消费者的权利和义务,45.16%的农村居民在阅读保险合同后大致理解保险消费者的权利和义务。由此可见,农村居民的保险合同阅读理解能力亟待提高。在保险产品风险、收益认知方面,仅10.75%的农村居民很清楚商业保险产品的风险和收益。总体而言,农村居民的保险合同理解和运用能力需要提高。

（4）社保缴纳软件使用能力

Y村居民使用社保缴纳软件"楚税通"的能力较差。农村居民受教育程度普遍较低,且平日农忙,没有接受过"楚税通"软件培训,因此不会使用"楚税通"软件。大部分中年农村居民依靠子女或村干部代缴社保。

4.保险行为不太合理

在保险行为方面,社工共设置了6道题目,包括保险规划行为、保险知识获取行为、保险纠纷处理行为等方面,具体分析如下。

（1）缺乏保险规划

大部分农村居民没有制定完整的保险理财规划，不愿意为不确定性事件付出时间和成本。当问及"您目前是否做了保险理财规划"时，仅有 7 名居民想过制定保险理财规划且付出了实际行动，77 名居民想过制定保险理财规划但不知道如何制定，36 名居民从未想过制定保险理财规划。由此可见，农村居民的保险理财规划现状不容乐观。

（2）保险知识获取渠道畅通

农村居民的保险知识获取渠道畅通。当对保险知识存在疑惑时，绝大部分农村居民能够选择正确的保险知识获取渠道，解决保险疑惑。32.50% 的农村居民通过咨询政府金融监管部门来解决问题，65.00% 的农村居民选择求助家人和朋友，73.30% 的农村居民通过上网查询资料解决问题，57.50% 的农村居民向相关金融机构寻求帮助，9.20% 的农村居民不知道如何寻求帮助，6.70% 的农村居民对其采取置之不理的态度。

（3）保险纠纷处理有待优化

当发生保险理赔纠纷和保险服务纠纷时，多数消费者知道通过正规的投诉渠道来维护自己的金融权益，但仍有部分人不知道如何维权，保险纠纷处理有待优化。当发生保险理赔纠纷时，68.39% 的农村居民选择利用"12315"消费者投诉热线进行投诉，52.25% 的农村居民选择向法院、律师求助或起诉保险公司，52.50% 的农村居民选择向亲朋好友、同事或者老师求助，46.70% 的农村居民选择向当地银监局、证监局、保监局投诉，10.00% 的农村居民不知道如何维护合法权益。

当农村居民对保险人员的服务不满意时，75.30% 的农村居民会选择放弃购买保险产品，35.00% 的农村居民选择向保监会投诉，42.50% 的农村居民选择向保险行业协会投诉，35.0% 的农村居民选择向消费者协会投诉，37.50% 的农村居民选择内部投诉，29.20% 的农村居民选择仲裁的方式去处理，20.80% 的农村居民选择去法院维权，12.50% 的农村居民表示会对保险人员破口大骂。由此可见，农村居民需学习如何正确处理保险理赔纠纷和保险服务纠纷。

（二）Y 村居民保险需求分析

社工通过问卷调查及访谈发现，Y 村居民的保险需求有学习保险知识、改善保险态度、提升保险技能及优化保险行为。

（1）学习保险知识

Y村居民保险知识匮乏，有学习保险知识的需求。农村居民大都不了解保险功能，不了解保险退保条件、保险法、投保流程和理赔流程等保险知识。同时，农村居民的保险知识自我评价较低。农村居民需要参与保险教育，学习保险知识。

（2）改善保险态度

Y村居民的保险态度整体不佳，有改善保险态度的需求。农村是乡村振兴的主战场，改善农村居民的保险态度有利于激发其参与保险教育的内驱力，促使其主动接受保险教育，提高保险素养，适应保险市场环境。

大部分农村居民认为保险消费是有必要的，高度重视保险教育，对保险知识普及活动持积极态度，愿意去了解保险知识，但参加保险教育活动的主动性不高、行动力较差。对于风险，居民能意识到它的存在，但防范不足。因此，社工在开展工作时，要特别注重农村居民的保险教育参与意愿和风险防范意识的提升。

（3）提升保险技能

Y村居民保险技能不足，有提升保险技能的需求。通过问卷调查和访谈发现，农村居民的保险产品评估和保险公司选择能力较强，但保险合同的理解和运用能力、社保缴纳软件使用能力有待提高。购买商业保险的农村居民，大部分会阅读保险合同和条款。但由于自身知识的局限性，阅读合同后清楚自身权利与义务、风险和收益的居民却寥寥无几。购买政策性保险的农村居民深入了解政策法规的仅有 7.5%。在访谈中发现部分农村居民不会使用"楚税通"软件。农村居民的保险技能需要提升，社工要帮助农村居民养成阅读保险合同的好习惯，减少购买保险产品时的盲目行为。

（4）优化保险行为

农村居民的保险行为较不合理，有优化保险行为的需求。多数农村居民表示有制定保险理财规划的想法，但是不知如何制定。农村居民难以制定合理的保险理财规划，风险防范意识较薄弱，难以正确处理保险理赔纠纷和保险服务纠纷，因此农村居民的保险行为亟待改变。在关注农村居民保险素养提升的同时，金融机构也要关注保险公司的信誉，切实营造良好的保险环境，提升农村居民对保险公司的信任度。

三、服务计划

(一)小组目标

总目标:通过开展小组活动和发动组员互助的力量,挖掘组员的潜能,帮助组员学习保险知识、树立正确的保险态度、了解保险理财规划的原则,提升组员处理保险事务的能力,增强家庭抗风险能力,提高组员的保险素养水平。

具体目标:第一,帮助组员了解社保、医保等政策性保险的法律法规,向组员普及保险知识;第二,转变组员的传统保险观念,提升其保险教育参与意愿和风险防范意识,增强组员参与保险市场的内生动力;第三,提升组员的保险技能,帮助组员学会简单阅读保险合同,使用"楚税通"软件;第四,帮助组员树立正确的保险理财观念、制定合理的保险理财规划、掌握保险纠纷的处理方法,让组员更理性从容地应对农村保险环境。

(二)小组工作模式

发展模式以人为核心,目的是提高农村居民的保险素养水平,包括学习保险知识、改善保险态度、提升保险技能及优化保险行为。此模式重点关注农村居民社会功能的恢复、完善及发展,帮助组员融入社会环境。在发展模式的指导下,社工不仅关注小组活动的效果、小组目标的实现程度、组员的自我发展,更关注组员人际关系的构建、社会责任感的提升。社工通过提高小组的开放性和凝聚力,激发组员的潜能,提升组员的保险素养水平,使组员能运用所学知识参与保险市场,最终获得金融福祉。

(三)小组基本情况

小组名称:"保险惠民,幸福相伴"农村居民保险素养提升小组。

小组理念:在生命周期理论和增能理论的指导下,以湖北省 Y 村居民为服务对象,成立教育小组,通过小组活动提高农村居民的保险素养水平。

小组人数:8 人。

小组性质:教育小组。教育小组通过向组员普及保险知识和技能,提高组员的保险素养水平,实现小组的发展目标。

活动时间:每周日 14:00—16:00。

活动地点:Y 村居委会。

活动次数:6 次。

（四）组员招募

采取网络媒体招募和线下招募相结合的方式进行组员招募。网络媒体招募通过制作宣传海报,邀请村干部将海报转发至微信群、朋友圈来开展;线下招募则通过张贴海报、登门拜访和发小卡片三种方式进行。在具体的招募过程中,社工依据问卷调查和访谈情况,向30名学习能力较强、年龄在20岁和60岁之间、保险素养不高且在问卷调查和访谈中对保险素养提升活动感兴趣的农村居民发出邀请,最终根据农村居民的实际情况和时间安排,从中招募了8名组员。

（五）组员信息

8名组员的基本信息如表4.4所示。

表4.4　组员信息表

组员	性别	年龄	文化程度	基本情况
A	男	45	初中	有一女,爱储蓄,社保缴纳过少,盲目购买商业养老保险
B	女	40	小学	创业中,支出大,缺乏保险理财规划
C	女	26	高职	单身,缺乏保险规划和风险防范意识
D	男	36	小学	儿子上高中,攒钱给儿子买房,舍不得购买保险
E	男	38	初中	买了社保,但缴纳层级较低,不清楚保险政策
F	女	29	高中	不理解保险基础知识,风险防范意识薄弱,存在侥幸心理
G	女	46	小学	保险技能不足,不会使用"楚税通"软件
H	男	47	高中	不会使用"楚税通"软件,保险规划意识薄弱

（六）小组活动设计

农村居民保险素养提升小组活动内容具体安排如表4.5所示。

表4.5　小组活动安排表

活动次数	时间	活动名称	活动目标
第一次	9月12日	第一次相遇	明确活动理念,向组员说明小组目标,交代活动内容和下一次小组活动开展的时间。做破冰游戏,帮助组员相互熟悉,消除不安心理。社工和组员建立良好的专业关系,与组员一起制定小组规范,并订立小组契约
第二次	9月20日	保险意识觉醒	引导组员树立良好的保险消费观念和风险防范意识,提升组员的保险教育参与意愿

续表 4.5

活动次数	时间	活动名称	活动目标
第三次	9月30号	学习保险知识	普及政策性保险政策,帮助组员了解商业保险产品种类,熟悉保险购买流程和理赔流程,掌握基本的保险常识
第四次	10月10日	我是保险大师	提升组员的保险合同阅读能力、理解能力,帮助组员明确保险合同规定的权利和义务,教会组员使用"楚税通"软件
第五次	10月21日	做精明的消费者	传授保险理财知识,引导组员合理规划保险理财,帮助组员了解保险理赔纠纷和保险服务纠纷的处理方法
第六次	11月3日	一起相约未来	总结活动中组员的成长与进步,宣布小组活动结束,处理组员的离别情绪,鼓励组员加强交流,构建互助网络,后期跟进以巩固介入效果

（七）预料中的问题和应变计划

1. 组员参加活动的积极性不高

部分组员对小组活动不感兴趣,有的组员性格内向,活动参与积极性不高,交流不充分。因此,在每次活动之前,社工提前介绍活动内容,采纳组员的建议;在每次活动结束时,再次征求组员感兴趣的话题,调整活动内容。社工在活动中要多关注性格内向的组员,通过面谈、电话等多种形式鼓励组员大胆参加小组活动和表达自己。

2. 小组活动不能按时开展

农村居民大部分很忙碌,日常需要做家务、饲养家禽、耕作或从事其他工作。部分组员可能因为太忙忘记小组活动时间或临时有事而缺席。因此,在每次活动开展的前两天,社工需要打电话提醒组员活动开展的时间,并确认组员能否按时参加活动,如果不能按时参加,则要适时灵活调整小组活动时间。

3. 小组活动现场环境混乱

在小组活动开展过程中,组员可能会产生矛盾和冲突,导致现场秩序混乱,影响活动的正常推进。因此,在活动开展之前,社工要与组员制定小组契约,确保其遵守小组秩序和规范。如果个别组员不遵守规范,不配合小组工作,社工要及时调节他们的不良情绪,通过电话或登门拜访的方式解答疑惑。对于小组矛盾,社工要精准把握活动冲突与矛盾的实质,通过劝说、理解等方式化解矛盾。在这个过程中,社工要认真请教老师,采纳有效的建议,提前做好准备,以应对各种突发状况。

4. 部分组员中途退出

有的组员会觉得小组活动没有意义、内容无趣、参与感不足而中途退出。因此,在整个小组活动开展之前,社工要和组员明确交代活动的目的和重要性,让大家对小组理念产生共鸣。在活动开展过程中,社工要关注每一个组员,特别是沉默的组员,运用理解、倾听、鼓励等专业技巧,充分调动组员的积极性。社工要及时认真地听取组员的意见,优化活动内容,提升组员对活动的满意度和参与感。

四、服务计划实施过程

(一)第一次小组活动:第一次相遇

1. 活动时间:2021 年 9 月 12 日 14:00—16:00。

2. 活动主题:第一次相遇。

3. 活动过程见表 4.6。

表 4.6　第一次小组活动安排表

流程	时间	活动目标	活动内容
签到	5 分钟	—	—
小组活动介绍	15 分钟	了解活动内容和小组情况	1.介绍小组的基本情况;2.介绍本次活动的内容
互相认识	15 分钟	组员和社工互相认识	1.社工自我介绍;2.组员自我介绍
玩破冰游戏"纸飞机"	30 分钟	拉近组员的距离	1.社工介绍游戏规则;2.社工带领组员完成游戏;3.组员分享游戏感受
休息放松	10 分钟	组员休息	—
签订小组契约	20 分钟	确定契约,增强认同感	1.选出小组领袖;2.进行头脑风暴,组员分享想法,社工记录整理,制定规范;3.组员在活动契约上签字
前测	10 分钟	—	组员填写量表进行前测,社工现场回收
活动总结	10 分钟	回顾活动内容,告知下次活动的信息	1.邀请组员分享感受;2.社工总结此次活动并告知下次活动的时间、地点及内容

4.活动小结。本阶段为小组破冰阶段,目标是组员与社工互相认识,明确本次小组活动的主题和目标,初步建立专业关系。

(1)组员表现方面

在互相认识环节,组员来自同一个村,但只知道名字,多半组员彼此之间不熟悉。在刚开始自我介绍时,部分组员有点紧张、害羞和不知所措,社工用温暖、关心的语言鼓励组员消除紧张感和陌生感,一起交流。"纸飞机"游戏拉近了组员之间、组员与社工之间的距离,做完游戏后,组员间的紧张感和陌生感明显消除,成员之间逐渐熟悉起来。

在介绍小组主题时,社工引导大家谈论对小组的期待,部分组员表现出沉默和观望的态度,比较开朗活跃的村民C、E率先表达了对小组的期待。加之社工的主动引导和鼓励,其他组员也纷纷表达了自己的看法。

在签订小组契约环节,社工与组员共同探讨契约内容,组员积极参与并提出建议。在社工和组员的配合协作下,小组契约顺利签订。一开始,组员们沉默观望。在社工的鼓励下,他们不再害羞、紧张,积极参与并勇于表达自己。

(2)小组目标完成方面

本次小组活动较好地完成了设定的目标。组员明确了小组活动的任务和目标,基于尊重、平等原则签订了小组契约。组员和社工互相熟悉,且建立了良好的专业关系。

(二)第二次小组活动:保险意识觉醒

1.活动时间:2021年9月20日14:00—16:00。

2.活动主题:保险意识觉醒。

3.活动过程见表4.7。

表4.7　第二次小组活动安排表

流程	时间	活动目标	活动内容
签到	5分钟	—	—
上期回顾	5分钟	回顾上节活动内容,了解本次活动内容	1.回顾上次活动内容;2.介绍本次活动内容
玩热身游戏"击鼓传花"	20分钟	调动小组气氛,营造良好的交流氛围	1.社工介绍游戏规则;2.社工带领组员完成游戏;3.组员分享游戏感受

续表4.7

流程	时间	活动目标	活动内容
购买保险的重要性	15分钟	激发组员学习保险知识的内生动力	1.分享视频《保险的重要性》;2.社工简要概括视频内容和收获;3.引导组员分享观影感受
休息放松	10分钟	组员休息	—
保险消费态度	15分钟	树立理性消费的意识	1.分享视频《抵制高息诱惑,理性购买保险》和《为什么不建议大家盲目购买保险》;2.鼓励组员分享对保险消费的看法
风险认知	40分钟	培养风险防范意识	1.社工抛出问题——"身边的风险有哪些"并引导讨论;2.做游戏"你说我做",模拟风险情景;3.组员分享故事;4.社工总结
活动总结	5分钟	回顾活动内容,告知下次活动的信息	1.邀请组员分享感受;2.社工总结此次活动并告知下次活动的时间、地点及内容

4.活动小结。本次小组活动的目标是从购买保险的重要性、保险消费以及风险认知三个维度转变农村居民的保险观念。本次活动加强了组员对保险教育重要性的认识,让组员意识到周围存在的风险,引导组员树立良好的保险消费观念和风险防范意识,增强组员的保险教育参与意愿。

(1)组员表现方面

在玩热身游戏环节,社工通过热身游戏"击鼓传花"激发组员参加活动的激情和兴趣,组员积极参加活动,热情骤然高涨。

在购买保险的重要性环节,社工给大家分享视频《保险的重要性》,组员看完视频后分享了自己的看法。组员A表示:"之前我认为保险可有可无。看了这个视频后我认识到购买保险有利于分散风险和缓解财务压力。今后,我要在能力范围内积极购买保险,减轻未来家庭的财务压力。"通过这个视频分享活动,组员认识到保险的重要性,学习保险知识的内生动力增强。

在保险消费态度环节,社工给大家分享视频《抵制高息诱惑,理性购买保险》和《为什么不建议大家盲目购买保险》,大家观看后鸦雀无声。经过几分钟的思考,有组员表示:"自己购买保险就很盲目,亲戚朋友推荐哪个就买哪个,对自己购买的保险知之甚少。今后要转变盲目购买的错误消费观念,不盲目、不跟风参保,按实际需求理性购买。"这次活动帮助组员树立了理性消费的观念。

在风险认知环节,社工带领大家做"你说我做"的游戏。通过游戏互动和风险情景模拟,组员认识到周围存在的风险,同时也认识到保险的功能并不是投资增值,而是防范和化解风险。

(2)小组目标完成方面

在社工的鼓励下,组员依次分享错误的保险观念,社工倡导组员秉持合理的保险态度,组员表示今后一定合理消费,加强风险防范意识。虽然在保险消费态度环节出现短暂冷场的情况,但是在社工的及时引导下,本次活动的目标基本达成。

(三)第三次小组活动:学习保险知识

(1)活动时间:2021 年 9 月 30 日 14:00—16:00。

(2)活动主题:学习保险知识。

(3)活动过程见表4.8。

表 4.8　第三次小组活动安排表

流程	时间	活动目标	活动内容
签到	5 分钟	—	—
上期回顾	5 分钟	回顾上次活动的内容,了解本次小组活动的内容	1.回顾上次活动的内容;2.介绍本次活动的内容
做热身游戏"成语接龙"	15 分钟	活跃小组气氛	1.社工介绍游戏规则;2.社工带领组员完成游戏;3.组员分享游戏的感受
了解政策性保险法律政策	10 分钟	了解社保政策	邀请村干部普及社保政策和参保的重要性
了解保险产品种类	10 分钟	了解商业保险产品的种类	社工介绍商业保险产品的种类
休息放松	10 分钟	组员休息	—
保险的概念	10 分钟	学习保险的概念	社工讲解保险的基本概念和意义
保险投保流程	10 分钟	熟悉保险投保流程	社工播放视频《如何买保险之保险秘籍》,普及保险投保流程知识

续表 4.8

流程	时间	活动目标	活动内容
保险理赔流程	10 分钟	熟悉保险理赔流程	社工讲解保险理赔流程知识
知识竞赛	20 分钟	巩固保险知识	1. 介绍"知识竞赛"的规则;2. 引导组员分享感受
活动总结	5 分钟	回顾活动内容,告知下次活动的信息	1. 邀请组员分享感受;2. 社工做总结并告知下次活动的时间、地点及内容

4. 活动小结。本次小组活动的目的是拓宽农村居民的保险知识面,普及保险术语,帮助农村居民了解投保和保险理赔的流程,了解国家的社保政策和商业保险产品的种类。

(1)组员表现方面

在做热身游戏"成语接龙"时,组员热情高涨,积极参与,团体氛围活跃。在讲解社保政策、保险种类、保险的概念、保险投保与理赔流程知识时,活动室内十分安静,组员都认真地记录知识点和思考。在知识竞赛环节,大家都积极参加,不少组员能回答出卡片上面的知识点。在分享学习感受时,组员 E 表示:"经过学习,我了解了很多保险知识,比如保险购买流程、保险术语,但仍有一些不理解的地方,需要在小组活动结束后细细揣摩和进一步学习。"大家学习兴致高涨,学到了很多知识。但是这次活动内容较多,需要组员在活动结束之后进一步复习和巩固所学知识。

(2)小组目标完成方面

虽然组员表示对有些保险知识不太理解,但是从知识竞赛情况和小组活动反馈表来看,小组目标大致完成,8 名组员基本熟悉社保相关政策,初步了解商业保险产品种类、保险的概念、保险投保和理赔流程。在小组活动结束后,组员还需进一步巩固、消化所学知识。

(四)第四次小组活动:我是保险大师

1. 活动时间:2021 年 10 月 10 日 14:00—16:00。

2. 活动主题:我是保险大师。

3. 活动过程见表 4.9。

表4.9　第四次小组活动安排表

流程	时间	活动目标	活动内容
签到	5分钟	—	—
上期回顾	5分钟	回顾上次活动的内容，了解本次活动的内容	1.回顾上次活动的内容；2.介绍本次活动的内容
做热身游戏"一元几毫"	10分钟	训练组员的随机应变能力	1.社工介绍游戏规则；2.社工带领组员完成游戏；3.组员分享游戏感受
保险合同理解和运用	50分钟	了解保险合同的基本知识	1.社工讲解保险合同的重要性；2.社工分享视频《四步法教你看懂保险合同》和《保险合同的"四个期"》；3.案例分析，以《机动车辆保险合同》为例，带领组员一起阅读保险条例
休息放松	5分钟	组员休息	—
"楚税通"软件学习	35分钟	学会自主缴纳社保	1.社工播放软件操作视频；2.社工演示软件操作；3.分发操作手册
活动总结	5分钟	回顾本次活动的内容，告知下次活动的信息	1.邀请组员分享感受；2.社工总结此次活动并告知下次活动的时间、地点及内容

4.活动小结。本次小组活动的目标是提升组员的保险技能，主要包括对保险合同的理解和运用能力以及对"楚税通"软件的使用能力。

（1）组员表现方面

在做热身游戏"一元几毫"时，每个组员都表现出很高的积极性，前几次表现较为含蓄内敛的F积极投入游戏中，并且获得了第二高分。

在播放视频阶段，约一半组员在低头玩手机，表示对这方面的内容不感兴趣。为了提升大家的专注力，社工主动告知大家在视频结束后会有一个案例讨论环节，激励大家认真观看视频，提醒大家不要玩手机。果然，在此之后组员都认真观看视频。

在案例分析阶段，社工带领组员一起阅读保险条例，组员积极参与。组员A表达观点时过于激动，其观点与组员C的观点差距较大，组员A和组员C差点口角起来。社工提前制止，表示两人的想法都是可取的，并总结保险合同阅读要点。

在"楚税通"软件学习阶段，刚开始播放视频时，组员眼神迷茫，不知道如何操作。在社工一步一步的带领下,组员对软件操作有了初步印象,但是不太熟练。然后,社工给每人分发了操作手册,组员根据操作手册练习。在社工的帮助下,组员都基本掌握了操作技能。

(2)小组活动目标方面

经过这次小组活动,组员互动次数明显增多,学习氛围浓厚。组员基本会阅读保险合同,能够使用"楚税通"软件自主缴纳社保,保险技能得到提升。本次小组目标基本达成。

(五)第五次小组活动:做精明的消费者

1. 活动时间:2021 年 10 月 21 日 14:00—16:00。

2. 活动主题:做精明的消费者。

3. 活动过程见表4.10。

表4.10 第五次小组活动安排表

流程	时间	活动目标	活动内容
签到	5 分钟	—	—
上期回顾	5 分钟	回顾上次活动内容,了解本次小组活动内容	1.回顾上次活动内容;2.介绍本次活动内容
做热身游戏"言不由衷"	10 分钟	调动小组气氛	1.社工介绍游戏规则;2.社工带领组员完成游戏;3.组员分享游戏感受
保险理财规划制定	40 分钟	学习保险理财规划的基础知识	1.播放视频《做好保险小规划,任何变动都不怕》和《怎么合理规划保险》;2.社工总结视频内容;3.组员分享交流学习成果
休息放松	10 分钟	组员休息	—
保险纠纷处理	20 分钟	学习保险纠纷的处理方法	社工介绍保险理赔和保险服务纠纷的处理方法
情景模拟	25 分钟	巩固介入效果	1.情景模拟:将组员分为两组,一组模拟"保险理赔纠纷处理"情景,一组模拟"保险服务纠纷"情景;2.两组互评
活动总结	5 分钟	回顾活动内容,告知下次活动的信息	1.邀请组员分享感受;2.社工总结此次活动并告知下次活动的时间、地点及内容

4. 活动小结。本次小组活动的主要目标是引导组员做出合理的保险理财行为,帮助组员了解保险理赔纠纷的处理流程和保险服务纠纷的处理方法。

（1）组员表现方面

热身游戏"言不由衷"激发了组员的兴趣,活跃了气氛,为后续小组活动的开展营造了良好的学习与互动氛围。在保险理财规划的制定阶段,在视频分享和社工总结后,组员积极分享观点,并表示会在不同的人生阶段合理规划和购买保险。组员 A 分享了自己的想法。A 有一个孩子要抚养,家里的钱大都存在银行里,将来供女儿上学、买房,夫妻双方都没有购买商业保险,但是给女儿买了商业医疗保险。A 在学习了保险理财规划后,明白此做法是不合理的,保险规划要秉持"先父母后子女"的原则。在社工讲解如何处理保险理赔纠纷和保险服务纠纷时,组员全程认真聆听,并做好了记录,认真回顾处理流程。在情景模拟阶段,社工引导组员分成两组,分别模拟"保险理赔纠纷"和"保险服务纠纷"两种情景。各自模拟且互相评分,组员积极性很高,且加深了对保险纠纷处理方法的理解。社工在对本次小组活动进行总结时告知组员小组活动接近尾声。

（2）小组活动目标方面

经过此次小组活动,组员了解了保险规划的基础知识,能够合理处理保险理赔纠纷和保险服务纠纷,小组活动目标基本实现。

（六）第六次小组活动:一起相约未来

1. 活动时间:2021 年 11 月 3 日 14:00—16:00。

2. 活动主题:一起相约未来。

3. 活动过程见表 4.11。

表 4.11　第六次小组活动安排表

流程	时间	活动目标	活动内容
签到	5 分钟	—	—
上期回顾	5 分钟	回顾上节活动内容,了解本次小组活动内容	1.回顾上次活动的内容;2.介绍本次活动的内容
做热身游戏"站起来"	15 分钟	调动组员的积极性和热情	1.社工介绍游戏规则;2.社工带领组员完成游戏;3.组员分享游戏感受
分享成果	15 分钟	回顾、反思活动,谈谈收获与体验	1.回顾前五次活动的成果;2.每人在卡片上面写下有关收获的关键字,然后分享

续表 4.11

流程	时间	活动目标	活动内容
休息放松	10 分钟	组员放松休息、自由讨论	—
互换礼物	30 分钟	增进组员的感情	制作礼物,并在礼物上写下祝福语,互换礼物
后测	10 分钟	—	社工协助组员填写量表,并现场回收
离别	10 分钟	做小组活动总结,宣布小组活动结束,安抚离别情绪	1. 做活动总结,鼓励组员分享所学知识;2. 社工宣布活动结束;3. 拍照留念,互赠纪念品

4. 活动小结。本次活动的主要目标是总结和回顾每个组员的成长与进步,总结和评估小组活动效果,宣布活动结束,安抚组员的离别情绪,鼓励组员在活动结束后加强交流、互帮互助,构建互助网络。

(1)组员表现方面

本次小组活动是最后一次活动。在分享成果环节,组员踊跃发言,分享所学知识,表达感悟。在离别环节,因为组员都来自同一个地方,在活动结束后可以继续学习交流,所以离别情绪不明显。最后,社工带领组员回顾活动过程,梳理保险知识。组员分享自己参加活动前后的变化,肯定小组活动的效果。社工也鼓励组员学以致用,将所学知识教授给他人。

(2)小组活动目标方面

组员回顾了小组活动的主要内容,重温了所学保险知识与技能,互相赠送礼品,构建了良好的互助网络,小组目标基本实现。

(七)后期小组跟进

2021 年 12 月 4 日下午,社工组织了一次微信视频聚会,持续追踪组员的情况。当时正值社保缴纳时间,社工询问组员"楚税通"软件的使用情况,并解答组员的困惑。从跟进结果来看,组员在活动结束后互动较为频繁,并在自己的能力范围内提高保险缴纳层次,同时还表示十分期待下次小组活动。

五、案例评估

(一)评估方法

本次小组工作评估的资料来源于两个方面:一是在活动前后使用的"农村

居民保险素养评估表",通过数据对比分析本次干预对农村居民保险知识、态度、技能和行为的影响程度;二是在每次小组活动后向组员分发的组员意见反馈表,用来评估组员对小组活动的满意度。

(二)过程评估

小组工作过程评估包括前期准备情况评估、组员表现评估、社工自我评估。

1. 前期准备情况评估

在"保险惠民,幸福相伴"农村居民保险素养提升小组筹备期,社工通过访谈的形式,进行保险素养现状调查和需求评估。调查地点为湖北省 Y 村,调查对象年龄在 20 岁和 60 岁之间、有保险购买需求和购买能力、能够独立生活的农村居民。根据个人意愿和小组匹配度,最后选定 8 名符合要求且对活动感兴趣的农村居民组成小组,年龄在 26 岁到 45 岁不等。在这一过程中,社工确定了小组名称、目的与目标,初步制定了小组工作计划,并整合村委会等资源,做好物资准备工作,为小组活动的顺利开展做好准备。

2. 组员表现评估

在第一次小组活动中,大多数组员比较害羞,较为沉默,发言不积极。在社工的引导下,性格活泼的几个组员积极互动,调动了活动气氛,带领沉默的组员完成游戏。在接下来的活动中,社工鼓励组员宣泄非理性情绪,团结协作,增强保险意识。活跃的组员主动带动其他组员结对互助,比如性格内向的 F 在阳光开朗的 A 和 C 影响下乐于表达想法。组员 D 是个"好学生",每次都认真记录活动内容,保险知识和技能整整写了三页纸,还把笔记分享给亲戚朋友,向他们宣传保险知识和技能。总而言之,组员配合社工完成了小组计划,实现了小组目标。在活动结束后,每个组员的保险素养水平都有不同程度的提升。

3. 社工自我评估

在每次活动中,社工都尽职尽责。如在第一次活动中做破冰游戏"纸飞机"时,社工引导组员消除了彼此之间的陌生感,使得不熟悉的组员不再拘谨;在"做精明的消费者"的情景模拟活动中,社工耐心指导组员完成现场演绎。在每一次小组活动的交流环节,社工运用小组工作技巧,引导组员主动分享自己对保险的感悟。

在开展实务的过程中,社工需要提升专业修养。第一,时间控制能力有待提升,主要体现在活动流程和时间掌控力不足。第二,社工自身金融水平需要提升。虽然社工在大学学过金融课程,但是金融知识仍然不足。社工需要多阅读金融书籍,提升专业素养,从而促进服务效果的提升。第三,话题控制能力有待加强。在自由表达环节,组员 D 经常转移话题,社工几次尝试将 D 引回到话题中来,但引导效果欠佳。

(三)结果评估

1. 保险素养提升效果评估

在小组活动开展前后,社工给组员分发了"农村居民保险素养评估表",并叮嘱大家按照实际情况填写。通过前测、后测得分对比,可分析组员保险素养的变化,据此评估小组工作介入的效果。

表 4.12　保险素养前、后测对比表

测试	A	B	C	D	E	F	G	H	平均值
前测(分)	21	20	24	12	16	17	15	16	17.63
后测(分)	46	44	51	47	50	49	45	54	48.25

如表 4.12 所示,组员前测总得分在 12 分和 24 分之间,平均值是 17.63 分;组员后测总得分在 44 分和 54 分之间,平均值是 48.25 分。通过前、后测数据对比可以发现,8 名组员的保险素养得分显著增加。这说明通过小组工作介入,8 名农村居民的保险素养水平均得以提升,小组活动效果显著。

2. 服务满意度评估

通过组员意见反馈表,我们可以评估组员对小组活动的满意度,也可以对社工的表现、态度、服务效果等内容进行评价。组员意见反馈结果有助于社工改善小组活动服务质量。组员意见反馈统计数据如表 4.13 所示。

表 4.13　组员意见反馈统计表

序号	内容	很满意(%)	满意(%)	一般(%)	不满意(%)	很不满意(%)
1	活动时间安排合理	87.5	0	12.5	0	0
2	活动形式多样	100.0	0	0	0	0
3	组员互动积极	100.0	0	0	0	0
4	活动内容丰富	100.0	0	0	0	0
5	活动整体印象良好	100.0	0	0	0	0

续表 4.13

序号	内容	很满意 （%）	满意 （%）	一般 （%）	不满意 （%）	很不满意 （%）
6	社工态度亲和	100.0	0	0	0	0
7	社工能力较强	100.0	0	0	0	0
8	社工与组员协作良好	100.0	0	0	0	0
9	组员保险素养提升	100.0	0	0	0	0
10	再次参加类似活动的意愿	100.0	0	0	0	0

从表中数据可知：第一，组员对本次活动整体上基本满意，87.5% 的组员对小组活动时间安排很满意，所有组员对活动开展形式、组员互动、活动内容以及整体印象等方面"很满意"，表明小组活动得到了组员的认可，但是活动时间要调整；第二，组员对社工的评价较高，认为社工态度亲和、能力较强，社工与组员协作良好，说明组员对社工的认可度较高，社工应总结经验，不断提升自己；第三，在小组服务效果方面，所有组员都认为自身保险素养得到了提升，对本次活动较为满意，且表示愿意再参加类似活动。

六、专业反思

（一）总结

社工运用小组工作方法提高农村居民的保险素养水平，帮助农村居民适应日益复杂的保险环境。社工运用金融社会工作的理论与方法，结合生命周期消费理论，依据湖北省 Y 村的保险情况和前期调研情况，确定小组目标并设计活动方案，而且多次和导师商量修改小组活动计划，使得活动内容能够满足农村居民的实际需求。根据组员意见反馈表的填写情况及社工的观察，小组活动内容能够激发组员的学习热情，组员参加活动的积极性较高。对于活动中的突发情况，社工在活动结束后，主动联系老师，寻求解决办法，在后面的活动中及时解决此类问题，避免问题重复发生。

小组活动让组员在小组中获得成长，此次小组活动有利于锻炼组员团结协作、合作交流、人际沟通等能力。随着小组活动的推进，组员的凝聚力逐渐增强，小组互助网络逐渐完善。从小组工作效果评估来看，组员学会了使用"楚税通"软件自主缴纳社保,初步了解了保险知识,保险意识和风险防范意识得以增强,小组活动对于帮助农村居民提升保险素养水平具有较显著的作用。

(二)建议

1. 整合宣传教育资源,加强乡村保险教育

开发多种保险知识宣传渠道、普及和发展保险教育是提高农村居民保险素养水平的根本之道。农村居民是乡村振兴的重要对象,需要通过多种渠道开展保险教育,降低金融文盲率。

首先,政府要将保险教育纳入教育体系,提高保险教育覆盖率和有效性。学校要重视和加强学生的保险教育,多举办保险教育讲座,普及保险基础知识。其次,高校要倡导大学生志愿下乡开展金融教育,由老师带领志愿者去基层开展保险下乡服务,向农村居民普及保险知识。再次,银行、保险公司等金融机构要加大保险宣传力度,加强农村居民对保险重要性的认识。村干部需要定期组织举办保险政策宣传讲座,使农村居民全面了解保险政策,提高农村居民参保的积极性。最后,要用好各种互联网渠道普及金融知识,政府要招募和培养线上保险知识普及员,利用抖音、快手等平台,通过直播、小视频的形式向农村居民普及保险知识,进一步提升保险知识普及效果。

2. 推动乡镇社工站建设,发展乡村金融社工队伍

金融社会工作是一门复杂的交叉性学科,这决定了开展金融社会工作服务具有复杂性。推动乡镇社工站建设、发展乡村金融社工队伍有利于提升乡镇金融社会工作服务的有效性和专业性。一方面,政府应加大政策支持力度和资金支持力度,推动乡镇社工站建设,鼓励有金融背景的人加入金融社工队伍,培养复合型人才。另一方面,高校、社工机构要定期开展面向金融社会工作专业人才的金融知识培训。在提供金融社会工作服务的过程中,社工不仅要运用专业知识设计并开展活动,而且要激发组员的学习兴趣,向组员普及金融知识。掌握金融知识对于金融社工来说至关重要。社工自身如果欠缺金融知识,会误导组员,影响活动成效。所以,社工应积极主动地学习金融知识,提升专业素养。

3. 金融机构要增强社会责任感,提高精细化服务水平

农村居民保险素养提升的最大阻碍就是金融机构和农村居民之间信息不对称,金融机构应打破和居民之间的信息壁垒,主动承担起普及保险知识的责任。首先,金融机构应该针对偏远地区的农民保险意识薄弱的特点,开发适合

适合他们的保险产品。其次,金融机构要针对农村地区加大保险知识普及力度,增强农村居民的保险技能。如设立便民服务点专门解答农村居民的保险问题,利用社区宣传栏及时更新各种保险信息。再次,金融机构工作人员要定期对购买保险的农村居民做回访,在回访过程中根据农村居民的需求有针对性地普及保险知识。最后,金融机构应该定期联合当地村干部开展保险知识普及活动,增加农村居民的保险知识存储量。

（根据江西财经大学 2022 届 MSW 论文《金融社会工作视域下农村居民保险素养提升研究——以鄂省阳村为例》编写,论文作者向银芝,指导教师吴时辉。）

案例点评

本案例是针对湖北省 Y 村居民开展的一个成长性小组,目的是通过开展小组活动和发动组员互助的力量,挖掘组员的潜能,帮助组员学习保险知识、树立正确的保险态度、了解保险理财规划的原则,提升组员处理保险事务的能力,增强家庭抗风险能力,提升组员的保险素养水平。社工前期通过问卷抽样调查发现,Y 村居民存在保险知识储备不足、保险技能普遍匮乏、保险行为不太合理等问题。本案例的服务对象是 Y 村的 8 位农民,从保险基础知识、保险态度、保险规划、保险纠纷处理等角度,设计并开展了六次小组活动,希望通过开展小组活动,发动组员互助的力量,挖掘组员的潜能,帮助组员学习保险知识、树立正确的保险态度、了解保险理财规划的原则,提升组员处理保险事务的能力,增强家庭抗风险能力,提升组员的保险素养水平。

本案例以生命周期消费理论和增能理论为本次小组活动的理论支撑,紧紧围绕小组目标,分别从帮助农村居民学习保险知识、改善保险态度、提升保险技能、优化保险行为这些方面来开展小组活动。整个小组活动的实施过程十分顺畅,从过程评估和结果评估来看,组员活动参与度较高,对社工服务和活动内容较满意,保险素养水平有一定的提升。这说明社工比较专业,能够克服小组活动的一些障碍,在融洽的氛围中达成小组目标。同时,社工也进行了自我评估,为今后针对农村居民开展类似的小组活动提供了经验。此外,本次小组活动还设置了后期跟进环节,对组员进行了跟踪,进一步巩固了小组活动的成效。

本案例取得了不错的成绩,但也存在需要改进的地方:

一方面，小组活动与农村特色的契合度需要进一步提高。由于收入状况、教育水平、生活方式的不同，农村居民对保险的认识和需求与城市居民有着很大的区别。本案例对服务对象的农村特色考虑得不够周全，没有深入分析农村居民最迫切的保险需求，在活动设计中力求面面俱到，但实际上也存在蜻蜓点水、浮于表面之嫌，在解决农村居民真正关心的保险问题上着力不多，重点不够突出。

另一方面，小组活动设计需要进一步细化。在本案例中，作为与保险业务有直接关联的保险公司业务人员是缺位的。几乎所有的保险知识都由社工讲解，因而缺乏权威性和专业性。活动过程中可以效仿案例中所采取的邀请村干部对社会保险政策进行讲解的方法，邀请保险公司的业务人员对组员进行介绍，使小组活动与保险实践结合起来，发挥社工联系资源的作用。另外，本案例中，社工花费了一定的精力帮助组员熟悉"楚税通"软件的操作，并将其作为小组活动的一大亮点和组员保险素养提升的重要标志。实际上，"楚税通"在保险业务方面主要涉及个人社会保险缴纳业务，而农村居民对社会保险方面的认知程度和社会保险缴纳水平已经很高。因此，"楚税通"软件使用方法的普及未必能够提高农村居民的保险素养。社工不妨按照这种做法，向农村居民普及一些商业保险方面的网络软件，说不定可以起到更显著的效果。

（唐俊）

第五章 "后扶贫时代"缓解农村女性贫困脆弱性的小组工作介入

一、案例背景

2020 年,我国实现了全面建成小康社会的目标,现行标准下的绝对贫困问题得到解决,标志着我国从此进入后扶贫时代。在后扶贫时代,相对贫困治理工作将是一项长期且艰巨的工程。其中,农村女性作为一个相对弱势的群体,难以依靠自身或家庭的能力抵御金融风险,贫困脆弱性较高,返贫问题相当严峻,其贫困脆弱性是相对贫困治理的重要方面。国家统计局于 2021 年发布《〈中国妇女发展纲要(2011—2020 年)〉终期统计监测报告》,要求社会各界对农村女性返贫问题给予重视①。因此,我们需要运用金融社会工作的专业理论和方法,参与农村女性反贫困治理,提高她们的金融素养,缓解她们的贫困脆弱性,满足她们日益增长的美好生活需要,从而巩固脱贫攻坚成果,助力乡村振兴。

X 村地处赣南,辖区总面积 9.6 平方公里。X 村与县城距离较近,女性居民在务农之余,会在县城周边的工业园务工。截至 2021 年 10 月,X 村女性基本脱贫,一名女性属边缘易致贫户,极易返贫。该女性具有普通劳动力,但其丈夫因大病丧失了劳动能力,被列为特困供养人员,享受"低保"待遇。

二、案例分析

根据贫困脆弱性的影响因素和农村女性的特殊性,社工设计了农村女性贫困脆弱性及金融素养调查问卷,将金融资本分为储蓄、信贷、保险和投资四个方面,采取方便抽样方法选取 X 村中具有 X 村户籍,或长期居住在本村,年龄在 18 和 60 岁之间的女性居民作为调查对象。发放问卷 150 份,回收 141 份,其中

---

① 国家统计局.《中国妇女发展纲要(2011—2020 年)》终期统计监测报告[N].中国信息报,2021 – 12 – 22(02)。

有效问卷 130 份,样本数据具有较高的代表性。

在 130 份调查样本中,未就业人数占比达 19.23%,在家务农人数占比达 42.31%。未就业和在家务农的人数综合占比接近 62%(图 5.1),说明 X 村女性就业的脆弱性较高。

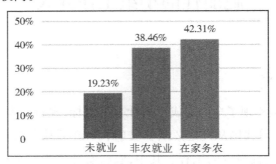

图 5.1　X 村女性就业情况

从收入来看,在 130 份问卷中,X 村女性的家庭人均年收入不足 6000 元的人数占总样本的 20.77%(图 5.2),超过了总人数的 1/5,数量较多。

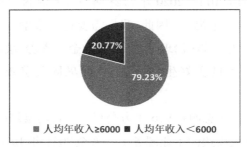

图 5.2　X 村女性人均纯收入情况

受到柑橘黄龙病的影响,X 村的柑橘业仍然处于生产投入阶段。为了维持生活,X 村村民种植了辣椒、鹰嘴桃、百香果等生产周期较短的农产品,提高农业收入,也会在其他农户那里干农活,但这类劳动的性价比不高。务农收入也存在性别差异,女性的务农收入低于男性。例如,同样是协助其他农户打理果园,男性一天收入 150 元,女性为 120 元。

除此之外,X 村女性也会前往城区,去寻找比务农更加稳定、更快得到回报的工作。相较于男性,女性的务工收入结构较为单一,收入水平也相对较低。以在工地务工为例,同样是在工地上搬运沙石,男性工人一天的工资为 200 元,女性工人一天的工资为 150 元。

收入影响到家庭消费支出结构。在 130 份样本中,只有 28.46% 的家庭收入大于支出,剩下的71.54%的家庭收入都小于支出,表明大部分的X村家庭存在消费支出结构不平衡问题。农村居民生活的改善,得益于社会经济的稳定。然而,2020年那场传染性疾病导致许多产业停工停产,很大程度上减少了农村居民的收入,加剧了X村家庭消费支出结构不平衡的问题。尤其是女性,其收入主要用于家庭开支,极少用于自身发展,导致她们在一定程度上丧失了经济独立自主的机会,更加依赖丈夫和家庭。

金融素养水平整体偏低是影响农村女性贫困脆弱性的重要因素。农村女性在家庭里的经济话语权较弱,获得金融服务的机会也比较匮乏。同时,农村地区的金融业发展较为缓慢,金融机构的支农动力不足,金融资源很难进入农村市场。这也阻碍了X村女性获得金融服务机会,实现经济发展。调查问卷从储蓄、信贷、保险和投资四个方面测量了农村女性的金融素养水平。总体来说,金融素养得分总分为12—47分,金融素养水平较低的人数占总样本的75.38%。其中:储蓄类题目得分最低分5分,最高分15分;信贷类题目得分最低分3分,最高分9分;保险类题目得分最低分2分,最高分11分;投资类题目得分最低分2分,最高分12分。这表明X村女性的金融素养总体较低,金融发展的动力不足,严重阻碍了X村女性收入的提高。

三、服务计划

(一)小组概况

小组名称:"富起来"农村女性金融培训小组。

小组性质:教育小组。

服务对象:X村的9名成年女性。

小组活动次数:6次。

小组活动场所:X村党群服务中心。

小组活动时间:2021年7月25日至2021年8月22日。

(二)组员招募

在妇女小组长的积极动员下,社工介绍了教育小组的基本模式,坚持自愿原则,邀请了符合招募条件的服务对象,参与金融培训小组,完成了组员的招募。组员基本情况见表5.1。

表 5.1 小组成员基本情况

序号	年龄	婚姻状态	学历	收入来源	其他基本情况
A1	48	已婚	初中	家政服务	长期提供家政服务,经济收入尚可。但因育有五个子女,负担较重,家庭收入与支出结构不平衡
A2	30	已婚	初中	无	早婚早育,积极响应"三孩"生育政策,正处于孕期。怀孕之前在饭店从事前台工作,怀孕之后在家待业
A3	47	已婚	初中	务农	远嫁到本村,丈夫经常出门跑生意。性格内向,平常不太与他人接触,常为子女和婚姻问题发愁
A4	28	未婚	中专	工作	毕业之后,在亲戚的介绍下进入医院工作,但因收入较低,自身开销较大,常用各类借贷产品拆东墙补西墙
A5	49	已婚	小学	务农	村里的重点帮扶对象,文化水平较低,依靠种地和打零工为生。大女儿远嫁异地乡镇,二女儿在外地务工,儿子高中毕业,正为儿子读大学的学费发愁
A6	33	未婚	本科	代课	毕业之后在本县某小学担任代课老师。收入较低,工作压力较大。家庭经济条件较差,与弟弟和奶奶同住,无存款,工资全部贴补家用
A7	25	已婚	小学	打零工	初中肄业后出门打工,在亲戚的介绍下结识现任丈夫,产子后在家待业。偶尔会在家政公司干活,赚取一些收入。但她丈夫认为这个工作耽误了她照顾子女
A8	27	离婚	中专	务工	离异,孩子判给男方,每月需支付一定数额的抚养费。目前已贷款购置房屋,准备再婚,每月还款压力较大
A9	38	已婚	高中	务工	在家照顾儿女和公婆,在服装店当导购赚取微薄的收入,维持家庭日常生活开销。丈夫赌博欠下近十万元外债,在外务工躲债

(三)小组目标

总目标:小组活动完成后,组员掌握基础的金融知识,以及金融工具的使用方法,愿意主动了解金融服务;提供交流平台,建立组员互助网络,为后期发展做准备,缓解组员的贫困脆弱性,减小她们在后扶贫时代返贫的可能性。

具体目标:第一,让组员快速融入团体,适应小组环境;第二,学习储蓄知识,能够识别银行卡和信用卡,学会使用 ATM 机;第三,学习贷款知识,掌握贷款基本流程;第四,学习投资知识,区分个人投资的三种形式,提升投资风险意识;第五,学习保险知识,掌握社保卡的使用方法,正确认识养老保险、大病医疗保险,提升保险意识;第六,发掘组员的优势,帮助组员掌握获得社会资源的方法和手段,全方位缓解组员的贫困脆弱性。

(四)小组活动安排

根据农村女性文化水平低、社会参与度不高、思想较为守旧等特征,做好小组活动安排,具体如表5.2 所示。

表5.2　小组活动安排总表

场次	活动名称	活动目标	活动内容	时间安排
1	金融与我面对面	引导组员互相认识,明确小组活动的目的和内容,社工与组员以及组员之间建立起良好的信任关系,制定相应的小组规范	1. 破冰活动:自我介绍,"解开千千结"。 2. 明确小组目标,制定小组规范,签订小组契约	2021 年 7 月 23 日 19:30—20:30
2	储蓄计划要做好	引导组员学习货币及商品价格的基础知识,提升组员的储蓄意识,帮助组员学会储蓄方法,学会合理消费,学会做储蓄计划,树立良好的金钱观	1. 热身游戏:你来比画我来猜(与储蓄相关的词语)。 2. 组员分享储蓄方法。 3. 带领组员前往银行学习 ATM 机的使用方法	2021 年 7 月 30 日 16:30—18:00
3	信贷管理要强化	引导组员学习信贷知识,与金融机构合作,为组员提供信贷支持,解决组员现阶段面临的资金不足问题	1. 邀请银行工作人员带领组员参观银行,学习信贷知识。 2. 带领组员参观大学生助学贷款现场,了解贷款流程	2021 年 8 月 6 日 15:30—17:30
4	保险意识不能丢	引导组员学习保险知识,让她们正确认识保险,知道保险在日常生活中的重要作用,同时引导组员正确认识自我,选择适合自己的保险,树立风险防范意识	1. 介绍社会保障卡的功能以及使用方法。 2. 介绍商业养老保险和大病医疗保险的作用以及缴费方法。 3. 进行角色扮演,演示如何购买保险产品	2021 年 8 月 13 日 19:30—20:30

续表5.2

场次	活动名称	活动目标	活动内容	时间安排
5	投资理财得收益	帮助组员了解个人投资的方式和形式,实现收支平衡和财务安全,保障资金流动性	1. 参观本村女性投资的商铺,了解商铺投资的回报率。 2. 学习个人投资形式	2021年8月20日 16:30—17:30
6	同心同行创未来	帮助组员发现自己的闪光点和优势资源,增强她们的信心,处理好离别的情绪	1. 自我评价,优点大轰炸。 2. 榜样的作用。 3. 小组活动总结	2021年8月27日 19:30—20:30

(五)预料中的问题和应变计划

1.组员招募困难

一方面,农村女性对金融表现出戒备心理,不愿意将自己脆弱的一面暴露在大众面前;另一方面,人们对社会工作存在刻板印象。例如,本小组招募的组员大都在金融方面表现出较差的适应性。参加小组活动的人容易被贴上"问题标签",受到其他村民的歧视。因此,招募组员并非易事。

解决办法:社工进一步学习理论知识,了解农村居民的心理,在出现组员招募困难时,及时变通,消除村民的疑虑;与此同时,积极联系村委会人员与妇女组长等,与他们协调沟通,为村民答疑解惑,做好思想工作。

2.组员随意缺席活动

小组活动顺利开展要求大多数组员按时参加活动。然而,本小组组员职业不尽相同,大部分组员需要照顾家庭。她们的家庭意识可能会高于团体意识,难以保证每次活动都及时到场,会出现早退甚至缺勤问题。

解决办法:首先,应创设组员积极参加活动的氛围,激发她们的参与兴趣和责任意识,把参加小组活动视为一种责任来履行;其次,加强对组员的监督,在小组开始前与组员签订契约,每次活动都要记录组员的考勤情况,并将其作为她们日后参与村办项目的考核依据;再次,设置合理的考勤奖惩制度,对出勤表现优秀的组员给予适当的物质奖励,对影响活动进展的不良行为进行处理。

3.非正式群体引发组内矛盾

本小组预计招募9名组员,人数较多。在活动过程中,可能会自然形成以背景关系或共同利益为基础的非正式群体。这类群体可能会出现一些与小组规范相悖的不良行为,破坏小组的整体协作性,影响活动的氛围。

解决办法:社工应随时掌握组员的活动状态,正确认识非正式群体存在的客观性;在此基础上,与组内非正式群体的领导者积极沟通,在各方面寻求她的配合,将该群体作为本小组的有益补充。最重要的是,社工应为组员积极创造交流机会,加强组员之间的沟通交流,促进小组健康发展。

四、服务计划实施过程

(一)第一次小组活动:金融与我面对面

活动时间:2021 年 7 月 23 日 19:30—20:30。

活动地点:X 村党群服务中心会议室。

活动目标:引导组员互相认识;明确小组活动的目的和安排;社工与组员以及组员之间建立起良好的信任关系;制定相应的小组规范。

1. 活动内容

具体活动内容见表 5.3。

表 5.3 第一次小组活动安排

所需时间	活动环节	活动内容
10 分钟	相互认识,建立关系	1. 社工自我介绍,明确小组活动的目的与安排。 2. 组员围坐一圈,以击鼓传花的方式轮流自我介绍,主要介绍自己的兴趣与特长
10 分钟	破冰游戏,促进交流	1. 社工带领组员一起完成解手结的游戏。 2. 任务结束后,邀请组员简单分享参与游戏的感受
20 分钟	开展前测,明确主题	1. 社工发放前测量表,在组员互不干扰的情况下,要求组员独立填写问卷。 2. 观看主题视频,社工引导组员分享对金融的看法与期望。 3. 社工进行总结,与组员共同商讨小组目标,并表达对组员的期望
20 分钟	制定规则,订立契约	1. 社工引导组员提出自己的观点,表达自己的感受,随后综合组员的意见,共同制定小组规范 2. 将小组规范制作成文字档案,请组员在小组规范上签字。 3. 社工对本次活动进行总结,并预告下次活动的主题与时间安排

2. 具体服务过程

2021 年 7 月 23 日傍晚,社工在会议室等候组员的到来。等待期间,社工检查了一遍活动所需的物料,核实小鼓、花束、前测量表、小组规范预稿、相关视频资料等已准备充分。每一个组员到达会议室时,社工都会起身迎接,将组员引到座位上,简单介绍组员的情况,帮助组员进入轻松愉悦的交流情境中。组员到齐之后,社工做自我介绍并引入主题,指出活动重心和活动目标,用击鼓传花的方式促进组员互动,协助组员相互认识,使现场气氛更加活跃。

解手结游戏要求组员站起来围成一个圈,双手分别握住与自己不相邻的两个人的手,大家在不松手的情况下,采用跨、钻、套、转等方法,将错综复杂的手还原成一个大圆圈。游戏过程中,有部分组员遇到了困难,想要放弃或者破坏规则实现目的。社工及时引导,再次说明游戏规则,扮演支持者、鼓励者的角色,帮助组员完成任务。游戏结束后,社工通过语言或非语言形式,说明游戏内容,让全体组员感受到温暖。

社工发放农村女性贫困脆弱性金融素养得分量表,要求组员独立完成填写。接着,播放相关教学视频,运用开放式提问的方法,引导组员分享对金融的看法与对小组的期望,在组员回答完之后,社工运用澄清技巧,将组员含糊不清的观点或逻辑混乱的语句复述一遍,帮助其他组员更好地理解相关内容。之后,社工播放相关教学视频,组员对金融表现出较高的关注度,组员也向社工袒露了内心的忧虑,怕自己无法学好金融知识。社工对组员的担忧表示理解,同时也鼓励组员遇到问题主动求助,社工会尽力帮助她们。

社工及时进行总结,并拿出预先准备的小组规范,与组员讨论哪些部分需要修改,及时调整规范内容,最后将修改好的小组规范打印出来,并请组员在小组规范上签字。社工总结小组活动内容,以简洁的语言归纳活动信息,并告知组员下次活动的时间、地点与主题。

3.活动小结

组员共同生活在一个村里,部分组员之间有一定的亲缘关系。有些组员辈分较高,在小组中侃侃而谈。而有些辈分较低的组员在小组中表现得局促不安。因此,在自我介绍之后,社工组织组员做了解手结的游戏,调动了大家的热情,并趁机提出小组活动应遵守"人人平等,相互尊重"的原则。小组活动整体上开展顺利,小组活动的节奏也较为合理。在小组活动结束之后,社工受到了组员的赞赏,更加坚定了努力办好本期金融培训的决心。

(二)第二次小组活动:储蓄计划要做好

活动时间:2021 年 7 月 30 日 16:30—18:00。

活动地点:X 村党群服务中心会议室、建设银行。

活动目标:引导组员学习货币及商品价格的基础知识,提升储蓄意识,学会储蓄方法,学会合理消费,学会做储蓄计划,树立良好的消费观念。

1. 活动内容

具体活动内容如表5.4 所示。

表5.4 第二次小组活动安排

所需时间	活动环节	活动内容
20 分钟	活动预热,你划我猜	1. 社工带领组员回顾上次小组活动的内容,明确本次小组活动要达到的目标。 2. 做"你划我猜"热身游戏
20 分钟	合理规划,储蓄未来	1. 组员分享自身的储蓄方法。 2. 社工介绍银行储蓄的方式和方法,播放相关教学视频。 3. 介绍银行储蓄利息的计算方式,并完成对组员的训练
45 分钟	实操实练,谨慎对待	在社工的带领下,全体组员前往 ATM 机进行存取款操作训练
5 分钟	及时总结,吸取经验	1. 社工布置作业,要求每个组员自主完成一次存款和取款操作。 2. 社工对本次活动进行总结,并预告下次活动的主题与时间安排

2. 具体服务过程

7 月 30 日下午,社工提前到达会议室,清点本次活动需要使用的道具,并做好现场布置。组员们陆续进入会议室,不像第一次见面时那么拘谨,互相之间会问好。有些组员在没有社工引入话题的情况下,也能自然地拉起家常。接着,社工对上周的活动内容进行了回顾,并对各位组员遵守小组规范、按时参加培训予以肯定,鼓励组员继续发扬肯吃苦、肯钻研的学习精神,实现培训目标。

社工简要介绍了本次活动安排,阐明了活动目标。活动开展过程中,部分组员在听到实操训练的消息时,用鼓掌的方式表达了期待。为了活跃现场的气氛,社工拿出了提前准备好的词牌,做"你划我猜"的热身游戏。"你划我猜"游戏规则如下:将组员平均分成 3 组,即 3 人为 1 组,其中 2 名组员通过肢体动作或语言描述提示词语,但不能说出词语中包含的字,另一个组员猜词语。在相同的时间内,猜出词语数量最多的队伍获胜,获胜队伍的组员每人可以获得洗衣粉1包,参加活动的其他组员可以获得1包食盐。词牌上设计了许多金融相关的词语。组员在游戏过程中,通过发散性思维,获得对金融概念的形象化认知,同时也提升了活动的趣味性,激发了活力。游戏过后,组员放松了许多,谈话时也多了一些调侃。因此,社工认为这已经达到了热身开场的目的。于是在稍做休息之后,社工引入了储蓄相关内容。

储蓄是个人理财的基本方式。帮助组员掌握正确的储蓄方法,并逐步运用储蓄方法支持发展生产或创业增收是本次培训的目的。因此,在阐述完储蓄的概念之后,社工分享了关于储蓄的亲身经历,表明自己对储蓄所发挥的积极作用是认可的。接着,组员A1主动分享了她最近遇到的一件趣事:一个月前,她发现自己存放在房间里的7000余元不翼而飞。她计划用这笔钱缴纳社会养老保险,大额现金遗失让她有些丧失理智,她将怒火发泄到年幼的儿子身上。冷静下来后,她整理了一遍房间,最终在书桌与墙壁的夹缝里找到了存放现金的文具盒,这才松了一口气。在听完她的分享之后,组员们你一言我一语地发表看法。其中出现频率最多的一句话就是"现金放在家里很容易忘记"。于是,社工顺势提出了正确储蓄的方式,即将数额较大的现金存到银行,安全有保障,还能收获利息。

为帮助组员理解银行储蓄的概念,社工播放了一段教学视频,加深组员的理解。储蓄能获得利息,如何计算利息也是组员们关心的话题。考虑到组员之间的差异,社工在对存款利息的计算方式进行讲解后,采用"一对多"的教学方式进行训练,即已经掌握计算方法的组员帮助尚未掌握方法的组员练习,社工为组员答疑解惑。这一教学模式不仅提高了组员的学习和思考能力,而且形成了小组合力。最后,社工带领组员来到距离最近的ATM机进行现场教学——存取款操作训练。由于天色已晚,在总结本次活动内容之后,已经掌握自助存取款操作技能的组员先回家,剩下2名组员主动要求继续学习。教学完成后,社工对这2名组员的学习效果表示认可,社工也受到了组员的感激。

3.活动小结

本次活动比预期进展得更加顺利,组员们都十分配合社工的工作。社工吸取第一次小组活动的经验教训,做"你划我猜"游戏前分好组,节省了活动时间,避免了由组员年龄差异所导致的尴尬局面。组员A1的主动分享,活跃了现场的气氛,社工及时运用说服技巧,并结合自身经历与组员A1的经历,有效引出储蓄的相关话题,使组员正确认识储蓄,积极主动地学习正确储蓄的方法。

社工为组员赋权,在储蓄利息的计算训练和存取款训练中,把权利赋予组员。尤其是在计算训练中,组员们互相帮助,不仅掌握了利息计算方法,而且提高了思考能力与表达能力。这一赋权体验让组员之间的联系更加紧密,组员们也感受到了他人对自己的支持,缓解了社交焦虑。在组员互相教学的过程中,也出现了沟通不畅的问题,一些组员交谈时较为急促。社工及时介入,及时理清相关概念及计算步骤,帮助组员找到问题的症结所在,化解了组员的交流危机。

(三)第三次小组活动:信贷管理要强化

活动时间:2021 年 8 月 6 日 15:30—17:30。

活动地点:江西省 X 县某银行、X 县教育局。

活动目标:帮助组员学习信贷知识,与金融机构合作,为组员提供信贷支持,解决组员现阶段面临的资金不足问题。

1.活动内容

具体活动内容如表 5.5 所示。

表 5.5　第三次小组活动安排

所需时间	活动环节	活动内容
10 分钟	温故知新,及时回顾	1. 社工带领组员回忆上次活动的要点。 2. 邀请组员分享上周作业的完成情况以及心得
15 分钟	普及知识,积极认识	1. 社工向组员讲解基础信贷知识,并向组员展示从网上收集到的面向妇女的小额信贷服务案例。 2. 组员分享自己的信贷经历与感悟
45 分钟	拓宽渠道,把握机遇	1. 社工带领全体组员参观江西省 X 县的银行,在银行职员的协助下,了解金融业务。 2. 社工邀请银行职员向组员介绍获取信贷服务的渠道
45 分钟	读懂条款,提高信心	1. 社工带领组员前往 X 县教育局,参观大学生助学贷款现场,了解贷款流程。 2. 社工引导组员学会阅读信贷产品介绍以及服务合同条款
5 分钟	积极交流,总结经验	1. 组员交流当天的所见所闻,社工进行总结。 2. 社工预告下次活动的主题与时间

2.具体服务过程

8 月 6 日下午,社工提前半小时来到会议室。天气炎热,社工为组员准备了冰镇矿泉水。到了时间点,有的组员结伴而来。简单寒暄之后,社工带领组员回顾了上次活动的内容,并检查了组员的作业。9名组员中,只有上次主动留下来的2名组员完成了训练。其他组员自信地表示,技能已经掌握,需要用时自然会操作。

社工切入本次活动的正题,向组员讲解了以贷款为主要内容的信贷知识,介绍了信贷的特征与业务种类以及简单的信贷业务操作流程。接着,社工通过讲解"格莱珉妇女创业项目",向组员介绍了面向妇女的小额信贷服务帮助农村女性获得创业启动资金,创业成功后有了属于自己的收入、朋友和社交圈子,与外面的世界产生了联系,改变了自己的生活。该案例激发了组员对信贷的兴趣,她们分享了自己或朋友的信贷经历,并表达了对处理信贷业务的担忧,担心自己无法辨别市场上鱼龙混杂的信贷产品。为了使活动顺利进行,社工运用了放松疗法,缓解组员的焦虑情绪。待组员平静下来之后,社工带领组员前往附近银行,了解银行的惠农信贷业务。惠农信贷业务在乡村振兴中能够发挥重要作用,但金融机构也面临服务"难下乡"问题。社工组织农村女性进入金融机构了解信贷业务,扮演了"资源链接者"的重要角色,打通了普惠金融服务的"最后一公里"。

组员A5的孩子今年高中毕业,一家人为了孩子的大学学费发愁。为帮助A5解决孩子的学费问题,同时帮助其他组员熟悉信贷业务,社工带领组员前往教育局参观大学生助学贷款现场,系统了解贷款流程。此次助学贷款以社工本人贷款为例,因此不存在泄露组员隐私的问题。社工带领组员详细阅读了贷款合同,解释了条款内容。在分享当日的活动感受时,组员纷纷表示学到了很多知识,更有信心去面对今后可能发生的信贷问题。

3. 活动小结

经过两次小组活动后,组员之间的关系变得更为紧密、融洽。从一开始的羞涩和放不开,到现在大部分人展现出更积极、更真实的一面,这个变化让社工对该小组更有信心。当然,小组的融洽与社工的信任,并不能让组员达成金融赋能的目标。所以,在这个基础上,社工积极联系金融机构,为组员联系资源。

在我国农村,大多数妇女以照顾家庭为主要责任。因此,与男性相比,女性的收入水平以及金融能力的发展都受到极大的限制,不利于女性社会地位的改善。小额信贷是一种关注中低收入群体发展的信贷手段,在为妇女赋权时发挥了重要作用。近年来,针对女性的金融支持不断增多,女性小额担保贴息贷款政策的实施已经取得了一定的效果。然而,生活在农村地区的女性,接收信息的渠道并不通畅,难以获取自己需要的资源。

为了实现小组工作目标,社工要利用不同系统的资源,这些资源包括金融机构和单位。在此基础上,社工将组员带到银行,在银行工作人员的耐心讲解下,帮助她们学习信贷知识,拓宽知识面,提升她们的资本意识。妇女也关注子女的教育,本小组中有一个组员的儿子刚刚高中毕业,面临拿不出学费的困境。因此,社工决定带领组员前往教育局,借此机会帮助大家熟悉贷款流程,读懂贷款合同条例。本次小组活动实践性较强,得到了组员的一致好评。

（四）第四次小组活动:保险意识不能丢

活动时间:2021 年 8 月 13 日 19:30—20:30。

活动地点:X 村社区党群服务中心。

活动目标:引导组员学习保险知识,让她们正确认识保险,知道保险在日常生活中的重要作用;引导组员正确认识自我,选择适合自己的保险,树立风险保障意识。

1. 活动内容

具体活动内容如表 5.6 所示。

表 5.6 第四次小组活动安排

所需时间	活动环节	活动内容
5 分钟	回顾内容,激发热情	社工帮助组员回顾上次活动的内容
15 分钟	系统讲解,巩固知识	1. 社工向组员展示社会保障卡,解释社会保障卡的缴费与使用方法。 2. 社工播放相关教学视频,帮助组员进一步掌握社会保障卡的使用方法
30 分钟	角色扮演,加强预防	1. 社工系统讲解养老保险相关知识。 2. 分组扮演角色:一组模拟城市老年人生活的场景;二组模拟农村老年人生活的场景;三组模拟购买养老保险的流程。 3. 社工引导组员讨论这三种模拟场景包含了什么道理,并引导组员形成对保险的结论性认识,提升她们的保险意识

续表 5.6

所需时间	活动环节	活动内容
10 分钟	交流情况,总结内容	1. 组员分享各自的参保情况,谈谈感受。 2. 社工进行简单的总结,并感谢组员的配合,预告下次小组活动的内容与时间

2. 具体服务过程

8 月 13 日晚上,社工提前半小时来到会议室,做好本次活动的会场布置工作。组员陆续到达,社工了解了大家上一周的工作生活情况。组员 A5 表示,在社工的帮助下,她的孩子已经申请了贷款,解决了大学学费问题,家人的焦虑情绪得到缓解,孩子与她的关系也更亲近了。组员 A9 表示,她工作不稳定,这么多年一直在帮丈夫还赌债,现在赌债差不多还清了,却发现这么多年几乎没有为自己的将来考虑过。如今年龄日渐增长,体力也大不如前,分享时组员 A9 几度哽咽。社工认为 A9 的焦虑情绪引发了应激反应,及时联合其他组员对她进行了疏导与安慰。几分钟后,A9 的表情舒展了许多。社工乘机转移了组员的注意力,并切入正题。

社工向组员展示了社保卡,解释了社保卡的缴费方式、功能以及使用方法。组员 A3 提出疑问:自己每年交的医疗保险去了哪里? 社工对她的疑问做了详细解答,指出城镇居民医疗保险的征缴与使用机制,并介绍了居民医疗保险与职工医疗保险的区别。在角色扮演环节,社工拿出了事先准备好的剧本,在对剧本进行简单介绍之后,组员各自选择了合适的角色。在本小组中,有一名小学学历的组员,识字水平较低,阅读剧本有困难。因此,社工主动将剧本内容解释给她听,并精简了部分台词,鼓励并支持她快速记忆,完成角色扮演。在社工的引导下,该成员顺利地完成了任务,露出了自信的笑容。

本小组的部分组员已经购买了养老保险。在讨论环节,社工将"话语权"交到了具有养老保险购买经验的组员手中,由她们来分享购买保险的细节与感受。社工全程参与,并适时解答组员的疑问。本次活动接近尾声时,有组员提出自己想购买一份养老保险,解决自己的养老问题,减轻子女的赡养负担。对此,社工表示支持,并表示会配合组员联系相关资源,陪她办理相关保险业务。

3. 活动小结

小组活动已经进行了四次,组员之间已经非常熟悉。活动开始前,部分组员已经展开了热烈的讨论,也对本次活动表现出积极的态度。社工运用询问、倾听和鼓励等技巧,掌握了组员近期的生活状况,鼓励组员以积极的心态面对生活,活出更加自信的自己。在本次活动中,社工仅通过复习上周的活动内容就达到了热场效果,引导组员进入核心话题。本期活动也暴露出一些问题,例如,社工对组员的信息掌握得不够充分,在组员分享阶段差点没控制住现场。这为下一次的小组活动设计提供了方向。

本次角色扮演活动收得了良好的效果。一方面,角色扮演活动有助于巩固组员间的信任关系。另一方面,角色扮演也能帮助组员预演未来的场景,通过场景展现,全方位帮助组员理解养老保险的重要性。当然,角色扮演活动本身具有较大的开放性,在主题选择、环境创设、内容设计等方面对社工提出了更高的要求。社工应正确把握角色扮演发展态势,关注组员的情绪变化。总体而言,本次小组活动达到了预期目标,组员表现出较大的活力。

(五)第五次小组活动:投资理财得收益

活动时间:2021 年 8 月 20 日 16:30—17:30。

活动地点:X 村党群服务中心。

活动目标:帮助组员了解个人投资的方式和形式,实现收支平衡和财务安全,保障必要的资金流动性。

1. 活动内容

具体活动内容如表 5.7 所示。

表 5.7 第五次小组活动安排

所需时间	活动环节	活动内容
5 分钟	巩固知识,提出观点	回顾上次小组活动的内容
15 分钟	投资艺术,寻找答案	社工讲解什么是投资,为什么要投资以及投资机会与风险、投资规划的制定
30 分钟	关注现实,激发兴趣	1. 社工展示投资案例,鼓励组员进行讨论,引导组员学习如何识别和规避风险。 2. 本村能人分享投资经验。 3. 提问环节,组员与能人交流投资心得
10 分钟	查缺补漏,继续完善	社工对小组活动进行总结,预告下次小组活动的主题与时间安排

2.具体服务过程

8月20日下午,社工提前半小时到达会议室,并准备好了培训材料。简单回顾上次活动的内容之后,社工与组员在轻松愉悦的环境中开始了投资内容的学习,主要学习四个方面的内容:什么是投资,为什么要投资,投资机会与风险,投资规划的制定。由于学习能力和思考能力有限,组员对投资理论知识表现出较为懵懂的学习状态,这在社工的预料之内。投资与理财知识体系较为庞大,并且在不断发展。因此,为了收到更好的培训效果,本次小组活动更加注重组员学习案例的体验,以案例讲解为主,将投资的各部分内容串联成一个完整的投资与理财知识体系。组员可以根据自身的经济水平和投资风险偏好,自主地进行投资规划,成为主动投资的探索者。

本村的投资能人结合本地产业发展情况为组员讲述了她的投资历程。分享人介绍了自己的成长经历以及投资经历。组员们听得津津有味,社工也放松了心态。分享过后,社工总结了分享人的投资经验,有针对性地提出了组员们感兴趣的话题,请求分享人解答了相关问题。然而,在分享环节,有一个组员产生了抵触情绪,认为自己没有钱进行投资,不愿意听他人"炫耀"。社工注意到了那个组员的情绪,对她的言语进行了引导,防止其他组员的情绪受到干扰。在案例分享结束之后,社工引导大家科学投资,支持大家将自己可以利用的资源最大化,为自己争取利益,也鼓励组员之间互帮互助,在其他人有需要时主动给予帮助。

3.活动小结

本次小组活动内容与投资有关,社工对这方面的认知较为有限,这要求社工丰富培训内容以弥补自身能力缺陷。因此,社工邀请了一位具有丰富投资经验的本地女性作为分享嘉宾,并做好活动预演工作。

在分享过程中,社工注意观察组员的表情与神态,不断活跃气氛,让每一个组员都积极参与其中,但仍然出现了组员不配合的现象。针对这类意外情况,社工运用了共情技巧进行引导,减弱组员的抵触情绪。要组织好一场小组活动,社工不仅需要扎实的专业知识,而且要具备应急能力和协调能力。而要具备这些能力,社工就要在实践中不断训练,积累经验。

综合而言,投资案例的介绍以及本村能人的投资经验分享对大部分组员具有非常显著的激励作用和促进作用,第五次小组活动达到了预期的效果,组员基本能够正确认识投资的作用。

(六)第六次小组活动:同心同行创未来

活动时间:2021 年 8 月 27 日 19:30—20:30。

活动地点:X 村党群服务中心。

活动目标:帮助组员发现自己的闪光点和优势资源,增强她们的信心,处理好离别情绪。

1.活动内容

具体活动内容如表5.8 所示。

表5.8　第六次小组活动安排

所需时间	活动环节	活动内容
15 分钟	三人四足,拉近距离	1.进行"三人四足"比赛。 2.组员分享游戏心得,社工介绍"木桶理论"
10 分钟	科学后测,检验成果	发放农村女性贫困脆弱性金融素养得分量表,要求组员完成填写
10 分钟	成员自评,反馈效果	发放小组活动满意度调查表,邀请组员现场填写
25 分钟	离别之际,互赠寄语	1.回顾前五次的小组活动内容,谈谈自己的成长。 2.互赠离别寄语,建立聊天群,全体人员合影留念

2.具体服务过程

8 月 27 日晚上,社工提前到达培训场地,为最后一期活动做准备。组员陆续到达会议室,个个衣着整洁、精神饱满。第六次小组活动是培训小组的最后一次活动,为了巩固组员之间的团体协作能力,社工带领全体组员在社区党群服务中心门口,举办了一场"三人四足"的团体竞赛,随机抽取 3 人为 1 组,一共进行 3 轮比赛。在这场比赛中,有的组员走几步就摔倒了,但是其他组员没有抱怨,而是扶起组员继续完成比赛。在组员的相互配合之下,各小组都完成了比赛。社工及时总结,并鼓励大家互相支持、积极配合,埋怨会导致失败,只有团结一致才能赢得胜利。

接着,社工先后发放了农村女性贫困脆弱性金融素养得分量表以及小组活动满意度调查表,评估了组员的金融培训效果。在社工的带领下,组员回顾了活动内容,互相交流了活动感受,个别组员流露出对组员及社工的不舍之情,并且询问社工能否继续组织活动,提供继续学习金融知识的机会。

社工感谢大家对自己工作的支持与理解,并肯定了所有组员的学习成果。然而,天下没有不散的筵席,社工表示大家难以再聚齐,但是共同生活在一个地方,有非常多的见面机会。组员互相诉说心里话,并建立聊天群。社工鼓励大家互帮互助,如果在后续的生活中遇到困难,可以在这个平台寻求帮助;组员们应该积极为朋友出谋划策,建立一个互帮互助的妇女团体。

3.活动小结

本次活动是农村女性金融培训的最后一期。组员之间已经非常熟悉,部分组员对社工的依赖程度较高。所以在本次活动中,社工需要给组员充足的时间处理离别情绪。一方面,社工要及时处理组员给出的众多散乱信息。另一方面,社工要稳定组员的情绪,给予组员发展的希望和信心,与组员一起畅想未来生活,巩固服务效果。

五、案例评估

本次小组活动主要采用两种测评方法来检验成果:一是对组员进行金融素养前测与后测,了解通过为期约一个月的教育活动,组员的金融意识、金融知识、金融技能的变化情况,根据介入前后的变化,检验本研究是否取得了预期的成效;二是邀请组员对小组活动进行满意度测评。

(一)改善了组员的学习状态

在小组活动满意度调查表的意见栏中,一个组员填写了以下内容:"小组活动开始前,老师会提出问题,让我们带着问题探讨生活中的事情。我们自己解决不了问题的时候,可以向老师提问。我觉得这样学习起来非常有趣,而且能够给我们思考的机会。我觉得自己的进步非常大。"从组员的学习状态来看,一个月规律性的学习不断激发她们培养学习意识,内化知识,形成记忆储存在大脑里。

良好的学习状态是农村女性自我发展的重要保障。对于那些长期故步自封的女性来说,良好的学习状态能够帮助她们激发进取精神,获得发展动力。多个组员表示,在培训之前,自己遇到困难时会选择避开难题,不愿意动手、动脑筋,因此错过了很多发展的机会。但是,在培训之后,她们对金融产生了浓厚的学习兴趣,渴望将学习到的金融知识付诸实践。

(二)提升了组员的金融素养

本小组以检验金融社会工作在提高农村女性金融素养、缓解农村女性贫困脆弱性的服务效果为目标,设计了农村女性贫困脆弱性金融素养得分量表。该量表共设置了 16 道选择题,从储蓄、信贷、保险和投资这四个维度对她们的金融素养进行考查。该量表在小组活动开展前和开展后使用,通过组员的知识掌握程度变化,即做题的正确率,来判断她们参加小组培训前后金融素养水平的变化。

测量结果如表 5.9 所示。9 名组员的前测平均正确率为 34.72%,处于中等偏低水平。在参加了 6 次小组活动之后,她们的正确率得到了明显提高。后测数据显示,9 名组员的平均正确率达到了 84.72%,与前测数据相比,增长了50 个百分点。本小组介入在提升农村女性金融素养方面取得了不错的成绩。因此,本研究认为,金融社会工作能够缓解农村女性的贫困脆弱性,帮助她们摆脱贫困,获得长远发展。

表 5.9 小组成员金融素养前、后测情况

小组成员	前测正确率	后测正确率
A1	25.00%	81.25%
A2	50.00%	87.50%
A3	31.25%	75.00%
A4	37.50%	75.00%
A5	37.50%	87.50%
A6	43.75%	93.75%
A7	18.75%	81.25%
A8	37.50%	100.00%
A9	31.25%	81.25%
平均值	34.72%	84.72%

(三)增强了组员的社交能力

在小组活动后期访谈中,组员对社工坦言:"我们基本上都是从别的乡镇嫁过来的,跟这里的人不太熟。在这里生活的时间长了,我们跟娘家的亲戚朋友来往也少了。在这里也只跟几个亲戚走得近,但是大家都忙,没时间聚在一起。

所以我特别感谢这个平台，让我们在这个村子里多了一些朋友。有了这个平台，我们可以一起商量事情，可以一起聊聊天。"

相较于城市，农村更加封闭，生活在农村的女性更加缺乏与外界交流的机会。与此同时，农村女性受到自身能力的限制，社会参与水平较低，很难获得提高生活水平的资源与机会。本研究以促进农村女性发展为目标，帮助她们获得更多的资源，积极推进农村女性与其他组员的交流，唤醒农村女性参与社会交往的意愿，扩大她们的交往范围，构建同质化的社会支持网络，达到增加她们的社会资本、改善她们的发展环境的目的。总而言之，本期金融培训小组证实了金融社会工作能够促进农村女性与外界的交流，提高她们的社会交往能力，有助于应对农村女性的社会发展困境。

六、专业反思

(一)结论

长期以来，农村女性无论在经济方面，还是在社会处境上都处于劣势地位。她们的需要和诉求难以得到家庭和社会的充分重视和满足。农村女性的发展与土地相关，她们的权益在传统的土地经济中得不到保障。她们既接受了土地的滋养，也受到了土地的束缚。随着现代产业结构的调整，工业和服务业不断发展，农村女性得到了更多的就业机会，获得了更广阔的发展空间。她们有机会摆脱土地的束缚，获得更高的收入和社会地位。因此，我们要抓住时代发展的红利，增强农村女性的发展意识，提高农村女性的经济掌控能力，社会工作在这方面大有可为。

本次社会工作小组活动的过程评估结果和内容评估结果都可以证明，本次小组工作介入达到了帮助组员学习储蓄、贷款、投资、保险等方面的金融知识和技能，提升金融意识，发掘组员的优势，帮助组员掌握获得社会资源的方法和手段，全方位缓解组员贫困脆弱性的预期目标。金融社工运用专业的方法和技巧，通过小组活动引导组员积极参与，引导她们发掘自我潜能，走上自我提升和发展之路，从而提高经济地位，实现家庭和谐发展。

(二)建议

1. 持续加强对农村女性的金融教育，提升其金融素养

研究表明，提升农村女性的金融素养是缓解其贫困脆弱性的有效手段。因

此,对农村女性进行金融教育必须持之以恒地坚持下去。社工除了要经常深入农村开展小组工作,还要联系妇联、村委会以及相关的金融机构,通过举办学习班、联谊会、讲座等多种形式,为农村女性定期开展金融教育活动。

2. 为农村女性提供必要的金融资源

作为社会资源的链接者,社工可以积极与相关机构合作,寻求各部门的支持,寻求优质的服务资源以发挥农村女性的优势。在我国大力推进普惠金融事业高质量发展的背景下,金融社工可以联合金融机构向农村女性推广金融扶贫政策,争取小额信贷、农业保险等金融服务,帮助农村女性自主创业,增进农村女性福祉。同时,金融社工可以发挥专业力量,借助金融教育小组服务平台,团结广大农村女性,推动建立村级妇女金融互助协会,发挥农村女性的组织管理能力,鼓励农村女性参与社区事务,推进两性平等,发挥农村女性的主力军作用。

3. 联合村级部门为农村女性共建良好的发展环境

建设适合农村女性发展的社区环境,是解决农村女性相对贫困问题的必然选择。金融社工联合村级部门,创设适宜农村女性的发展环境,能激发她们学习金融知识的热情,吸引她们主动参加金融培训活动。社工可以联合妇联或者村委会等组织,在农村大力宣传女性模范,激发农村女性的看齐意识,激励其他村民一起参与到金融教育中,提升农村女性的金融风险防范意识和金融能力,缓解农村女性的贫困脆弱性。

4. 积极倡导和促进农村家庭文化建设,推动男女平权的新乡风、民风建设

时至今日,"男尊女卑"的封建残余思想在农村仍未彻底根除,这是造成农村女性相对贫困和影响农村女性发展的重要原因之一。社工应积极从系统的视角出发,改变农村女性生存和发展的生态,积极倡导和促进农村家庭文化建设,推动男女平权的新乡风、民风建设。

一方面,从农村女性入手,利用为农村女性提供社会工作服务的机会,激发她们的性别意识,鼓励她们突破性别的束缚,帮助她们找到生命的意义。社工应该及时强化服务对象的积极反应,在服务对象寻求帮助时,及时予以回应,从而与她们建立良好的信任关系。

另一方面,社工应帮助农村女性形成女性形象多样化的认知,引导她们肯定自身的经济价值,引导村民认识到女性并不只是消费者,也是生产者,改变农

村居民对女性地位和角色的认识，倡导全社会关爱女性，形成全社会支持女性全面发展的风气。

（根据江西财经大学 2022 届 MSW 论文《后扶贫时代缓解农村女性贫困脆弱性的小组介入研究——以江西赣南贤村为例》编写，论文作者赖苑琴，指导教师吴时辉。）

案例点评

本案例是针对江西 X 村的农村女性开展的一个教育性、成长性小组，目的是帮助农村女性掌握基础的金融知识和技能，建立组员互助网络，从而缓解农村女性的贫困脆弱性。在后扶贫时代，农村女性因为处于相对弱势地位，返贫的概率较高。其中，金融素养较低是重要的因素之一。本案例选取了 X 村 9 名成年女性作为服务对象，开展以提升农村女性金融素养为核心内容的小组活动。社工设计了 6 次活动，主要为服务对象提供了包括储蓄、贷款、投资、保险在内的金融知识和技能教育活动。整个小组活动的实施比较顺利，通过小组评估，我们看到组员的满意度比较高。社工克服了农村女性自身教育水平较低、对社会工作比较陌生等障碍，充分发挥小组领导者的角色，调动组员的积极性，并在融洽的氛围中解决组员的问题。本案例所采取的评估方法也可圈可点，除了设计了量表，还对服务对象进行了无结构式访谈，能够更全面地了解服务对象内心的想法。

虽然本案例取得了不错的成绩，但也存在以下局限与不足：

首先，本案例对服务对象的需求评估还有待深入。尽管社工进行了抽样问卷调查和访谈，对 X 村农村女性的贫困脆弱性和金融素养问题进行了比较深入的分析，但是将这些问题作为农村女性的需求未免有些笼统和武断。对服务对象进行准确的需求评估是开展小组活动的基础。如果需求评估做得不够深入，小组活动设计就更多地出自社工自己的主观判断，直接影响小组活动方案的科学性。

其次，本案例选取的服务对象过多。考虑到农村女性文化水平不高且家务事繁多，选择 9 名服务对象使小组规模略显庞大，在开展小组活动过程中难免会出现人不齐、组员注意力不够集中、学习进度不一等诸多问题。如果报名人数过多，社工可以将其分为实验组和对照组，不仅方便管理，而且可以更好地对照评估小组活动的成效。

再次,小组活动设计内容过于宽泛,焦点不够集中。诚然,社工希望通过小组活动提升服务对象的金融素养,但是通过几次活动就想让服务对象掌握储蓄、贷款、投资、保险等金融方面的知识和技能,存在较大的困难。更为可取的方法是在需求评估中了解服务对象当前最需要解决的金融问题,从而使小组活动的内容更具有针对性。

（唐俊）

第六章 农村低收入群体金融增能的个案介入

一、问题背景

（一）个案背景

2020年，我国脱贫攻坚战取得了全面胜利，在全国范围内彻底消除了绝对贫困，全面实现小康社会。但是，由于自然资源和人力资本的限制，我国仍有低收入群体。尤其是在农村，农民增产增收的手段十分有限。根据国家统计局2020年统计数据，当年农村居民人均可支配收入17131元，其中低收入组家庭农村居民人均可支配收入4681元，距离当年农村居民人均可支配收入中位数15204元仍有相当大的差距。如何帮助农村低收入群体实现收入稳定增长，是我国进入小康社会以后巩固扶贫成果、实现乡村振兴和全民共同富裕的中心任务之一。尤努斯（Yunus）通过开办格莱珉银行，为低收入群体进行金融增能，帮助他们实现脱贫的经验值得我们借鉴。

Q村位于江西省南部，两面环山，一面为丘陵。全村有14个村小组，522户，共计2592人，耕地面积300亩，山林面积520亩。产业结构不平衡，第一产业发展潜力不高，第二产业、第三产业发展滞后。由于历史原因、自然限制、居民观念落后，Q村产业薄弱，信息闭塞，教育落后，一度是江西省扶贫工作的重点帮扶对象。2019年，在中央精准扶贫政策的指导下，Q村实现了脱贫摘帽，全村20户贫困户全部脱贫。全村行政区域所辖自然村已经基本实现村村通公路，交通问题得到了大幅改善；通过村办企业和招商引资增加工作机会，劳动力流失问题也得到了改善。大量外出打工的青壮年劳动力回村就业，一方面增加了经济收入，提升了幸福感，另一方面增强了Q村村民的归属感和稳定性。这对于巩固扶贫工作成果具有很大的积极作用。

Q村取得了脱贫攻坚战的重大胜利，但仍然存在返贫风险。2019年，Q村所有居民人均可支配收入16674元，其中低收入群体人均可支配收入仅4836元，远低于村平均水平，且低收入群体存在不同程度的借贷和负债问题，负债平均值约为3792元。通过对Q村低收入群体进行摸底和走访得知，Q村低收入群体存在长期患病、劳动力不足、技能缺失、产业发展困难等方面的问题。

（二）呈现的问题

本研究选取 Q 村低收入家庭中的 L 为个案介入对象。L，男，58 岁，患有遗传性癫痫病，儿子 J 因遗传也患有此病。近几年，父子犯病较为频繁，L 失业，J 退学。父子二人频繁看病导致家庭经济压力巨大；家庭劳动力不足又导致家庭收入下滑。L 家已经花掉了全部积蓄，而且欠亲戚 2 万多元。

之前，L 在外地从事建筑相关的工作，因此可能具备一定的经济和金融方面的基础知识。妻子在家里务农，每年能获得 1 万余元的收入。由于儿子 J 病情恶化，用药频率越来越高，支出随之增加。失业后，L 回家与妻子共同务农，收入下降，加上医疗支出，经济负担较重，心力交瘁。

二、总体评估

1. 金融素养评估

对 L 的金融素养评估包括金融知识、金融能力、金融意识以及金融态度四个方面。

（1）金融知识

对于非专业的普通民众来说，金融知识主要是指其对金融产品、机构、贷款等基础金融知识与概念的了解程度。在整个访谈中，社工询问了 L 对扶贫政策、银行、理财产品、小额贷款等金融知识的了解，通过李克特量表（Likert scale）对 L 的金融知识掌握程度进行量化。结果如表 6.1 所示。

表 6.1　金融知识

	很弱	较弱	一般	较强	很强
基础概念			√		
银行知识		√			
理财知识	√				
扶贫政策	√				
惠民政策	√				
得分	1.50				

L 曾经外出打工，对银行的功能具有一定的了解。例如，L 知道银行存款分

为活期和定期,以及两者利率的差别。但是,L对更深层次的金融知识了解不足,例如中国人民银行的职能、扶贫政策、医保政策等,无法区分国有银行和商业银行在功能和业务方面的差异。

(2)金融能力

金融能力是指研究对象目前所具备的通过金融活动实现财产增值的能力,与研究对象的家庭人员组成、家庭收入、家庭财富积累、未来发展潜力有关。综合来看,L的金融能力可以用李克特量表量化。结果如表6.2所示。

表6.2 金融能力

	很弱	较弱	一般	较强	很强
健康状况		√			
劳动力情况		√			
目前的收入		√			
家庭积蓄	√				
收入潜力	√				
收入稳定性		√			
得分	1.67				

(3)金融意识

金融意识是指人们自主参与存款、投资、贷款、投保等方面来实现预期的资产增长目标,增加个人财富,提高风险抵抗能力的意识。具备一定金融意识的人可以在短期内保证收入的稳定和家庭的生活水平,从长期来看可以实现财富增值和风险防控,避免返贫现象的出现。通过访谈,从小额贷款申请、理财产品选择、理财产品结构、投资意向等几个方面评估L的金融意识,用李克特量表量化。结果如表6.3所示。

表6.3 金融意识

	很弱	较弱	一般	较强	很强
小额贷款申请		√			
理财产品选择		√			
理财产品结构	√				
投资意向	√				
得分	1.50				

（4）金融态度

L 的金融态度主要分为两个方面：一是对金融活动，例如理财、保险、贷款等的态度和接受程度；二是对扶贫人员、研究人员、金融工作人员等相关人员的态度和对金融增能工作的接受程度。根据访谈内容，采用李克特量表对 L 的金融态度进行量化。结果如表6.4 所示。

表6.4　金融态度

	很弱	较弱	一般	较强	很强
金融机构		√			
理财方式	√				
金融知识			√		
相关人员		√			
得分	2.0				

综上所述，整体来看，贫困户 L 的金融素养较低。其中，金融知识和金融意识维度的量化得分最低，说明 L 需要着重提升这两方面的能力和素养。同时，L 对金融知识和相关人员的态度给金融增能的个案介入研究提供了可行性。

2. 金融资源需求评估

通过对 L 的问题进行收集和基于访谈对 L 的金融素养进行评估之后，社工较为准确地了解了贫困户个案 L 的经济现状、贫困原因、金融素养情况等信息。根据初步的信息收集和分析情况可以得知：

首先，在经济援助方面，L 需要获得相关方面的支持，尽快摆脱眼前的窘境。

其次，L 需要获得医疗保险和医院方面的资源和支持，最好能够通过减免医药费用、补贴医疗支出等方式实现增能。

再次，为了改善贫困户个案 L 的金融现状，社工需要通过产业帮扶来实现金融增能，提高 L 的可持续发展能力，

最后，为了提升 L 的金融素养，社工还需要寻找资源对其进行提升金融素养的培训和教育。社工可以通过联系县城和附近的银行等金融机构的相关人员，获取提升贫困户的金融素养所需要的资源。

三、问题的确定及介入目标

（一）问题的确定

目前，L 还存在以下几个方面的问题：

首先,短期内 L 生活的最大障碍是父子二人的疾病带来的经济压力。父子二人患病直接消耗了家庭前期积累的财产,并且正在透支 L 未来的金融能力。因此,通过介入,首先要解决的问题便是如何减小医疗的经济压力。

其次,为了增加 L 家的收入,需要让 L 获得再次就业的机会。但是,考虑到身体情况,L 并不适合进行远距离、大体量的体力劳动。因此,如何帮助 L 寻找适合其现有劳动能力的就业机会,进而增加家庭收入、提高生活水平,是另一个需要解决的问题。

再次,L 的家庭成员金融素养整体不高,导致 L 对自身的金融财产保护和配置的意识和能力缺失,在面对风险时抵抗风险的能力不足。

最后,L 缺乏可持续发展的产业,收入较低,在资金、理财等方面的需求非常迫切,需要进行教育、技能、科技、金融等方面的增能建设。

(二)介入目标

1. 总目标

通过个案介入,激发 L 对美好生活的向往和信心,提升 L 及其家庭成员的金融素养,形成可持续发展的家庭产业,提高 L 的家庭收入,从而激发 L 及其家庭成员对美好生活的信心。

2. 具体目标

第一,帮助 L 办理医保,申请低保,提高经济能力,解决当前的主要困难,保证生活质量。

第二,加强宣传教育,进行心理干预,让 L 对生活和未来产生足够的信心。

第三,提升 L 的金融素养,帮助他建立个人发展账户,巩固脱贫攻坚成果。

第四,通过就业帮扶、产业扶持的形式,推进银社对接,联系小微金融资源,帮助 L 建立家庭农场,形成可持续发展的家庭产业。

四、理念和价值观

(一)微型金融理论

微型金融(microfinance)理论起源于小额信贷实践。小额信贷通过向贫困人群提供无须抵押担保、额度较小的持续贷款服务,帮助他们摆脱生产生活困境。小额信贷在 20 世纪 70 年代在孟加拉国、巴西等国取得了巨大的成功,丰富了传统意义上的信用贷款和扶贫融资形式。但是,小额信贷只能为贫困群体提供形式单一的贷款服务,无法满足他们除贷款外的资金流通、投资理财、保险等多元化的金融服务需求。因此,向贫困群体提供全面金融服务的"微型金融"理念应运而生。

相比小额信贷,微型金融的外延有了全面的扩展,不仅表现在金融服务范围扩大,为贫困群体提供储蓄、保险、理财、转账等全方位的金融服务,而且表现在服务机构增加,从小额信贷机构扩展到包括商业银行在内的正规金融机构。微型金融的理念也从小额信贷的扶贫功能扩展到帮助贫困群体获得包容性的金融服务,从而实现自我积累的可持续发展。

根据运营目标的不同,微型金融的制度模式主要分为制度主义模式、福利主义模式和混合主义模式。制度主义模式的理论基础是基于制度分析的规则公平的价值观,其最重要的原则是非歧视原则,即通过非歧视规则对个体行为加以约束,在保障个体自由的基础上实现过程公平。福利主义模式的理论基础是平等的福利权益价值观,即每个公民不因主体差异而享有差别性福利权益,其追求的社会公正不仅是规则公平,更多的是通过为不同的个体提供必要和及时的生活和发展支持来减少贫困、消除差距,充分体现了经济社会发展观和人本思想的内在统一。混合主义模式可看成是制度主义模式和福利主义模式的有机结合。它以福利主义为宗旨、以制度主义为手段。其价值观在于确立社会个体享受金融服务的基本平等权利,强调有效、全方位地为社会所有阶层和群体提供服务,尤其要为金融体系还没有覆盖的社会人群提供服务。

(二)资产建设理论

资产建设理论(Assets Construction Theory)认为,贫困的根源不在于收入的差距,而在于资产的差距。提高穷人生活水平和福利水平的方案应当建立在资产之上。社会政策以资产建设为基础,而不是以人们的收入水平为基础。这一理论对许多国家的社会政策制定产生了深远的影响[①]。

根据资产建设理论,仅仅通过经济补助的方式提高贫困人口的经济收入,只能在短期内满足贫困人口的基本生活,而无法让贫困人口脱离贫困。资产能够通过多重福利效应在帮助低收入人群解决经济问题的同时提升未来的发展

---

① 迈克尔.资产与穷人:一项新的美国福利政策[M].高鉴国,译.北京:商务印书馆,2005:147.

潜力①。对于穷人,不应该只给予物质救济,更应该注重心理促进②。

(三)增能理论

增能理论又称赋权理论,是一种协助个人、家庭、团体和社区获得发展能力的社会工作理论。该理论认为,弱势群体之所以弱势,是因为缺乏生活能力、表达自我价值的能力、与他人合作的能力和控制公共生活各领域的能力。要改善弱势群体的状况,就必须赋予弱势群体成员各种正面或积极的权力和能力。社工可以分别从个人(强调塑造自我形象,重获控制自己生命的信念)、人际关系(强调人与人之间的平等,建立起与别人共处的能力)和社会环境(强调通过学习去争取社会资源的平均分配,赋予组织、公民参与社区决策的机会)三个层面来实践赋权理论。这一理论旨在通过一系列的方法为增能对象在心理和经济上赋能,提升这两方面的能力,重拾自信,获取资源③。

五、介入过程

本次金融增能的过程将从个案对象心理建设、低收入问题解决、金融素养提升等几个方面,开展为期2个多月、6个阶段的个案介入。

(一)第一阶段:建立关系

介入时间:2020年8月17日。

介入地点:L家中。

活动目标:通过接触消除初次介入的陌生感,通过村支书等人介绍社工的身份,完成对案主的访谈。

活动时间:2小时。

主要在场人员:案主L、妻子张某、儿子J、村支书、有关工作人员。

主要内容:社工第一次与案主接触,通过熟人、语言、肢体动作等让案主感到放松和安全,让案主在心理上放下戒备心,接纳社工。在建立信任关系后开展访谈,了解案主的详细情况。

社工是第一次与案主接触,为了避免尴尬和消除陌生感,社工邀请了与案

---

① 孙炳耀. 城镇低收入人群住房福利制度探索[J]. 经济研究参考,2004(39):36.

② 刘振杰. 资产建设:新农保的新理念和新范式[J]. 中共中央党校学报,2011,15(4):49-52.

③ 何雪松. 社会工作理论:第2版[M]. 上海:格致出版社,2017:154-157.

主较为熟悉的村支书等人共同前往。

村支书:L,今天来呢是有个好消息要告诉你。这位是江西财经大学社会工作专业的高才生,了解到你们家的贫困情况,特意过来看看,想帮你们高效率地富裕起来。

L:社会工作? 没听过,干什么的?

…………

村支书:你们尽可能把家里的情况和困难跟我们说说,说得越多,我们能帮你们的越多。毕竟小J那个病也需要钱,我们都明白。

L:家里主要的经济压力就是看病问题。我身体不好,也不能再外出打工,小J看病花了不少钱。

社工:看病这块的确是家里支出的大头,村里面考虑到这个情况会先帮你解决医保的问题,另外还会帮你申请低保。这样你每个月就有一定的收入,不至于生活不下去。

有关工作人员:只要手续和材料齐全,我把医保办公室的咨询电话给你,你直接打电话问一下,到时候直接去办就行了。

在这一阶段,通过聊天的方式,结合访谈提纲,社工引导案主尽可能详细地介绍自己的情况。在沟通过程中,案主一开始并不信任社工,也并不相信社工能够帮助自己。随着沟通的深入,案主与社工初步建立了信任关系。社工了解了案主的情况,也完成了对案主的访谈,介绍了医保和低保的相关政策,赢得了案主的信任。

(二)第二阶段:协助建立个人发展账户

介入时间:2020年9月2日。

介入地点:L家中。

活动目标:以医保和低保为开端建立案主的个人发展账户,解决案主眼前的经济问题,引出金融相关话题。

活动时间:1小时30分钟。

主要在场人员:案主L、妻子张某、儿子J、有关工作人员。

主要内容:通过医保和低保解决案主急需的部分资金,以此为切入口,向案主介绍个人发展账户的概念与意义,并指导其开始规划与建立个人发展账户;在此期间通过与案主交谈与沟通引出各方面的金融知识,引导案主进行探索与学习。

社工:L哥,今年初村委组织给咱们办了医疗保险。现在这些病国家都有帮扶政策,您不用太担心。您整理一下看病的病例、票据,通过医保可以报销一部分钱,看病这一块的压力会小很多。

L:医保给我和儿子看病帮了大忙,以后看病的压力就小很多了。

有关工作人员:医保和低保基本办妥了,以后你看病方面不用太担心,想想以后怎么好好过日子吧。

社工:嗯嗯,目前有了医保,看病的压力减少了一点。之后咱们再通过劳动、理财等,把家里的经济收入提上来。另外,我建议您定一个计划,去银行开个户,把家里的劳动收入、低保收入、医保收入以及其他的一些收入存进去,然后规划分配一下,有计划地花钱,不至于顾前不顾后。

张某:说得对。现在眼下的问题解决了。这是个好方法。

本次工作在第一次访谈赢得案主信任的基础上开展,顺利许多。解决医保和低保问题后,社工建议案主建立个人发展账户对今后的收入和财产进行规划,并介绍了个人发展账户的优势和操作方式,引导案主关注个人发展账户的建立,进而引出相关的金融知识,通过对美好生活的描述激发案主的好奇心和探索欲。

(三)第三阶段:通过金融知识增能提升金融素养

介入时间:2020年9月18日。

介入地点:L家中。

活动目标:确认低保与医保的落实情况,对案主进行一次金融知识科普培训活动。

活动时间:3小时。

主要在场人员:案主L、妻子张某、村支书、有关工作人员。

主要内容:在前两次介入的基础之上进行金融增能。本次介入工作主要分为两个模块。首先,有关工作人员对现有的精准扶贫政策进行完整、详细的介绍和解读,并指出案主目前的状况适用哪些扶贫政策。然后,社工讲解基础金融知识,通过一些通俗易懂的方式,介绍银行存款、利率、理财、保险、资产配置等概念,进一步提升案主的金融素养,增强案主的脱贫信心和对未来的期待。

社工:L哥,上一次去报销的医药费都已经下来了吧? 低保已经发了,稍微能帮家里减轻一点困难。这次来呢是想给您宣传一下扶贫、存钱的知识。

L:政府办事效率很高,钱都已经到了。这次多亏了你们,我才知道医保怎么用,也知道了电话该打给谁。

有关工作人员:今天我来是想给你们宣传一下扶贫政策。现在国家主要推行精准扶贫,根据贫困户的真实情况来定,点定向地扶贫。

…………

村支书:老L,隔壁X村开了个大型养鸡场和一个生态农庄,你们夫妻俩有空的时候可以去那儿帮帮忙。

社工:今后扶贫政策会越来越好,村支书也会尽量帮你们找一些就近工作的机会。等拿了工资,你们就有足够的收入维持日常开销。

L:是是是,说得有道理。但是我对理财也不懂啊,就会存银行拿点利息。

社工:银行存款是一方面,理财还有很多方式。

本次介入较为顺利,能够明显感觉到案主的抵触情绪较前几个阶段有所减轻,案主能够敞开心扉与社工进行交流,诉说目前所存在的困难。案主表示,自己的文化水平不高,希望儿子小J能够通过读书改变人生。但是家里经济条件差,无法负担小J的治疗费用和学费,案主十分担忧。针对案主的这一想法,社工首先表示肯定,然后表示将寻求帮助J重返学校的办法。此外,本次介入通过培训学习的方式对案主的金融知识水平进行提升,并计划通过后续的帮扶进一步将金融知识运用于实践,以进一步提高案主的金融素养,实现金融增能。

(四)第四阶段:通过理财讲座提高贫困户的抗风险能力

介入时间:2020年10月4日。

介入地点:L家中。

活动目标:邀请县某银行的工作人员对L进行金融产品知识培训,指导L学习基金、存款、债券三种基础理财产品的相关概念。

活动时间:2小时。

主要在场人员:案主L、妻子张某、有关工作人员、银行志愿者。

主要内容:本次介入邀请了当地某银行的志愿者对案主进行培训和增能。通过银行的宣传资料系统地提升案主的金融素养,并且指出了适合低收入家庭的理财方式和思路,增强低收入家庭脱贫的持续性。

社工:L哥,今天我们继续来跟你们介绍一些银行、理财方面的知识。这位是我们县里来的扶贫志愿者,对银行的理财产品比较了解。

L:好的。上次说定期比活期利息要高,后面的基金什么的就没太听明白。

银行志愿者:L哥好。听扶贫办的工作人员说,您家贫困的这个状况已经有了很大的改善,经济能力提升了,肯定需要了解一些理财产品。

…………

L:那太好了,家里也能过得富裕一些。

银行志愿者:我带了一些资料,先给你们讲讲银行有什么服务,不同的服务和产品有什么区别。然后我会根据咱们家的情况,推荐几种理财方式,然后计算一下大概的收益。再者就是听一个防诈骗的小讲座,主要就是防止被骗钱,对你们的财产安全很有用。

在上一次金融基础知识科普的基础上,本次介入进一步对案主的金融素养和金融能力进行了提升。这些金融知识可以直接提高案主的家庭经济能力,在介入中工作人员更多地站在案主的角度思考问题和提出建议,因此案主配合度非常高。

(五)第五阶段:落实收入来源的问题

介入时间:2020 年 10 月 20 日。

介入地点:L 家中。

活动目标:确认各类扶贫政策落实情况,帮助案主增加收入来源。

活动时间:40 分钟。

主要在场人员:案主 L、妻子张某、村支书、扶贫办工作人员。

主要内容:由于病情反复,原本由村委联系并帮助安排的工作,L 无法继续胜任,再次面临失去收入的问题。通过沟通与协调,考虑让 L 暂时先做家庭小规模养殖,赚取收入。

村支书:老 L,医保和社保什么的都会用了吧?

L:会了,以后看病能报销很大一部分。但是养鸡场的工作,怕是要耽误了。我老婆腰一直不好,有时候干不了活,也不能耽误人家喂鸡。

张某:我老公这两天身体又不好了,干不了重活,养鸡场去不了。领导说送我们家几只小鸡崽,让我们在家里先养着。

…………

村支书:你们之前在养鸡场学到的技术,可以在自己家利用起来。我们会帮助你们从养鸡场获取一些鸡崽、饲料等基本物资。

社工:L哥,你在家养鸡,后期还可以让养鸡场收购多余的鸡肉和鸡蛋。上次我给你们介绍的那些存钱、理财的方法,也可以用上了。但是要注意防止被骗,只去正规的大银行存钱和理财。

L:好的,我会注意的。

案主L是家中的主要劳动力,妻子身体不好,无法承担强度较高的家务和工作。由于受教育程度低,经济状况较差,L一开始有很强烈的自卑心理,拒绝社交,排斥与他人沟通。随着介入的推进,L的心理状态得到了极大的改善,家里又有了欢声笑语。案主乐观的情绪也感染了妻子张某和儿子J。

(六)第六阶段:联系信贷资源,助力产业扶贫

介入时间:2020年11月5日。

介入地点:L家中。

活动目标:帮助案主在农村合作信用社申请小额贷款,建立家庭农场。

活动时间:2小时。

主要在场人员:案主L、妻子张某、村支书、有关工作人员、农村合作信用社工作人员。

主要内容:案主有一定的务农经验,且在村办的农庄里喂过鸡,有一定的经验,因此计划通过开办家庭小型养鸡场的方式来获得稳定的收入。社工在有关工作人员的帮助下,联系上了农村合作信用社的相关领导。领导表示助力贫困户的发展,提供小微金融资源十分有必要,愿意提供一定的小额贷款帮助案主,随后派信用社的工作人员与社工一同前往L家。

1.倡导城乡合作,支持产业发展

由于农产品供给弹性小,生产过程不仅受自然的影响,而且受市场的影响。加上生产周期长,农产品价格波动幅度大,一旦面临自然灾害,家庭农场的偿债负担就会加剧。因此,社工倡导城乡合作,公平贸易,争取社区支持农业,帮助案主和城市社区对接,实行订单农业。

社工:L哥,您好。上次了解到您生病的情况,我们很担心您的身体,也知道您现在不太适合出去务工。我觉得我们可以考虑在家里发展一些产业来挣钱,您觉得这个想法怎么样?

L:这个我和老婆也考虑过。但是我们怕亏本呀,怕生产的东西难卖出去。

社工:我们这次来就是帮助您的,开办家庭农场,保证可持续收入。试试看能不能通过让城市社区与我们对接,实现订单农业。

村支书:老L啊,考虑到你身体不好,要不我们在家里养点鸡、种点菜补贴家用吧!让社工帮你们对接城市社区。

随着家庭农场生产经营规模的不断扩大,贫困户始终面临较大的地租压力,并且Q村的地租多在生产前就要一次性支付。家庭农场生产经营规模越大,融资需求就越大。社工帮助案主对接城市社区的同时,还要对案主加强宣传教育,促进案主对金融风险的认知,开展心理干预,从而提高案主的抗压能力。

L:话是这么说,但是养鸡得买小鸡崽、饲料、药品,还得租地、搭棚。家里也没有多余的钱买这些呀。

村支书:这一点你不用太担心。我们咨询了县里农村信用合作社的领导,可以由村委出面进行担保,给你批一笔小额贷款作为你开养鸡场的启动资金。你看怎么样?

L:那可太好了,但是贷款这个能行吗?还有借钱的利息是多少呢?

社工:L哥,这个小额贷款就是针对您这样有需求的人群。有了这笔资金,您可以在家里开办小型养鸡场,增加收入。但是,您也得注意防范金融风险,毕竟投入的钱也不少。(开始金融安全知识宣传教育)

2.银社对接,借助小微金融信贷资源开办家庭农场

社工借助金融社会工作方法,帮助案主联系农村信用合作社,使案主获得5000元贷款作为产业成本。并且,社工协助案主管理好信贷资金,指导案主建立个人发展账户,提供理财支持辅导,协助案主开办小型养鸡场。

社工:L哥,这次我们专门拜访了县里的农村信用合作社,请来了信用社的工作人员,也请上面的领导批示过。他们能够帮到您。

L:那太好了。

社工通过申请政府财政性资金等社会资金,将其作为风险储备金,获得更多的银行贷款。通过办理医保和低保,案主获得了急需的部分资金。同时,社工还帮助案主争取到政府补贴养鸡场的基本物资,助力开办家庭农场。

信用社工作人员:L哥,您好。县里的领导也非常重视您的家庭农场发展问题,我们近几年也一直在做银社对接工作,通过小额信贷来促进乡村振兴。

L:是啊,资金问题解决了。我对自家开办的小型养鸡场也有了信心。

银社对接能够发挥社工在银行与贫困户间的桥梁和纽带作用,是解决有发展能力的贫困农民的资金问题的有效方式。

信用社工作人员:我们这次预计可以给您提供一笔5000元的贷款,用于养鸡场前期的支出和投入。贷款一年免息,超出免息期,利率也远低于普通的贷款。(开始讲解申请贷款所需材料,并讲解银社对接的相关政策)

社工:L哥,我帮您大概算了下,市场上一只小鸡崽的价格大概是3.5元,现在村里农场给您提供鸡崽,价格优惠,只要1.5元。每只鸡的防疫费用是0.2元,一只鸡到出栏的饲料费大概是15元,大棚、设备的购买费用大概是500元,平摊到每只鸡上大概是5元。现在土鸡在市场上可以卖30元/斤,一只3斤左右的鸡可以卖90元。这样每养一只鸡您可以挣20多块钱。100只鸡大概110天就可以出栏,这样算下来,每个月的平均收入肯定能超过1500元,不比您务工挣得少。

…………

L:太谢谢您了。我对小额信贷有了新的认识。

本次介入通过与农村信用合作社、村委等单位协同合作,实现了银社对接,成功实现了小微金融资源的有效利用,为家庭农场争取到了扶贫小额贷款的帮助。通过本次介入,案主实现了金融增能,提升了增加收入的能力。

（七）结案

为了帮助案主巩固介入的效果,科学地规划今后的生活,社工和案主一起回忆介入过程,并和案主约定相互督促、共同进步。

1.解除介入关系

解除介入关系并不代表社工与案主今后不再联系。为了巩固服务效果,社工依然会和案主保持联系,制订定期回访方案。同时为了巩固个案服务效果,社工在制定服务计划时需要适当调整服务的间隔时间,避免案主过度依赖社工。时间间隔的调整,可以有效降低案主对社工的依赖性,巩固个案工作的成效。

2.跟踪回访

在本次个案介入工作结束一个月后,社工联系了案主的父母和辅导员,了解到案主及其妻儿在医保制度的支持下都对疾病进行了有效的治疗,身体得到了一定的恢复,精神状态更加积极向上,家庭氛围更加和睦。同时,案主在农信社等机构的帮助下,已经开办了家庭农场,开始有了比较稳定的收入。案主也做了比较清晰的理财规划,生活越来越美好。

六、介入行动和反思

首先,低收入群体发展的内生动力不足。低收入群体因习得性无助,容易陷入贫困的陷阱。因此,帮助低收入群体摆脱习得性无助的贫困陷阱颇有挑战性。如何激发低收入群体发展的内生动力,实现"志""智"双扶是未来的金融社工所要面对的一个问题。本案例中的案主及其家庭成员受教育水平不高,对相关的金融知识、扶贫政策了解有限,认知水平也较低。因此,在实际介入过程中,对于社工提供的计划,案主很难按照既定方案实施,在开始时甚至出现了不信任、懒惰等情况,一度导致工作进度缓慢甚至停滞。这类情况在低收入群体中较为普遍。一方面,低收入群体普遍学历不高,认知水平较低,对新知识的接受能力较差,对有关政策不了解。另一方面,低收入群体还存在"等、靠、要"思想,惰性较强,发展的主动性不足,严重阻碍了低收入群体的发展。

其次,金融社会工作应当注重个体的多元性。在本次个案介入中,案主妻子文化水平很低,儿子年龄很小,家庭的主要劳动力是案主本人。因此,介入也主要以案主作为切入点,向他介绍相关的金融知识和扶贫政策。但是金融增能应当面向低收入家庭的所有成员,针对不同成员的不同情况,采取不同的金融增能策略,才能取得更好的效果。

再次,提升社会工作专业的社会认可度迫在眉睫。目前社会工作专业在社会上的认可度较低,即使在城市,许多人对社会工作的内容和作用认知不足,对社会工作人员的服务和帮助也有抵触情绪。而在农村地区,这一现象则更加明显。这给金融社工助力乡村振兴带来较大的阻碍。

七、效果和挑战

(一)金融素养提升的效果评估

本次个案介入完成之后,案主的金融素养有了显著提升。案主在相应的培训和介绍之后,对现代金融体系和相关的金融产品有了一定的了解,生活态度更加积极,金融素养显著提升。但是,在金融素养的各个部分中,金融能力和金融意识的提升并不明显,短期的介入未使金融素养的各个方面均衡提升。在金融能力方面,随着医保、低保政策的落实,案主家的经济条件得到了一定的改善,眼前的困境得以缓解。在金融意识方面,由于金融习惯的养成和意识的形成需要以金融能力为基础,并且需要长期的培训和介入,因此,短时间内案主的金融意识提升效果有限。

(二)经济收入增加的效果评估

短期内案主经济收入的增加和生活困难的解决是本次个案介入的一个重要目标。从本次个案介入的情况来看,在完成新农村合作医疗保险的大病医疗报销以及低保申请之后,案主从医疗和低保补贴两个渠道获得了一定的资金帮扶,最为急迫的问题得到了解决。通过村主任提供的资源,案主获得了合适的工作机会,家庭整体经济条件有了一定的改善。在个案工作介入后的第一个月,通过工作获取劳动报酬的方式,案主家庭收入超过了1500元。并且医保报销降低了医疗支出,案主的生活负担大大减轻。但是,从第二个月开始,由于病情的反复,案主不得不放弃工作机会,未获得持续收入。案主通过增能增加可持续的经济收入还未完全实现。从这个层面来看,实现经济收入增长的可持续性需要更多的时间。

(三)贫困户行为改变的效果评估

在介入之前,案主对生活缺乏信心,对未来不抱希望,主要精力都集中于应对自己所面对的巨大家庭负担和资金压力,对社工的介入心存怀疑。通过本次介入,案主逐渐对未来产生信心,心理发生改变,表现为主观意识增强,开始主动思考如何通过自身的努力和劳动改善生活。他的改变也影响了妻子和儿子,他们开始接受社工的帮助,脱贫信心得以建立。社工帮助案主申请小额贷款,获得了5000元贷款作为产业成本,并协助案主做好产业项目选择,开办小型养鸡场,使案主有了稳定的收入。通过本次介入,社工还帮助案主重新建立了社交网络,改变了案主的社交行为。案主开始改变对家人、邻居、工作人员和亲戚的态度,主动开始社交,逐步提高自己的发展能力,并建立了对未来美好生活的信心。在介入过程中,案主对社工、脱贫和生活的态度以及心态转变十分明显。

(四)跟踪评估

在介入完成之后,社工继续进行后续的跟进服务,与案主保持联系,随时关注其家庭经济状况和变化趋势。社工在完成介入的一个月后,对案主进行了回访和后测评估,再次对案主的金融素养进行评估,以了解介入对案主金融素养提升的效果。结果如表6.5所示。

表6.5 案主金融素养介入后测结果

金融素养	分项	很弱	较弱	一般	较强	很强
金融知识	基础概念				√	
	银行知识			√		
	理财知识		√			
	扶贫政策				√	
	惠民政策			√		
	得分			3.2		
金融能力	健康状况		√			
	劳动力情况		√			
	家庭积蓄	√				
	目前的收入		√			
	收入潜力		√			
	收入稳定性		√			
	得分			2.0		
金融意识	小额贷款申请		√			
	理财产品选择		√			
	理财产品结构		√			
	投资意向			√		
	得分			2.25		
金融态度	金融机构				√	
	理财方式			√		
	金融知识			√		
	相关人员			√		
	得分			3.3		

通过对介入之后的案主金融素养的后测评估可知,在金融素养的不同方面,案主在金融知识和金融态度方面有了较大的改变。通过培训和科普,案主的金融知识储备增加了,并且了解了咨询与获取信息的渠道。这一变化使得案

主对金融产品的选择和使用更加科学。但是缺乏金融能力和金融意识的问题通过介入并未大幅改进。一方面,金融能力的指标包含健康状况、劳动能力状况等,这些指标的变化周期较长,因此金融能力的提升效果相对滞后。另一方面,案主所从事的农业养殖产业资金回流较慢,且存在一定的风险,实现资金回流和稳定的现金流方面需要一定的周期。

（根据江西财经大学2021届MSW论文《精准扶贫视野下农村贫困户金融增能的个案研究》编写,论文作者李思晨,指导教师蒋国河。）

案例点评

本案例是针对农村低收入群体进行的一次个案干预。2020年,我国已经取得脱贫攻坚战的伟大胜利,全面建成小康社会。但是,绝对贫困的消灭并不意味着可以忽略相对贫困问题,这是金融社工必须关注的重大问题。本案例中的案主和儿子都患有癫痫症,妻子身体状况不佳。全家不仅在治病上花费巨大,而且因为劳动力短缺,收入微薄且不稳定,返贫的风险非常高。社工将其作为个案服务对象,目的在于激发案主对美好生活的向往和信心,提升案主及其家人的金融素养,建立可持续发展的家庭产业,提高案主的家庭收入,体现了社工强烈的社会责任感和人文关怀。

本案例在对案主及其家庭生活现状进行总体评估的基础上,确定了案主的核心问题及个案介入目标,以微型金融、资产建设与增能理论为理论支撑,设计了六个个案服务单元,分别就帮助案主及其家人熟悉医保政策、协助案主建立个人发展账户、为案主提升金融知识水平进行赋能、进行金融培训提升理财能力、落实收入来源和联系产业资源等服务内容进行介入。过程评估和结果评估都显示,在社工的帮助下,案主不仅在相关政策的支持下解决了医保费用问题,金融素养的某些方面也得到了明显的提升,获得了相关的资源,建立了个人发展账户和家庭产业,开始获得稳定的收入。而且随着生活的改善,案主改变了心态,社会交往增多,向往美好生活。这说明,社工的介入取得了较好的成效,达到了预期的目标。

本案例取得了不错的成绩,但也存在一定的局限与不足之处:

一方面,社工在对案主的总体情况进行评估时,主要侧重于对案主本人及其家人的问题分析,忽略了社会网络分析。须知,社会网络是案主的优势,也可能是帮助案主解决当前问题的重要资源。如果没有对案主的社会网络进行梳理和分析,则会忽略案主面临的某些困难(例如,案主因欠债造成的心理压力、社会舆论),也无法发挥案主社会网络的优势。

另一方面,本案例中的介入方案内容繁多,焦点不够集中,以至于社工想要解决的问题过多,使每个小节都浮于表面,影响服务活动的真实效果。金融诊断和资产建设是金融社会工作的两个主要板块,如果想在这两个方面都有所涉及,就需要大量的、长期的服务,绝不是通过六次活动就能完成的。从案主所呈现的问题来看,社工的重心应放在资产建设方面。

（唐俊）

第七章　脱贫户金融素养提升的小组工作介入

一、案例背景

我国在 2020 年取得了脱贫攻坚战的伟大胜利,巩固脱贫攻坚成果,防止脱贫户返贫是实现乡村振兴的前提。2021 年发布的《中华人民共和国国民经济和社会发展第十四个五年规划和 2035 年远景目标纲要》强调,要"实现巩固拓展脱贫攻坚成果同乡村振兴有效衔接","接续推进脱贫地区发展","建立健全巩固拓展脱贫攻坚成果长效机制"①。社会力量是巩固脱贫攻坚成果和制定脱贫地区帮扶机制的重要参与者。金融社工可以通过提升脱贫户的金融素养,增强脱贫户的金融驾驭能力,来巩固脱贫攻坚成果,帮助脱贫户降低返贫风险,为推进乡村振兴做出应有的贡献。

K 村位于赣南地区,是原中央苏区的革命老区。受各种相关因素的影响,K村曾是江西省"十三五"贫困村,面积约 172 平方千米。其中,耕地约 1.7 万亩,林地约 5.7 万亩,山地约 15.6 万亩,水面约 1.3 万亩。K 村共辖 28 个村民小组,约有家庭 510 户,人口约 3300 人。其中,农业人口约 1800 人,劳动力约1500 人。村民经济收入主要来自种植、畜牧和外出务工。随着脱贫工作扎实有序开展,K 村也脱贫摘帽,逐渐走上脱贫致富的道路。全村脱贫户共计 87 户,脱贫人口 249 人(其中 18 岁及以上的 207 人)。当前,对于 K 村而言,防止脱贫户返贫,守住脱贫攻坚胜利果实,继续推进乡村振兴战略的实施,任重道远。

二、案例分析

(一)金融素养评估体系

基于 OECD 有关金融素养的评估标准,并结合中国人民银行 2019 年编制

---

① 中华人民共和国中央人民政府. 中华人民共和国国民经济和社会发展第十四个五年规划和 2035 年远景目标纲要[EB/OL].(2021 - 03 - 13)[2023 - 08 - 22]. https://www.gov.cn/xinwen/2021 - 03/13/content_5592681. htm.

的"消费者金融素养调查问卷",同时考虑到赣南脱贫户金融素养的相关特征,社工采用了脱贫户金融素养评估指标体系。该指标体系主要有四个维度,即金融态度、金融行为、金融知识和金融技能。其中:金融态度主要包括脱贫户对金融教育的态度、消费态度、信用意识等二级指标;金融行为主要包括脱贫户家庭支出规划、未来支出计划、理性借贷、信用卡的使用、ATM(自助取款机)使用时的密码安全意识等二级指标;金融知识包括脱贫户对储蓄、投资、贷款等的了解情况;金融技能主要考查脱贫户对金融产品或服务的选择、对银行卡的使用以及对假币的识别与处理等二级指标(见表7.1所示)。根据选取的指标所设计的调查问卷有59个问题,综合评估脱贫户的金融素养。

表7.1　脱贫户金融素养评估指标体系

一级指标	二级指标
金融态度	对金融教育的态度
	消费态度
	信用意识
金融行为	家庭支出规划
	未来支出计划
	理性借贷
	信用卡的使用
	ATM(自助取款机)使用时的密码安全意识
金融知识	储蓄
	银行卡
	贷款
	信用
	投资
	保险
金融技能	对金融产品或服务的选择
	对银行卡的使用
	对假币的识别与处理

（二）调研时间、地点与对象

社工于2020年8月1日至2020年9月1日在K村采用上门入户走访的方式，对18岁以上的脱贫户进行调查。调研根据该村的村民小组分布情况分批进行。调研小组分批深入K村所辖28个村民小组实地调研，进行问卷调查的同时对K村脱贫户进行深度访谈，了解受访脱贫户参与金融服务和提升金融素养的情况。社工上门与当地脱贫户交流，采取非结构化访谈的方式了解该群体的金融素养现状及难以提升金融素养的原因。此外，在实地调研中，社工还与村干部、脱贫户、金融机构工作人员等进行深度交流，从侧面了解脱贫户金融素养的现状。本次调查共发放问卷207份，问卷全部回收，全面覆盖K村的脱贫户成年人群。问卷针对K村脱贫户人群进行全面调查，涉及脱贫户所有家庭成员（18岁及以上），样本数据具有较好的代表性。

（三）K村脱贫户金融素养现状

1. 脱贫户对金融教育的态度

当问及对金融教育的态度时，绝大多数脱贫户认为金融教育不重要（图7.1），脱贫户对金融教育的态度整体比较消极。这说明目前K村脱贫户没有意识到金融教育的重要性。

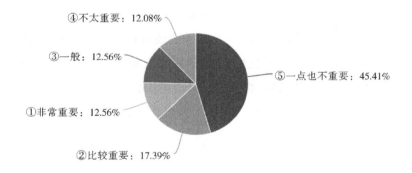

④不太重要：12.08%
③一般：12.56%
⑤一点也不重要：45.41%
①非常重要：12.56%
②比较重要：17.39%

图7.1 脱贫户对金融教育的态度

当问及对普及金融知识的态度时，绝大部分脱贫户态度非常不明确，没有意识到开展金融教育的重要性。认为开展金融教育非常有价值的脱贫户仅仅只占24.15%（图7.2），而且这部分脱贫户也没有充分认识到金融知识的重要性及其价值所在。

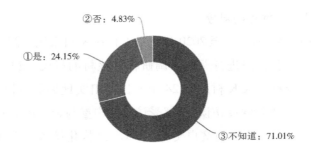

②否：4.83%

①是：24.15%

③不知道：71.01%

图7.2　脱贫户对普及金融知识的态度

当问及对消费和储蓄的态度时,有半数以上的脱贫户对消费和储蓄的态度不确定,只有极少部分脱贫户对消费和储蓄有比较明确的想法(图7.3)。这说明脱贫户对消费和储蓄的态度不够明确,对自己的消费没有规划。

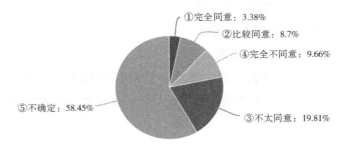

①完全同意：3.38%

②比较同意：8.7%

④完全不同意：9.66%

⑤不确定：58.45%

③不太同意：19.81%

图7.3　脱贫户对消费和储蓄的态度

当问及对信用的态度时,只有不到20%的脱贫户认为要谨慎维护信用(图7.4),绝大多数的脱贫户不清楚也不了解信用的重要性。这说明目前脱贫户对信用的维护还没有充分的认知,也没有良好的信用态度。

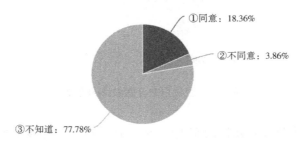

①同意：18.36%

②不同意：3.86%

③不知道：77.78%

图7.4　脱贫户对信用的态度

2.金融行为维度现状分析

当问及是否制定了家庭开支计划时,绝大多数的脱贫户不做家庭开支计划,只有极少数的脱贫户一直做家庭开支计划。有时做家庭开支计划的脱贫户不到31%,经常做家庭开支计划的不到10%(图7.5)。这说明脱贫户对家庭计划的制定并没有清晰准确的认识。

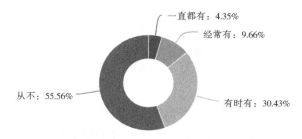

图7.5　脱贫户制定家庭开支计划的情况

从图7.6中可以看出,从不执行家庭开支计划的脱贫户比例竟然达到了26.09%,严格执行家庭开支计划的脱贫户不到8%,从不执行的脱贫户家庭达到了很高的比例,有很多脱贫户基本不在意家庭开支计划有没有执行。

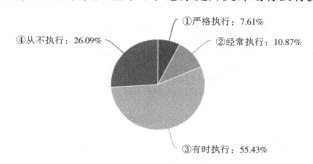

图7.6　脱贫户家庭开支计划执行情况

问到脱贫户是否可以支付意外支出时,肯定拿不出以及可能拿不出意外支出的脱贫户超过3/4,只有不到7%的脱贫户有能力完全支付意外支出(图7.7)。

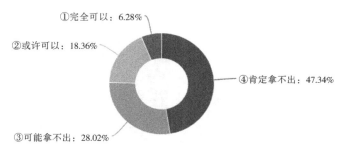

图7.7　脱贫户应对意外支出的情况

当问及是否为子女储蓄教育经费时,只有少数脱贫户会储蓄教育经费,绝大多数脱贫户不会有计划地储蓄教育经费。还有将近34%的脱贫户没有子女，没有教育经费支出压力（图7.8）。

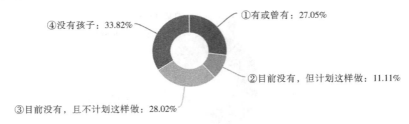

图7.8　脱贫户为孩子上学进行储蓄情况

当问及怎样保证老年生活开支时，有很多脱贫户还没有认真考虑过这个问题。绝大多数考虑过这个问题的脱贫户，老年将依靠子女或者家属的支持。继续依靠劳动报酬进行养老的不到36%（图7.9）。这说明还具备劳动生产能力的脱贫户所占比例也不高。极少数脱贫户养老依靠保险或者退休金。而继承遗产的脱贫户占比非常小，说明绝大多数脱贫户的家境并不太好。

图7.9　脱贫户老年开支保障情况

从图7.10中可以看出，根本不阅读金融服务或金融产品相关合同条款的脱贫户约占了64%，仔细阅读的仅仅占了不到6%，说明绝大多数脱贫户对合同条款不重视。

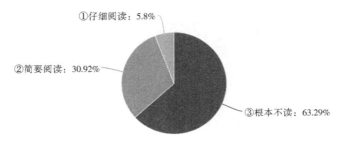

图7.10　脱贫户选择金融产品或服务时对合同条款的阅读情况

在图 7.11 中,有将近 32% 的脱贫户根本不阅读对账单,仔细阅读并能清晰理解的脱贫户仅仅只占了不到 6%。还有高达 42% 的脱贫户,从来没有收到过对账单。这些数据都说明脱贫户对对账单的使用还非常陌生。

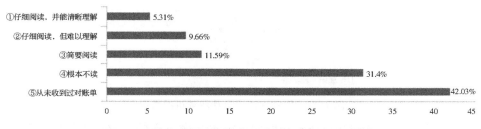

图 7.11　脱贫户阅读金融产品或服务的对账单的情况

图 7.12 显示,有 80% 以上的脱贫户对自己的贷款偿付能力不了解,只有少数脱贫户知道一些关于还款方式的内容。这说明脱贫户对贷款的申请流程不熟悉。

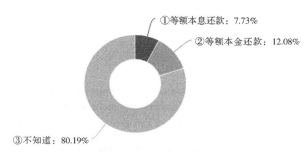

图 7.12　申请贷款时脱贫户对自身偿付能力的考虑情况

图 7.13 显示,绝大多数脱贫户没用过信用卡,也不了解信用卡是什么。只有极少数脱贫户知道一些关于信用卡的还款方式。有 12.08% 的脱贫户有信用卡,但是不清楚如何使用。这说明脱贫户对信用卡的使用非常不了解。

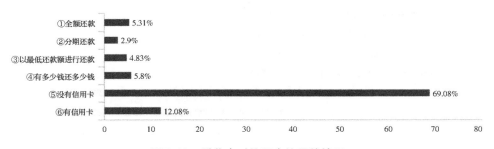

图 7.13　脱贫户对信用卡使用的情况

有很大一部分脱贫户还没有使用过自动取款机,同时25%以上的脱贫户没有相关的意识(图7.14)。这说明脱贫户不太会用自动取款机。

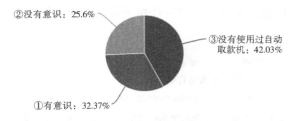

②没有意识:25.6%

③没有使用过自动
取款机:42.03%

①有意识:32.37%

图7.14　脱贫户使用自动取款机的情况

有接近62%的脱贫户还不知道如何解决金融方面的疑惑(图7.15),有的甚至干脆置之不理。只有极少数脱贫户会向金融机构和相关部门进行咨询。一部分脱贫户会向家人朋友咨询或上网查找资料。这说明脱贫户获取金融知识的渠道还不够多。

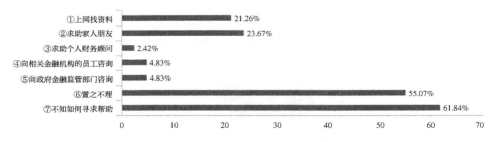

①上网找资料　21.26%
②求助家人朋友　23.67%
③求助个人财务顾问　2.42%
④向相关金融机构的员工咨询　4.83%
⑤向政府金融监管部门咨询　4.83%
⑥置之不理　55.07%
⑦不知如何寻求帮助　61.84%

图7.15　脱贫户获取金融知识的情况

当发生金融纠纷时,有71.98%的脱贫户向家人朋友寻求帮助,有66.67%的脱贫户不知如何投诉,只有极少数脱贫户知道如何投诉(图7.16)。这说明很多脱贫户对金融纠纷的投诉途径还不太了解。

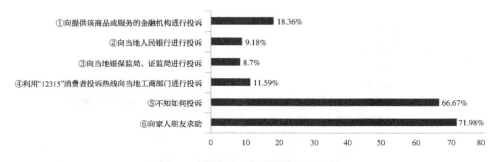

①向提供该商品或服务的金融机构进行投诉　18.36%
②向当地人民银行进行投诉　9.18%
③向当地银保监局、证监局进行投诉　8.7%
④利用"12315"消费者投诉热线向当地工商部门进行投诉　11.59%
⑤不知如何投诉　66.67%
⑥向家人朋友求助　71.98%

图7.16　脱贫户对金融纠纷投诉的情况

3. 金融知识水平现状分析

绝大多数脱贫户对自己的金融知识水平不够自信,认为自己金融知识水平相对较高的脱贫户非常少,认为自己金融知识水平不太高的脱贫户约15%(图7.17)。这说明脱贫户的金融知识水平确实还存在一定的差距。

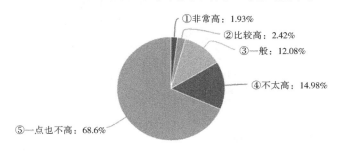

图7.17　脱贫户金融知识水平自我评价情况

有一部分脱贫户计算单利错误,有接近72%的脱贫户不了解储蓄知识(图7.18),只有少部分脱贫户能正确计算单利。这说明脱贫户的储蓄知识还不足。

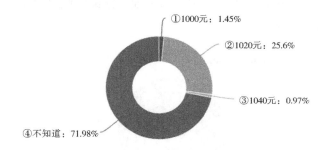

图7.18　脱贫户计算单利的情况

图7.19显示,只有10.63%的脱贫户会估算复利,绝大多数脱贫户不知道如何估算复利或者复利计算错误。脱贫户在这方面还有待加强。

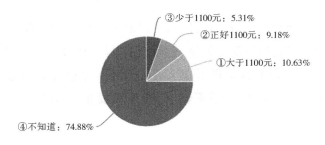

图7.19　脱贫户估算复利的情况

调查结果(图7.20)显示,有87.44%的脱贫户不了解最高偿付限额,只有6.28%的脱贫户能正确回答最高偿付限额。脱贫户在这一方面也有待进一步加强。

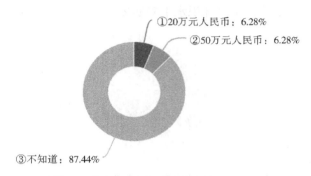

图7.20 脱贫户对存款保险实行限额偿付的了解情况

由图7.21可知,有87.44%的脱贫户不知道信用卡和借记卡的区别,只有12.56%的脱贫户知道信用卡和借记卡的区别。这说明脱贫户区分信用卡和借记卡的能力还有待提高。

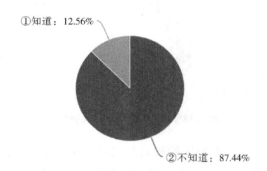

图7.21 脱贫户对银行卡的了解情况

有85.51%的脱贫户不知道用信用卡提取现金是否会被收取利息,甚至还有2.42%的脱贫户选择错误的答案,仅仅只有12.08%的脱贫户回答正确(图7.22)。这说明近九成的脱贫户不知道透支信用卡会被收取利息。这样看来,脱贫户对信用卡的使用情况还不够了解,还需要进一步学习信用卡的相关知识。

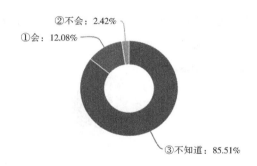

图 7.22　脱贫户对信用卡透支的了解情况

调查结果(图 7.23)显示,有 83.57% 的脱贫户不知道信用卡取现额度与信用额度的区别,还有 2.9% 的脱贫户错误地认为信用卡取现额度与信用额度没有区别,只有少数脱贫户回答正确,认为两者有区别。

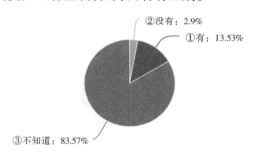

图 7.23　脱贫户对取现额度与信用额度的了解情况

有 78.74% 的脱贫户不了解贷款利率的情况,只有 14.49% 的脱贫户回答正确(图 7.24),了解贷款利率的情况。这说明很多脱贫户在贷款利率这方面还存在知识空白,需要补充这方面的知识。

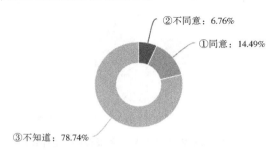

图 7.24　脱贫户对贷款利率的了解情况

有 80% 以上的脱贫户不知道按揭贷款还款方式的区别,只有 7.73% 的脱贫户回答正确(图 7.25),知道等额本息还款和等额本金还款的区别。这说明脱贫户对按揭贷款还款方式还比较陌生,有待进一步深入了解。

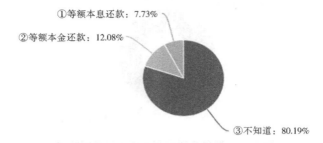

图 7.25　脱贫户对按揭贷款还款方式的了解情况

调查结果(图 7.26)显示,有 80.68% 的脱贫户不了解贷款月供与总利息的情况,只有 12.08% 的脱贫户回答正确,选择了"同意",还有 7.25% 选择了"不同意"。这说明脱贫户在贷款月供与总利息这方面还要加深理解。

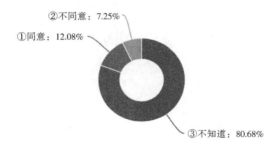

图 7.26　脱贫户对贷款月供与总利息的了解情况

有 84.54% 的脱贫户不知道个人信用报告,只有 15.46% 的脱贫户知道个人信用报告(图 7.27),说明脱贫户对个人信用报告不够重视。

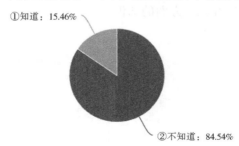

图 7.27　脱贫户对个人信用报告的了解情况

当问及是否知道在哪个机构查询个人信用报告时,有 74% 以上的脱贫户不知道,还有 10.63% 的脱贫户选择错误,只有 14.98% 的脱贫户选择"人民银行征信(分)中心或受委托的人民银行分支机构"(图 7.28)。

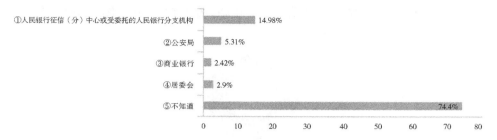

图7.28 脱贫户对个人信用报告查询机构的了解情况

调查结果(图7.29)显示,有3.38%的脱贫户不同意不良信用记录会产生连带负面影响,还有78.74%的脱贫户不知道不良信用记录会产生连带负面影响,只有17.87%的脱贫户回答正确,同意不良信用记录会产生连带负面影响。这说明脱贫户还不知道不良信用记录对个人的负面影响有多大。

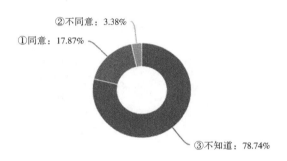

图7.29 脱贫户对不良信用记录的了解情况

当问及信用报告上的不良记录保存年限是多少时,有84.06%的脱贫户不知道,还有6.76%的脱贫户错误地选择了"无限期",只有9.18%的脱贫户回答正确,选择了"自不良行为或事件终止之日起5年"(图7.30)。

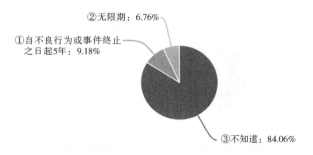

图7.30 脱贫户对不良记录保存年限的了解情况

当问及如果信用报告有错误,是否知道可以提出异议申请时,87.92%的脱贫户不知道,只有12.08%的脱贫户回答正确,选择了"知道"(图7.31)。

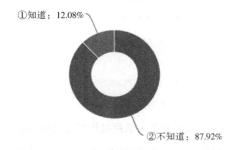

图7.31 脱贫户对信用报告可提出异议申请的了解情况

当让脱贫户选择风险最大的投资产品时,有75.36%的脱贫户不知道选哪个,还有22.22%的脱贫户回答错误,只有2.42%的脱贫户回答正确,选择了"期货"(图7.32)。

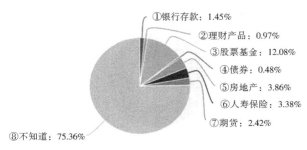

图7.32 脱贫户识别金融投资产品风险的情况

绝大多数脱贫户没听过分散投资,还有10.14%的脱贫户听过但不了解,4.35%的脱贫户错误地认为投资越分散越好,只有8.7%的脱贫户回答正确,认为分散投资可以降低投资风险(图7.33)。

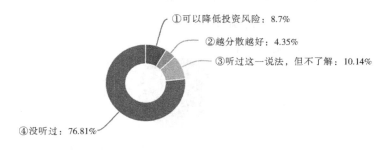

图7.33 脱贫户对分散投资的理解情况

有77.29%的脱贫户不知道收益与风险并存,有5.31%的脱贫户选择"不同意",2.42%的脱贫户认为两者没有关联,只有14.98%的脱贫户回答正确,选择"同意"(图7.34)。

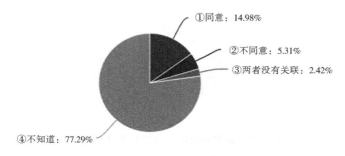

①同意：14.98%
②不同意：5.31%
③两者没有关联：2.42%
④不知道：77.29%

图7.34　脱贫户对收益与风险的认知情况

有76.81%的脱贫户不知道怎么计算投资收益率,有12.08%的脱贫户回答错误,只有11.11%的脱贫户回答正确,选择"4%"这一选项(图7.35)。

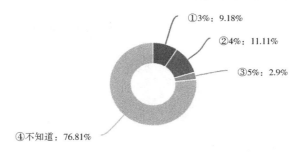

①3%：9.18%
②4%：11.11%
③5%：2.9%
④不知道：76.81%

图7.35　脱贫户计算投资收益率的情况

有77.29%的脱贫户不知道保险购买额度的情况,还有11.11%的脱贫户回答错误,只有11.59%的脱贫户回答正确,选择"不同意"(图7.36)。这说明脱贫户对保险购买额度还比较陌生。

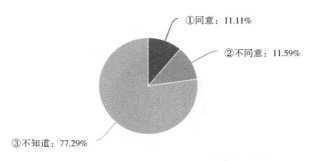

①同意：11.11%
②不同意：11.59%
③不知道：77.29%

图7.36　脱贫户对保险购买额度的认知情况

调查结果(图7.37)显示,有78.74%的脱贫户不知道财产险理赔的相关情况,还有9.66%的脱贫户回答错误,只有11.59%的脱贫户回答正确。

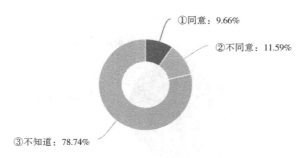

图 7.37　脱贫户对财产险理赔的了解情况

当问及刚买的保险是否可以退时,有 82.61% 的脱贫户不知道,8.7% 的脱贫户回答错误,只有 8.7% 的脱贫户回答正确,认为可以退保(图 7.38)。这说明脱贫户对无条件退保的情况还不够了解。

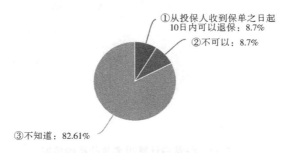

图 7.38　脱贫户对无条件退保的认知情况

调查结果(图 7.39)显示,有 79.23% 的脱贫户不知道投资型保险产品的风险,3.86% 的脱贫户回答错误,只有 16.91% 的脱贫户回答正确,选择"不一定"。

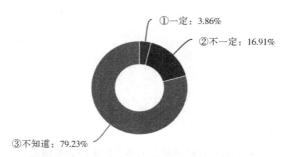

图 7.39　脱贫户对投资型保险产品风险的掌握情况

脱贫户对银行卡知识、电子银行服务和银行自助终端设备的使用等方面的知识最感兴趣,选择上述金融知识的脱贫户占比分别为 30.92%、30.92% 和 30.43%。排名靠后的是占比为 4.35% 的债券投资和占比为 5.31% 的保险产品和汽车贷款(图 7.40)。

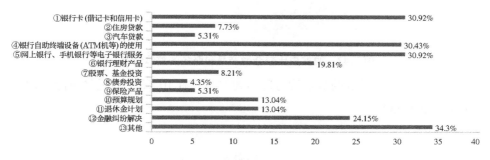

图 7.40　脱贫户最感兴趣的金融知识整体情况

调查结果(图 7.41)显示,排名前三的是"通过社区活动宣传"(43.96%)、"通过电视宣传"(23.67%)和"通过短信、微信等手机信息"(22.22%)。排名靠后的是占比为 4.35% 的"邮递的广告和促销信息"、占比为 6.28% 的"通过学校课程"和占比为 9.66% 的"通过报纸、杂志宣传"。还有 39.13% 的脱贫户不知道选择什么方式去获取所需要的金融知识。

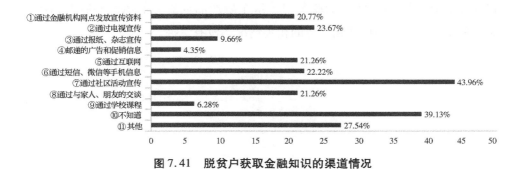

图 7.41　脱贫户获取金融知识的渠道情况

4. 金融技能现状分析

只有 3.38% 的脱贫户会对所需的同类金融产品或服务进行比较,68.6% 的脱贫户没有比较金融产品和服务,还有 16.43% 的脱贫户不知道怎么比较,11.59% 的脱贫户没有足够的信息进行比较(图 7.42)。

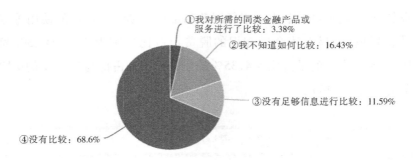

图 7.42　脱贫户比较金融产品和服务的整体情况

脱贫户对非法投资的辨别能力还不到位。只有 10.63% 的脱贫户能辨别非法投资(图 7.43)。

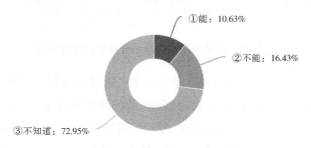

图 7.43　脱贫户辨别非法投资的整体情况

调查结果(图 7.44)显示,绝大多数脱贫户不清楚金融产品或服务的风险和收益情况,只有 11.59% 的脱贫户了解金融产品或服务的风险和收益情况。这说明脱贫户对合同权利和义务的相关情况还没有掌握。

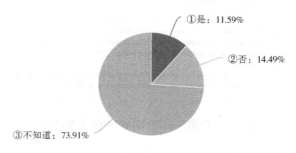

图 7.44　脱贫户对金融产品或服务的风险和收益的认知情况

阅读完金融产品或服务的合同条款后,能够理解合同权利和义务的脱贫户比较少。有 23.68% 的脱贫户完全不理解相关的权利和义务,36.84% 的脱贫户表示不太理解,31.58% 的脱贫户表示大致理解,只有 7.89% 的脱贫户表示完全理解(图 7.45)。

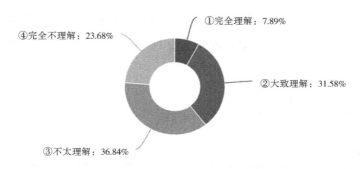

图 7.45　脱贫户对合同权利和义务的理解情况

遇到吞卡时,有很多脱贫户不知道怎么办,有 29.47% 的脱贫户会去银行寻求帮助,仅仅只有 4.83% 的脱贫户会拨打客服电话寻求帮助(图 7.46)。

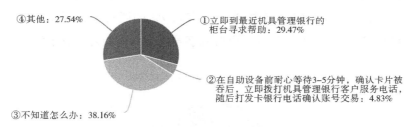

图 7.46　脱贫户遇到吞卡时的处理情况

误收假币后,绝大部分脱贫户会把假币再次用出去,只有 10.63% 的脱贫户会把假币交给银行或公安机关,还有 13.04% 的脱贫户会自行留存,4.35% 的脱贫户会撕毁(图 7.47)。

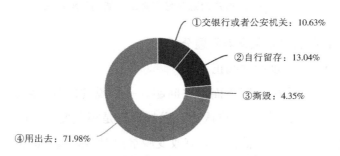

图 7.47　脱贫户误收假币后的处理情况

不知道如何辨别纸币真假的脱贫户占 65.7%,仅仅只有 10.14% 的脱贫户选择了"人像和数字水印",7.73% 的脱贫户选择了"横竖双号码",5.8% 的脱贫户选择了"光彩变数字",5.31% 的脱贫户选择了"光变镂空开窗安全线",

2.9%的脱贫户选择了"雕刻凹印",还有2.42%的脱贫户选择了"胶印对印图案"(图7.48)。这说明绝大部分脱贫户还不知道怎样辨别纸币的真假。

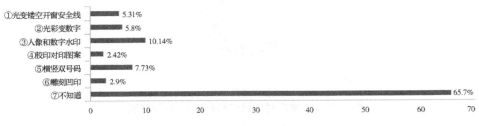

图7.48　脱贫户辨别2015版100元纸币真伪的情况

当问及是否了解冠字号码查询功能时,"不知道"的脱贫户占86.47%,有10.63%的脱贫户选择了"大致知道",只有2.9%的脱贫户选择了"非常清楚"(图7.49)。这说明绝大部分脱贫户对冠字号码查询功能还不够了解。

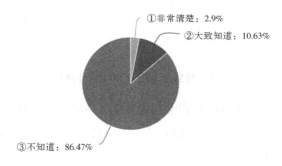

图7.49　脱贫户对冠字号码查询功能的了解情况

(四)K村脱贫户金融素养问题分析

1.脱贫户金融态度亟须端正

K村脱贫户在金融态度方面存在问题。一是脱贫户对金融教育的态度不够积极。调查发现,多数脱贫户认为金融教育不是很重要,对在校园普及金融知识的态度也表现得比较消极。只有改变脱贫户对金融教育的消极态度,才能有效提高脱贫户的金融素养水平。二是脱贫户对消费和储蓄的态度比较消极。调查发现,脱贫户对消费和储蓄的态度还不够积极,良好的消费和储蓄观念才有助于提升金融素养。三是脱贫户对信用不够重视。调查发现,绝大多数脱贫户对"应谨慎维护信用"的观点不认同。在现在这个时代,信用会越来越重要,不讲信用者难以在世上立足,难以生存和发展,也难以具备良好的金融素养。

脱贫户是实现乡村振兴的重要主体,端正脱贫户的金融态度有助于他们提升金融素养。脱贫户应端正金融态度,学会适应经济、社会和金融环境,如果金融态度消极,就难以提升金融素养。因此,端正脱贫户的金融态度刻不容缓。

2. 脱贫户的金融行为亟待改进

K村脱贫户的金融行为不够成熟。一是脱贫户对家庭开支规划不够重视。多数脱贫户没有制定家庭开支计划,极少数制定了家庭开支计划的也不会经常执行。二是脱贫户对未来支出的计划比较迷茫。多数脱贫户很难全额支付三个月收入的意外支出;只有少数脱贫户有为孩子上学存钱;大多数脱贫户尚未考虑如何保障老年生活开支,极少数脱贫户选择依靠继承遗产和依靠养老保险支付老年生活开支。三是脱贫户对合同和对账单不够重视。大多数脱贫户不会认真阅读金融产品或服务的合同条款;多数脱贫户从未收到过对账单,只有极少数脱贫户简要阅读对账单并能够理解。四是脱贫户对贷款的申请流程不够清楚。大多数脱贫户没有申请过贷款,只有极少数脱贫户在申请贷款前考虑过自己的贷款偿还能力。五是脱贫户对信用卡的使用情况不清楚。有较多的脱贫户没有信用卡,极少数脱贫户有信用卡。六是脱贫户对自动取款机的使用不熟练。调查发现,有较多的脱贫户没有使用过自动取款机,少数脱贫户使用过自动取款机,但没有银行卡密码防偷窥的意识。大多数脱贫户不知道如何投诉,部分脱贫户会向家人和朋友求助。

切实巩固脱贫攻坚成果,实现持续扶贫,有效提高脱贫户的金融素养水平,需要脱贫户具有成熟的金融行为。脱贫户缺少对各种产品和服务的认识,面对各种金融服务和投资理财产品时,难以识别其潜在风险。脱贫户具有成熟的金融行为,可以提高防止返贫的能力。因此,脱贫户的金融行为亟待改进。

3. 脱贫户的金融知识有待丰富

K村脱贫户金融知识匮乏,认知不足。一是脱贫户认为自身金融知识水平比较低。调查结果显示,大多数脱贫户认为自己的金融知识水平不够高,只有极少数脱贫户对自身的金融知识水平比较乐观。二是脱贫户在储蓄知识方面比较欠缺。绝大多数脱贫户不会计算单利和估算复利,绝大多数脱贫户还不了解《存款保险条例》规定的限额偿付。三是脱贫户的银行卡知识不足。四是脱贫户的贷款知识比较缺乏。绝大多数脱贫户不了解贷款利率和按揭贷款的还款方式,对贷款月供与总利息的情况不够了解。五是脱贫户的信用知识不足。大多数脱贫户对不良信用记录的情况不够了解,绝大多数脱贫户不了解个人信用报告,极少数了解个人信用报告的脱贫户不知道个人信用报告的查询机构和如何对信用报告提出异议申请。六是脱贫户的投资知识掌握不到位。绝大多数脱贫户不知道怎样识别金融投资产品风险,不能正确理解分散投资,对收益与风险的认知也不足,不会计算投资收益率。七是脱贫户对保险知识不够了解。绝大多数脱贫户对保险购买额度的认知不足,对财产险理赔不够了解,不清楚无条件退保的情况,对投资型保险产品的风险掌握不足。八是脱贫户的金融知识需求层次比较低。大多数脱贫户获取金融知识的渠道是传统媒介。

脱贫户接受金融教育的机会非常少,金融素养低。脱贫户所需要的金融教育资源供给不到位,导致其金融需求与金融服务不匹配。脱贫户金融素养普遍较低,缺乏金融知识和风险防范意识,容易被非法金融平台诈骗。金融知识匮乏的脱贫户不仅不能正确理解和使用金融产品,而且可能难以提升金融素养。这不仅不能防止脱贫户返贫,而且不利于巩固脱贫成果。因此,脱贫户的金融知识有待丰富。

4.脱贫户金融技能有待提升

K村脱贫户的金融技能水平还比较低。一是脱贫户对金融产品或服务的选择比较盲目。通过分析来看,大多数脱贫户对金融产品的风险和收益的认识不清晰,不能准确辨别非法投资,不能完全理解自身的权利和义务。二是脱贫户对银行卡的使用方法掌握不到位。大多数脱贫户遇到自动取款机吞卡时不能正确处理。三是脱贫户对假币的识别与处理方法不够了解。绝大多数脱贫户误收假币后没有正确处理。大多数脱贫户不知道如何辨别纸币的真伪,不了解冠字号码的查询功能。

近年来,虽然乡村金融服务水平得到一定的提高,但乡村金融服务仍呈现高覆盖率、低利用率的现象。农村地区的助农取款服务点比较多,覆盖面也比较广。虽然农村金融服务水平不断提高,但脱贫户对金融服务比较排斥,缺乏必要的金融技能,金融服务使用率低。因此,提升脱贫户的金融技能事不宜迟。

三、服务计划

（一）小组概况

小组名称："提升金融素养，创造幸福人生"农村脱贫户金融素养服务小组。

小组成员：K 村脱贫户 9 人。

活动次数：6 次。

活动场所：K 村村民委员会党群服务中心。

活动周期：2020 年 8 月 29 日至 9 月 27 日。

（二）小组理念

1. 增能理论

1976 年，美国哥伦比亚大学学者索罗门在出版的《黑人的增能：被压迫社区里的社会工作》中提出了增能理论。增能不是增加权力，是发展服务对象的内在能力，提高其面对问题、解决问题、参与社会的能力。[①] 增能理论在社会工作实务中发挥着重要作用，通过对服务对象的分析和报告，发展服务对象的内在能力，提高服务对象解决问题的能力，进而实现自力更生。[②] 增能理论注重促进服务对象能力的提高，逐步使服务对象认识到自力更生的重要性，拥有解决问题的专业能力，使自己更加自信和勇敢。

金融社会工作实务将借助增能理论开展实践，强调发展农村脱贫户自力更生的能力，着重发展农村脱贫户的内在能力。在社会工作实践中，社工要帮助服务对象提高内在能力，不断巩固现有成果，提高服务对象对自身生活的控制力。社工应对服务对象保持信心，相信服务对象有改变困境的优势和潜力，并充分利用教育、激励和支持手段，使服务对象有能力改变困境。为了获得不断改变的动力，摆脱贫困的困境，服务对象需要参与资产的形成和运作。

2. 资产建设理论

资产建设理论由美国学者迈克尔·谢若登在《资产与穷人：一项新的美国

---

① SOLOMON B. Black empowerment：social work in oppressed community［M］. Columbia：Columbia University Press，1976：22 – 35.

② 刘淑娟. 增权理论视阈下针对妇女家庭暴力研究［J］. 东北师大学报（哲学社会科学版），2010（6）：237 – 240.

福利政策》中首次提出。① 以资产建设理论为基础的社会政策,主要解决财富问题。资产建设政策具有广泛性和普遍性。彻底摆脱贫困的关键是资产建设,而不是收入和消费。基于收入来源的政策并不能让脱贫户真正摆脱贫困。社工要帮助脱贫户建立利用有形资产和无形资产的能力。资产建设可以帮助脱贫户彻底摆脱贫困。资产建设是帮助弱势群体实现资产增收的一个有效途径,能够帮助弱势群体在财富面前发挥一定的作用。

资产建设理论的价值理念与社会工作的价值理念有相通之处。脱贫户难以实现资产建设,需要社工的协助来提升资产建设能力。脱贫户需要提升金融素养,形成金融意识和理财能力,获得可持续的金融资产。在扶德、扶志、扶智的同时,社工要重视资产能力建设援助,确保脱贫户能够通过资产建设不再返贫。

3. 社会学习理论

美国社会心理学家阿尔伯特·班杜拉提出了社会学习理论,讨论了各种因素及其相互作用对人类行为的影响,人类认知在解决问题中起到了重要作用。② 社会学习理论为扶贫工作提供了认知援助,引导扶贫工作者深入分析扶贫对象的贫困原因并找到对策。③ 社工应关注脱贫户自身,引导其纠正认知偏差,调动其主观能动性,使用金融社会工作方法,为脱贫户学习小组搭建互动学习平台,营造学习环境,提升脱贫户的金融素养。

在本案例中,社工运用了社会学习理论,充分尊重脱贫户的个体差异,接受脱贫户的优势和不足,相信脱贫户自身有改变自己的潜力,不会因为暂时的贫困而低估脱贫户。在本案例中,社工对脱贫户采取不同的援助方式,使他们得到适当的援助;积极广泛地调动社会资源和社会力量,充分了解脱贫户的真正需要,真正帮助脱贫户解决问题;通过树立榜样和典型示范激发脱贫户的创新行为,提高脱贫户的自我肯定能力;正确引导脱贫户的思维,满足脱贫户的自我效能感,有助于促进思维的转变和良好行为的形成。

---

① 迈克尔.资产与穷人:一项新的美国福利政策[M].高鉴国,译.北京:商务印书馆,2005:27-28.

② 何雪松.社会工作理论:第2版[M].上海:格致出版社,2017:79-81.

③ 刘梦.小组工作[M].北京:高等教育出版社,2003:40-42.

（三）小组目标

小组的整体目标是提升脱贫户的金融素养,同时提升社工的实务能力。提高团队成员对学习小组的归属感和满意度,让组员学会团结合作,增强组员的生活信心和处理会计问题的方法,学习会计知识,掌握财务工具的使用方法,防范财务风险,为组员提供持续学习和发展的平台。社工和组员一起成长,以提升组员的经济能力。结合金融社会工作的实际内容,提升社会工作机构的服务质量,进一步提升社工的组织能力,大幅提升组员对金融服务的满意度。

（四）小组性质

小组工作模式是发展模式。发展模式注重脱贫户社会功能的恢复和完善,防止脱贫户缺失社会功能,最终实现脱贫户自力更生能力的提高。发展模式旨在提升脱贫户的金融素养,包括帮助组员端正金融态度、改进金融行为、扩充金融知识和提升金融技能等方面,强调以人的发展为核心,着力提高人与社会的融洽性。

在这种发展模式中,社工要做好处置人际联系、实现团队目标和实现自我发展这三方面的工作。为保持脱贫户的活力和动力,社工要营造良好的沟通环境,帮助脱贫户培养社会责任感,增强凝聚力,激发和提升脱贫户的积极性,提高自我认同感,用表扬等方法来达到共同的目标。社工要激发脱贫户的潜能,提高脱贫户的能力和金融素养,最终使脱贫户对幸福人生的追寻更加自信,更有勇气。

（五）小组成员

本次小组活动使用线上和线下两种方式招募组员。在具体的招募过程中,遵守志愿原则,向 52 名学习能力较强、30 和 50 岁之间的农村脱贫户发出邀请。考虑到脱贫户参与时间的灵活性,社工从中筛选招募到 9 名组员,平均年龄 43 岁。这些脱贫户比较愿意接受新鲜事物,积极参加小组活动,目标是提升金融素养,实现脱贫致富,过上幸福的生活。招募的 9 名组员的基本信息如表 7.2 所示。

表7.2　组员基本信息表

序号	组员	性别	年龄	健康状况	贫困户属性	致贫原因	脱贫年份	金融素养相关概况
1	A	女	38	健康	一般贫困户	缺少劳动力	2015	丈夫外出务工,她在家带小孩。不懂理财和基金的区别,也不会认真阅读金融产品或服务的合同条款,对基金的预期风险和收益不了解,不知道如何识别金融投资产品风险,有过基金亏损的经历。贷款知识比较缺乏,不清楚贷款的申请流程,不太会使用信用卡
2	B	女	50	健康	一般贫困户	缺技术	2016	丈夫在外务工,会将工资寄回来给她保管。她在家一边照顾老人,一边耕种。金融素养比较低,不太了解银行卡知识,不会辨别纸币的真伪,也不了解冠字号码的查询功能
3	C	女	42	健康	一般贫困户	缺少劳动力	2016	丈夫外出务工,家里有体弱多病的公婆需要照顾。文化水平比较低,非常缺乏金融方面的知识,曾经历过网络诈骗
4	D	男	35	患慢性病	低保	疾病	2018	有病在身,在家做一些力所能及的农活。了解一定的金融知识,信用意识薄弱,不够了解保险知识,不会计算单利和估算复利,不知道《存款保险条例》规定的限额偿付情况
5	E	女	42	健康	一般贫困户	缺技术	2017	和丈夫一起在当地务工,需要赡养家里的老人。对金融教育的态度相对积极。攒了一些钱,但不会理财,导致财富无法充分增值
6	F	男	49	健康	一般贫困户	缺技术	2019	有病在身,在家附近务工,缺乏金融知识。对消费和储蓄的态度比较消极,不太会用自动取款机,没有银行卡密码防偷窥意识,不会辨别纸币的真伪,也不了解冠字号码的查询功能
7	G	男	42	患慢性病	低保	疾病	2019	在家务农,长期患病,自认为金融知识水平比较低,储蓄知识比较欠缺,信用知识掌握不够,对信用不够重视,不知道信用卡和借记卡的区别

续表7.2

序号	组员	性别	年龄	健康状况	贫困户属性	致贫原因	脱贫年份	金融素养相关概况
8	H	女	42	健康	一般贫困户	缺技术	2016	在家务农、带小孩,丈夫在外务工。自认金融知识水平不高,不经常制定家庭开支计划,对家庭开支的规划不够明确,不会计算单利和估算复利
9	I	男	48	患慢性病	低保	疾病	2019	有病在身,在家做一些力所能及的农活。对未来支出计划比较迷茫,对金融纠纷的投诉渠道不够了解,不会辨别纸币的真伪,不了解冠字号码的查询功能

（六）服务计划

主题为"提升金融素养,创造幸福人生"的农村脱贫户金融素养服务小组安排了六期活动。小组活动计划表见表7.3。

表7.3　小组活动计划表

活动期数	活动时间	活动主题	活动目标
第一期	9月5日	有缘相遇,共赴远方	小组破冰,初步建立小组关系;制定目标,签订小组契约
第二期	9月6日	端正金融态度,我是"金融大师"	提高组员对金融教育的积极性,认识到金融知识普及的重要性;引导组员积极面对消费和储蓄,帮助组员树立正确的消费和储蓄观念;引导组员重视信用、讲信用,不过度扩张信用
第三期	9月12日	改善金融行为,我是"金融小当家"	帮助组员制定家庭开支规划,鼓励组员积极执行家庭开支计划,做好支出计划;帮助组员了解贷款的申请流程和信用卡的使用方法,学习使用自动取款机;引导组员积极获取金融知识,了解金融纠纷的投诉渠道
第四期	9月13日	扩充金融知识,我是"金融达人"	帮助组员学习储蓄知识,学会计算单利和估算复利,了解存款保险的偿付限额,学会正确区分信用卡和借记卡;帮助组员学习贷款知识,了解还款方式和贷款月供与总利息的情况;帮助组员学习信用知识,了解个人信用报告及其查询机构;帮助组员学习投资知识,识别金融投资产品风险,理解分散投资,计算投资收益率;帮助组员学习保险知识,了解保险购买额度,了解无条件退保的情况,理解财产险理赔,掌握投资型保险产品的风险

续表7.3

活动期数	活动时间	活动主题	活动目标
第五期	9月19日	提升金融技能,我是"金融小能手"	帮助组员正确选择金融产品或服务,了解金融产品或服务的风险和收益,正确辨别非法投资,理解自身的权利和义务;帮助组员学习掌握银行卡的使用;帮助组员学习正确辨别假币以及正确处理假币,了解冠字号码的查询功能
第六期	9月20日	远方不远,未来可期	回顾活动历程,宣布小组活动结束,处理组员的离别情绪

(七)预料中的问题和应变计划

在开展小组活动中,社工可能会遇到很多问题,因此需要采取有效的解决措施,制作应急预案表(表7.4)。

表7.4 小组活动应急预案表

序号	可能遇到的问题	解决措施
1	组员的时间难以协调一致。可能有部分组员由于忙碌无法到组;可能有组员记错活动时间;同时还可能出现很难掌控现场的情况	努力协调时间,及时调整计划。尽量把活动时间安排在周末,选定每个人都有空的时间,让所有组员都参与到小组活动中来。社工要及时处理小组中出现的意外情况,要随机应变,在每一期小组活动开展之前做好相应的预案
2	组员参与的兴趣不足,可能对集体活动持怀疑和抵制态度,不熟悉所提供的服务。有的组员可能会觉得一旦参加了活动,就会被贴上标签	调整心态,消除顾虑,加强引导与鼓励。做好沟通交流工作。小组活动开始之前,要善于观察,营造良好的小组氛围,及时做好解释工作。帮助组员打消心中的疑虑,引导组员更积极地参与到活动中来
3	由于社工缺乏实践经验,在活动过程中容易发生许多意想不到的事故,导致现场秩序混乱,组员不听从指挥,小组工作无法继续	积极反思,调整工作,多向前辈学习。在实践之前,社工必须与组员订立明确的团体契约,以确保他们能够遵守秩序。允许组员提出质疑,社工要真诚地回答,获得组员的信任和支持。小组活动前后,社工要向学校老师、实习督导、有经验的社工咨询,提前做好准备,加强对现场活动的指导
4	组员中途或临时退出。一些组员可能因为自身的个性,参与动机不强。有的组员可能因为参与感较低而中途退出	在活动中密切关注组员的情绪。一旦发现不妥当的行为,帮助他们立即改正。加强对有强烈参与动机的组员的引导和鼓励。如组员想中途退场,应尽力挽留并帮助其消除疑虑,尽力说服其继续参加活动

四、服务计划实施过程

(一)第一期:有缘相遇,共赴远方

活动时间:2020 年 9 月 5 日 15:00—17:00。

活动地点:K 村村委会党群服务中心。

活动主题:有缘相遇,奔赴远方。

活动过程具体见表7.5。

表 7.5　第一期小组活动计划表

活动流程	活动内容	所需时间	备注
互相认识	1.播放暖场歌曲《我们都是追梦人》。 2.社工做自我介绍。 3.引导组员做自我介绍,简要介绍兴趣爱好等情况	15 分钟	PPT、音乐、话筒
破冰游戏	1.一起玩小游戏"闻鸡起舞",社工带着组员一起做,组员根据音乐节奏不停地变换身体动作。 2.引导组员简单分享参与游戏的体验	15 分钟	调动组员的情绪,活跃小组的气氛
共同观看主题视频	1.社工提出问题,请组员带着问题观看《提升金融素养,共创美好生活》主题视频。 2.组员回答问题,交流观后感	20 分钟	视频显示器
制定规则,签订契约	1.理清组员的需求和对小组的期望。 2.讨论小组制度。 3.在契约上签字,在小组活动开展过程中应不断复习契约,直到小组活动完成	20 分钟	音乐、纸、签字笔
全面介绍主题活动	1.社工介绍未来几期小组活动的大致安排。 2.引导组员提出对未来几期小组活动的建议,在欢乐的氛围中倾听和讨论组员的想法与建议	15 分钟	PPT、话筒
前测	1.社工发放问卷进行后测,组员填写问卷。 2.社工简单地解释问卷中的题目,但是不干扰组员测试	20 分钟	问卷
活动总结	1.组员分享感受。 2.社工做总结	15 分钟	互相了解,产生共鸣

本期小组活动的主要目标是互相认识、初步建立小组关系,方便今后开展活动;明确小组活动的意义和目标;制定规则,加强交流,建立良好的小组关系。总体来说,第一期小组活动开展得比较顺利,前期目标基本达成。组员之间经过前期的团队建设,形成了一定的凝聚力,为后期的活动开展奠定了一定的情

感基础。虽然目前的小组活动比较令人满意,但在实施过程中还有一些不足:活动节奏把握不准,造成小组活动时间延迟,社工应多注意节奏;社工与组员协调不是很顺利,团队合作时出现沟通不充分的情况;小组模式有点不清晰;在小组活动过程中,社工需要对每个环节进行引导,工作量大;开展小组工作的环境不够温馨,需要进一步改善。

(二)第二期:端正金融态度,我是"金融大师"

活动时间:2020 年 9 月 6 日 15:00—17:00。

活动地点:K 村村委会党群服务中心。

活动主题:端正金融态度,我是"金融大师"。

活动过程具体见表7.6。

表7.6　第二期小组活动计划表

活动流程	活动内容	所需时间	备注
活动预热	1. 播放暖场音乐《我们都是追梦人》。 2. 引导组员回顾上一期活动的内容,复习小组契约。 3. 社工阐述本期活动的主题和主要内容	10 分钟	PPT、音乐、话筒
暖场游戏	1. 做暖场游戏"萝卜蹲"。 2. 引导组员简单分享参与游戏的体验	15 分钟	调动组员的情绪,活跃小组氛围
金融教育	1. 社工讲解金融教育的重要性,通过相关案例解释学习金融知识的重要性。 2. 组员彼此交流自己所了解的金融知识	20 分钟	PPT、话筒
理性消费	1. 社工提前提出问题,请组员带着问题观看《为未来精打细算》和《合理规划消费》系列视频。 2. 组员交流观后感,总结提升	20 分钟	视频显示器
储蓄未来	1. 社工提前提出问题,请组员带着问题观看《储蓄问题》和《突如其来的疫情之储蓄的重要性》系列视频。 2. 组员交流观后感,总结提升	20 分钟	视频显示器
诚信守约	1. 社工通过案例讲解信用的重要性,引导组员重视信用,不过度扩张信用,谨慎维护信用。 2. 互相交流,促进组员珍惜信用,诚实守约	20 分钟	PPT、话筒
活动总结	1. 社工邀请每位组员分享自己参加活动的感受。 2. 社工做总结发言	15 分钟	深入交流,共同成长

第二期小组活动的主要目标是提高组员接受金融教育的积极性,认识到金融知识普及的重要性;引导组员积极面对消费和储蓄,帮助组员树立正确的消费和储蓄观念;引导组员重视信用、讲信用,不过度扩张信用。通过游戏互动,组员打破隔阂,关系更加融洽,对金融教育更加重视,以积极的态度面对消费和储蓄。通过反思,本期活动的不足之处主要有:社工对部分金融知识的认识不足,讲解时未涉及更多相关知识;社工的控场意识过强,组员对社工的依赖性较强。

(三)第三期:改善金融行为,我是"金融小当家"

活动时间:2020 年 9 月 12 日 15:00—17:00。

活动地点:K 村村委会党群服务中心。

活动主题:改进金融行为,我是"金融小当家"。

活动过程具体见表 7.7。

表 7.7 第三期小组活动计划表

活动流程	活动内容	所需时间	备注
温故知新	1. 先播放暖场音乐《我们都是追梦人》。 2. 引导组员回顾上一期活动的内容。 3. 复述端正金融态度的重要性。 4. 阐述本期活动的主题和主要内容	10 分钟	PPT、音乐、话筒
暖场游戏	1. 一起玩小游戏"扑克牌面粉接力"(组员和社工共 10 人,分两组同时比赛:用嘴巴含着扑克牌,进行面粉接力,面粉更多的胜利),活跃小组气氛,锻炼组员的反应能力。 2. 引导组员简单分享参与游戏的体验	10 分钟	扑克牌和面粉
规划家庭开支,计划未来支出	1. 社工讲解如何制定家庭开支计划,并引导组员执行家庭开支计划。 2. 社工引导组员存钱,预防意外支出,提前规划老年生活开支	20 分钟	PPT、话筒、激光笔
理解合同条款,认识对账单的作用	1. 社工帮助组员学会阅读金融产品或服务的合同条款。 2. 社工引导组员重视对账单的作用,仔细阅读并准确理解对账单	20 分钟	合同条款、对账单
学会使用自动取款机,提高密码安全意识	1. 通过观看《自动取款机的使用方法》视频,组员掌握自动取款机的使用方法。 2. 视频结束后,社工邀请会使用自动取款机的组员进行分享,提高组员的防偷窥意识	10 分钟	视频显示器

续表 7.7

活动流程	活动内容	所需时间	备注
学习贷款知识、信用卡知识	1.社工邀请金融机构的工作人员,介绍关于贷款的相关知识和信用卡的使用方法。 2.组员彼此交流自己学到的有关贷款和信用卡的内容,充分交流,共同成长	20 分钟	PPT、话筒、激光笔
了解获取知识的渠道、投诉渠道	1.社工邀请金融机构的工作人员,介绍获取金融知识的渠道,引导组员积极通过各种渠道获取金融知识。 2.社工邀请金融机构的工作人员,介绍金融纠纷的投诉渠道,引导组员正确投诉	15 分钟	PPT、话筒、激光笔
活动总结	1.分享交流。 2.总结提升。 3.布置作业:请组员回去收集金融小知识	15 分钟	充分交流,产生共鸣

本期活动主要鼓励组员积极执行家庭开支计划,做好未来的支出计划;帮助组员了解贷款的申请流程和信用卡的使用方法,学习自动取款机的使用;引导组员积极获取金融知识,了解金融纠纷的投诉渠道。

在"规划家庭开支,计划未来支出"环节,社工首先通过提问启发组员。当问到意外支出时,个别组员表示很难全额支付三个月收入的意外支出。部分组员表示有为孩子上学存钱。当问到老了以后的生活费问题时,个别组员表示尚未考虑如何保障老年生活开支,大多数组员依靠继承遗产和养老保险保障老年生活开支。根据组员的反馈,社工开始讲解如何制定家庭开支计划,并引导组员执行家庭开支计划,积极存钱,留存意外支出,提前规划,保障老年生活开支。

在"学习贷款知识、信用卡知识"环节,绝大部分组员对贷款的申请流程不清楚。当问到贷款的问题时,组员们异口同声:"我从来没有贷过款,根本不知道贷款流程。"组员 A 表示:"我们今天要学习贷款的知识了吧,太好了。我一直想了解一下,但是因为读书比较少,很多内容看不懂。我们家想贷点款搞养殖,很想知道具体的贷款知识。"社工邀请的金融机构工作人员吴经理马上说,"是的。我今天收到邀请,来给你们分享一下金融知识。那我们一起学习吧"。

在提问环节,组员 A 问:"吴经理,我们家想贷款搞养殖。您看我们家的情况可以申请贷款吗?"吴经理马上说:"当然可以。现在我们银行还有专门针对脱贫户的小额信贷优惠政策,欢迎你来我们行了解详情,到时候你可以打我的电话。"最后,组员们纷纷表示学到了很多新的知识,表达了对吴经理的感谢。

总体来看,社工通过邀请金融机构的工作人员,介绍获取金融知识的渠道和金融纠纷的投诉渠道,引导组员积极通过各种渠道学习金融知识,使组员学会如何进行金融投诉,取得了比较不错的效果。社工还通过播放《自动取款机的使用方法》视频,使组员掌握了自动取款机的使用方法。在前两次活动结束之后,组员的参与度显著提高。社工开始改变角色,成为支持者和鼓励者。小组活动时间与计划的基本一致。活动中也有一些可以进一步完善的地方,如讲座活动较多,实践环节较少。

(四)第四期:扩充金融知识,我是"金融达人"

活动时间:2020 年 9 月 13 日 15:00—17:00。

活动地点:K 村村委会党群服务中心。

活动主题:扩充金融知识,我是"金融达人"。

活动过程具体见表7.8。

表 7.8　第四期小组活动计划表

活动流程	活动内容	所需时间	备注
温故知新	1.先播放暖场音乐《我们都是追梦人》。 2.引导组员回顾上一期活动的内容。 3.复述改进金融行为的重要性。 4.社工阐述本期活动的主题和主要内容	10 分钟	PPT、音乐、话筒
暖场游戏	1.一起玩"007 游戏"。 2.分享、交流、提升	10 分钟	卡片
知识课堂	1.社工带着组员一起观看《银行利息计算方法》视频,交流观后感,进一步学习如何计算单利和估算复利,并模拟练习。 2.社工带着组员一起学习《存款保险条例》,重点学习关于限额偿付的内容。 3.社工带着组员了解信用卡和借记卡的区别等内容。 4.社工讲解贷款知识,组员学习贷款利率和按揭贷款的还款方式等知识,同时了解贷款月供与总利息的情况。 5.社工讲解信用知识,帮助组员了解个人信用报告和个人信用报告的查询机构,以及学习如何对信用报告提出异议申请。 6.社工讲解投资知识,教会组员识别金融投资产品的风险,理解分散投资,简单计算投资收益率。 7.社工讲解保险知识,帮助组员理解财产险理赔,了解无条件退保的情况和投资型保险产品的风险	35 分钟	PPT、话筒、计算器、视频显示屏、利息计算习题库、《存款保险条例》、个人信用报告样本

续表7.8

活动流程	活动内容	所需时间	备注
知识竞赛	1.通过知识竞赛,激发组员对金融知识的兴趣。 2.社工邀请组员分享获奖感言	20分钟	金融知识题库、小奖品
情景模拟角色扮演	1.组员通过角色扮演模拟团队合作的情景。 2.社工邀请部分组员发表自己进行角色扮演的收获	30分钟	音乐、剧本、签字笔、纸
活动总结	1.分享交流。 2.总结提升	15分钟	互相学习

第四期小组活动的主要目标是帮助组员学习储蓄知识,学会计算单利和估算复利,了解存款保险的偿付限额,学会正确区分信用卡和借记卡;帮助组员学习贷款知识,了解还款方式、贷款月供与总利息的情况;帮助组员学习信用知识,了解个人信用报告及其查询机构;帮助组员学习投资知识,识别金融投资产品的风险,理解分散投资,计算投资收益率;帮助组员学习保险知识,了解保险购买额度,了解无条件退保和财产险理赔的情况,了解投资型保险产品的风险。

在本期活动的各个环节中,知识课堂的活动效果比较好。在知识课堂环节,当社工问谁知道《存款保险条例》的内容时,组员E说:"我之前收到过一条手机短信,里面应该提到了《存款保险条例》。但是我不是很懂这个东西。"组员E说完还拿出手机给社工看了看手机短信内容:"【江西农行】尊敬的农行客户您好,您在我行的本外币存款依照《存款保险条例》受到保护,保费银行交,本息有保障!"

组员团结友爱,共同努力。在小组活动中,组员从刚开始的被动听讲到现在主动交流,大家的表现都非常不错,小组活动开展得也非常顺利。但是社工在挖掘组员的潜力方面有一定的不足,要仔细观察每个组员的活动表现。

(五)第五期:提升金融技能,我是"金融小能手"

活动时间:2020年9月19日14:00—16:15。

活动地点:K村村委会党群服务中心。

活动主题:提升金融技能,我是"金融小能手"。

活动过程具体见表7.9。

表7.9　第五期小组活动计划表

活动流程	活动内容	所需时间	备注
温故知新	1. 先播放暖场音乐《我们都是追梦人》。 2. 引导组员回顾上一期活动的内容。 3. 阐述继续学习金融知识的重要性。 4. 社工阐述本期活动的主题和主要内容	10分钟	PPT、音乐、话筒
暖场游戏	1. 一起玩小游戏"纸杯传水"。 2. 组员分享游戏体验	15分钟	水缸、纸杯
观看视频	1. 社工提出问题，请组员带着问题观看《金融产品与金融服务的选择》和《使用银行自动取款机的注意事项》主题视频，学习正确辨别非法投资，了解自身的权利和义务，学会自动取款机吞卡时的正确处理方法。 2. 请组员回答之前的问题，交流观后感	35分钟	视频显示屏
火眼金睛	1. 观看视频《新版人民币来了，教你三招辨别真假人民币》系列视频，再通过最新版人民币模板画册，让组员学习识别与正确处理假币，并学会正确辨别2015版100元纸币的真伪。 2. 请组员回答之前的提问，交流观后感。 3. 社工分享上当受骗的案例，提醒组员防止受骗。 4. 社工讲解有关冠字号码的知识，帮助组员了解冠字号码的查询方式和功能	20分钟	视频显示器、签字笔、最新版人民币模板画册
音乐课堂	1. 社工发放歌词，教组员唱《我们都是追梦人》。 2. 布置作业，告知组员下一期会组织大合唱，提醒组员回家后继续练习该歌曲	25分钟	音乐、歌词
暖场游戏	1. 一起玩小游戏"纸杯传水"（组员和社工共10人，分两组同时比赛：由2名组员辅助两个组的第一名组员倒水至衔着的纸杯内，再一个个传递至下一个人的纸杯内，最后一人将纸杯内的水倒入水缸内。在10分钟内，缸里水更多的组获胜）。 2. 引导组员简单分享参与游戏的体验	15分钟	水缸、纸杯
活动总结	1. 分享交流。 2. 总结提升。 3. 提前告知下一期小组活动为最后一期	15分钟	共同成长，准备解散

本期小组活动主要帮助组员正确辨别非法投资，了解自身的权利和义务，学习和掌握银行卡的使用方法和假币相关的知识，了解冠字号码的查询功能。

在"火眼金睛"环节,很多组员分享了自己辨别假币的"独门绝技"。其中组员 G 说:"我呀,只要拿到钱(人民币),凭感觉就知道它是不是真的,哈哈。"社工立马追问:"G 叔叔,是什么感觉呀,和我们分享一下嘛。"组员 G 继续说:"真的钱拿在手上,摸起来会有一种'刺手'的感觉(触摸时的凹凸感),假的钱摸起来就很滑,而且感觉好薄。"社工总结道:"刚刚 G 叔叔说的是真人民币的雕版凹印,才会有这种触摸感。现在,咱们一起来看一个视频,大家就知道了。"整体来看,本期活动比较成功。

本次活动基本达成预期目标,组员互动明显增多,营造了一起学习、共同成长的氛围。组员们学会了使用银行自动取款机,学会了正确辨别假币以及对假币的正确处理方法,认识了非法投资的陷阱,为保护自身金融安全筑好了防线。在本期活动结束后,社工发现了可以提升的地方。比如:在提前告知小组活动即将结束,让组员在心理上做好离别准备时,一定要把握好切入点,不要太直接;对于某些金融知识,社工讲解得还不够深入,需要及时学习和补充。

(六)第六期:远方不远,未来可期

活动时间:2020 年 9 月 20 日 14:00—16:00。

活动地点:K 村村委会党群服务中心。

活动主题:远方不远,未来可期。

活动过程具体见表 7.10。

表 7.10　第六期小组活动计划表

活动流程	活动内容	所需时间	备注
回炉加热	1. 先播放暖场音乐《我们都是追梦人》。 2. 引导组员回顾上一期活动的内容。 3. 阐述继续提升金融技能的重要性。 4. 社工阐述本期主题。 5. 社工再次提醒小组即将解散	10 分钟	PPT、音乐、话筒
暖场游戏	1. 一起玩小游戏"正话反说"。 2. 组员分享游戏体验	15 分钟	调动组员情绪,活跃小组氛围
大合唱	1. 组员先复习歌曲《我们都是追梦人》。 2. 社工组织整个小组合唱《我们都是追梦人》	15 分钟	音乐、歌词

续表 7.10

活动流程	活动内容	所需时间	备注
成长分享 展望未来	1. 社工播放前几期活动的视频剪影,向组员展示大家的成长历程。 2. 邀请每位组员分享自己参加活动的感受。 3. 聆听组员接下来的打算与想法	30 分钟	PPT、话筒、视频剪影
活动总结	1. 总结升华。 2. 宣布小组活动结束	15 分钟	升华主题,注意组员的离别情绪
收集意见 进行后测	1. 问卷后测。 2. 收集意见反馈表	25 分钟	问卷、意见反馈表
合影留念	1. 播放音乐《友谊地久天长》。 2. 社工发放之前拍的活动特写照片,组员留念。 3. 互送祝福卡片,拍大合照	10 分钟	音乐、照片、照相机

本期小组活动的目标是回顾活动历程,总结和升华主题,展望未来;宣布小组活动正式结束,妥善处理组员的离别情绪;鼓励组员以后保持联系,加强互动与交流,巩固小组内部的互助网络;进一步提升组员的金融素养,深化社工服务,跟踪反馈组员的情况。社工通过播放视频,回顾美好瞬间,进一步分享和交流。组员 H 表示:"我一开始其实对小组目标充满质疑,现在交到了很多朋友,学到了很多知识。我好高兴哦,谢谢大家。同时我觉得你们(社工)真的非常棒,给你们点赞。你们组织这次活动,忙来忙去,也辛苦了。谢谢你们哦,哈哈,谢谢小伙伴们。"

最后,社工对小组活动进行了总结。活动接近尾声时,社工收到了大家送的特产,社工也将之前在活动中拍的特写照片赠送给大家,并邀请大家拍一张合影,小组活动取得了圆满成功。社工在本次小组活动中出现了一些细节上的不足,今后要及时总结相关经验,努力提升自己的实务技能。

(七)后期跟进

2020 年 10 月 18 日下午,距离小组工作结束近一个月,社工重返 K 村,在党群服务中心组织了一次主题为"小组回归日"的聚会,针对组员金融素养四个维度的相关情况进行跟进,并了解组员当前的需求。从跟进的情况看,组员在小组工作结束后,养成了良好的金融习惯,如开始储蓄、合理消费、规划支出等。最后,组员们还表达了对下一次小组活动的期待。

五、案例评估

本次小组工作评估主要包括过程评估和结果评估。过程评估的数据主要来源于每期小组活动的情况和"组员意见反馈表"以及"小组回归日"组员访谈情况。过程评估主要根据组员的反馈以及与组员的交流,了解提高组员金融素养效果的延续性。结果评估的数据主要来源于组员金融素养问卷的前测和后测结果。结果评估通过对组员金融素养前、后测问卷的比较,进一步分析小组社会工作对组员金融素养的提升情况。

(一)过程评估

本次小组工作的过程评估,通过每期小组活动的情况和"组员意见反馈表"的收集情况以及"小组回归日"组员访谈情况来体现。

1. 小组活动评估

(1)组员参与度情况

本次小组活动得到当地村委会的大力支持,通过物质奖励的方式鼓励脱贫户积极参加活动。本次小组活动的应到人数和实到人数均为 9 人,出勤率达到了 100%。这样的高出勤率是组员积极参加"提升金融素养,创造幸福人生"农村脱贫户金融素养服务小组活动的体现。小组活动考勤统计情况如表 7.11 所示。

表 7.11　小组活动考勤统计表

活动期数	活动主题	活动时间	应到人数	实到人数	出勤率
第一期	有缘相遇,共赴远方	9 月 5 日	9	9	100%
第二期	端正金融态度,我是"金融大师"	9 月 6 日	9	9	100%
第三期	改善金融行为,我是"金融小当家"	9 月 12 日	9	9	100%
第四期	扩充金融知识,我是"金融达人"	9 月 13 日	9	9	100%
第五期	提升金融技能,我是"金融小能手"	9 月 19 日	9	9	100%
第六期	远方不远,未来可期	9 月 20 日	9	9	100%

（2）小组活动开展情况

第一期活动的主题是有缘相遇，共赴远方。这一期小组活动的目标主要是破冰、初步建立小组关系，明确小组活动的意义和目标，制定小组规则，签订契约，建立良好的小组关系。第一期小组活动增强了组员的相互认同感，促进了组员之间的互动和沟通。

第二期活动的主题是端正金融态度，我是"金融大师"。这一期小组活动的目标主要是提高组员对金融教育的认识，让组员认识到金融知识普及的重要性，引导组员积极面对消费和储蓄，帮助组员树立正确的消费和储蓄观念，引导组员重视信用、讲信用，不过度扩张信用。通过反思，本期活动也有不足之处，社工对部分金融知识的认识不足，未涉及更多相关知识，社工需要在后期的小组活动中寻求社会支持。

第三期活动的主题是改善金融行为，我是"金融小当家"。这一期小组活动的目标主要是帮助组员制定家庭开支规划，鼓励组员积极执行家庭开支计划，引导组员做好未来支出计划，了解贷款的申请流程和信用卡的使用技巧，学习使用自动取款机，引导组员积极获取金融知识，了解金融纠纷的投诉渠道。总体来看，社工通过邀请金融机构工作人员讲解有关金融知识，取得了不错的效果。

第四期活动的主题是扩充金融知识，我是"金融达人"。这一期小组活动的目标主要是帮助组员学习储蓄知识，学会计算单利和估算复利，了解存款保险的偿付限额，学会正确区分信用卡和借记卡；帮助组员学习贷款知识，了解还款方式和贷款月供与总利息的情况，学习信用知识，了解个人信用报告及其查询机构；帮助组员学习投资知识，识别金融投资产品的风险，理解分散投资，计算投资收益率；帮助组员学习保险知识，了解保险购买额度，了解无条件退保和财产险理赔的情况以及投资型保险产品的风险。

第五期活动的主题是提升金融技能，我是"金融小能手"。这一期小组活动的目标主要是帮助组员正确选择金融产品或服务，了解其风险和收益，正确辨别非法投资，了解自身的权利和义务；帮助组员学会使用银行卡，正确辨别假币以及正确处理假币，了解冠字号码的查询功能。

第六期活动的主题是远方不远，未来可期。本期小组活动主要回顾小组活动历程，总结小组活动，升华组员的情感，展望未来；宣布小组活动结束，处理组员的离别情绪;鼓励组员以后经常联系,加强互动与交流,巩固小组内部的互助网络;进一步提升组员的金融素养,深化社工服务,跟踪组员的情况;总结交流,升华主题,进一步增强组员的认同感。

本期活动还有一个后期跟进环节。距离小组工作结束近一个月,社工重返K村,在党群服务中心组织了一次主题为"小组回归日"的聚会,了解组员金融素养四个维度的相关情况。由于时间安排不当,后期小组跟进只是通过简单的访谈形式进行,没有对组员的金融素养水平再次测量,没有对组员的金融素养情况进行量化对比。

2. 小组工作满意度评估

通过汇总统计,发现大部分组员对这次小组活动表示满意,并表示愿意再次参加类似的小组活动。在小组活动内容上,六期小组活动中,只有第一期小组活动的非常满意度为88.89%,基本满意度为11.11%,其余五期小组活动的非常满意度为100%。第一期小组活动的内容满意度略低,组员对活动安排很满意,对小组活动的场地、整体印象和整体服务都"非常满意"。在小组活动的时间安排和开展形式上,88.89%的组员"非常满意",11.11%的组员"基本满意",说明社工可以调整小组活动的时间和形式。组员对社工的评价比较高。三个题目的反馈均达到了100%的"非常满意",说明组员一致认可社工的表现,社工应及时总结相关的实践经验。组员对小组活动效果的反馈比较理想。组员对参加类似的小组服务活动有很高的热情。组员意见反馈统计情况如表7.12所示。

表7.12　组员意见反馈统计表

序号	内容	非常满意	基本满意	不满意	极不满意
1	有缘相遇,共赴远方	88.89%	11.11%	0%	0%
2	端正金融态度,我是"金融大师"	100%	0%	0%	0%
3	改善金融行为,我是"金融小当家"	100%	0%	0%	0%
4	扩充金融知识,我是"金融达人"	100%	0%	0%	0%
5	提升金融技能,我是"金融小能手"	100%	0%	0%	0%
6	远方不远,未来可期	100%	0%	0%	0%

续表7.12

序号	内容	非常满意	基本满意	不满意	极不满意
7	对小组活动的时间安排	88.89%	11.11%	0%	0%
8	对小组活动的场地安排	100%	0%	0%	0%
9	对小组团队的整体印象	100%	0%	0%	0%
10	对小组活动的开展形式	88.89%	11.11%	0%	0%
11	对小组活动的整体服务	100%	0%	0%	0%
12	对社工的工作表现	100%	0%	0%	0%
13	对社工的服务态度	100%	0%	0%	0%
14	对社工的整体印象	100%	0%	0%	0%
序号	内容	有	没有	不知道	
15	在小组活动中所学知识,您有没有想给他人分享的意愿?	100%	0%	0%	
16	如果以后有类似小组活动,您有没有意向参加?	100%	0%	0%	
17	您认为本次小组活动对您的金融素养提升有没有帮助?	100%	0%	0%	

(二)结果评估

本次小组工作的结果评估,主要体现在组员金融素养提升程度上,通过对比分析组员金融素养前测与后测的结果来实现。

1. 脱贫户金融态度更端正

在前测的结果中,只有33.33%的组员认为金融教育"非常重要"。经过小组工作实务介入后,当再次问到组员对金融教育的态度时,所有组员都认为金融教育很重要。其中,88.89%的组员认为金融教育"非常重要",11.11%的组员认为金融教育"比较重要"。完全同意理性消费的比例从前测的22.22%变为后测的100%(图7.50)。在对信用的态度上,前测中仅有44.44%的组员同意信用很重要的观点,而后测结果显示全部组员都同意这一观点。

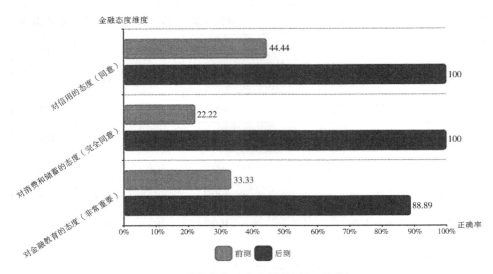

图 7.50　脱贫户金融态度的前测与后测情况

2. 脱贫户金融行为得到改进

由图 7.51 可知,在前测中制定家庭开支计划的组员只有 11.11% ,而后测中有 88.89% 的组员开始制定家庭开支计划;前测中"严格执行"家庭开支计划的组员为 0% ,后测中这一比例达到了 77.78% 。在未来支出计划方面,前测显示计划未来支出的只有 33.33% ,后测中绝大部分组员尝试着存钱。在合同和对账单的使用以及是否阅读合同条款这一问题上,前测显示"仔细阅读"的组员有 44.44% ,后测显示全部组员都选择"仔细阅读"。在贷款的申请这一项中,前测有 88.89% 的组员没有申请过贷款,而后测中全部组员申请贷款前都会考虑偿付能力。在信用卡的使用方面,前测中有 88.89% 的组员没有信用卡,而后测中全部组员选择了还款方式。在小组活动中发现大部分组员没有使用过自动取款机,55.57% 的组员没有防偷窥意识,后测中所有组员都有防偷窥意识。在金融知识方面,前测中组员"不知如何寻求帮助",经常"置之不理",后测中全部组员都会选择合适的方式。当发生纠纷时,前测中只有 11.11% 的组员知道如何投诉,后测中所有组员都选择了相应的金融纠纷投诉方式。

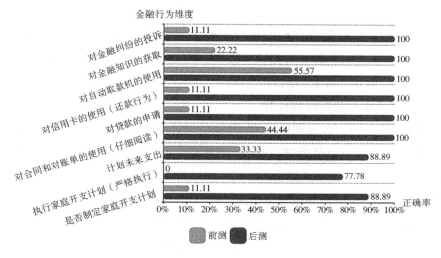

图 7.51 脱贫户金融行为的前测与后测情况

3. 脱贫户金融知识得到扩充

由图 7.52 可知,前测中有大部分组员认为自己的金融知识水平不太高,后测显示对金融知识水平不自信的情况明显改善。储蓄知识的平均正确率明显提高了很多。在银行卡知识调查问题上,前测中组员的平均正确率为 22.22%,后测显示组员的平均正确率为 81.48%。在贷款知识问题上,前测中组员的平均正确率为 14.81%,后测显示组员的平均正确率上升至 70.37%。在信用知识

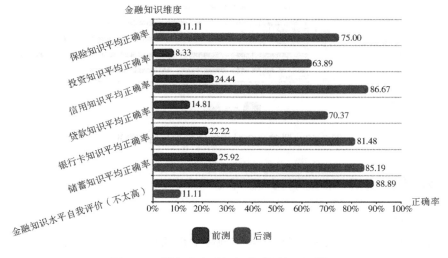

图 7.52 脱贫户金融知识的前测与后测情况

的平均正确率上,前测中组员的平均正确率为 24.44% ,后测显示组员的平均正确率为 86.67% 。在投资知识的平均正确率上,前测中组员的平均正确率为 8.33% ,后测显示组员的平均正确率为 63.89% 。有关保险知识的平均正确率由前测的 11.11% 上升至后测的 75.00% 。

4. 脱贫户金融技能得到提升

从图 7.53 中可知,前测中有 77.78% 的组员不知道如何比较金融产品或服务,后测显示大部分组员会进行比较,只有一个还不是很了解。在辨别投资渠道和产品服务是否合法时,前测中 100% 的组员不知道,后测显示绝大部分组员懂得辨别。关于金融产品或服务的风险和收益,前测中 88.89% 的组员不知道,后测结果中只有 11.11% 的组员不知道。前测中有 77.78% 的组员不理解金融产品或服务合同条款,后测中只有 11.11% 的组员不理解。在银行卡被自动取款机吞掉后的处理上,前测显示 66.67% 的组员处理错误,后测显示所有组员处理正确。在误收假币后的处理方式上,前测中有 88.89% 的脱贫户处理错误,后测显示所有组员处理正确。在辨别人民币的真伪上,前测中有 88.89% 的组员不知道如何辨别,后测中这一比例降至 11.11% 。关于冠字号码查询功能的作用,前测中全部组员都不知道,后测结果显示所有组员都知道。

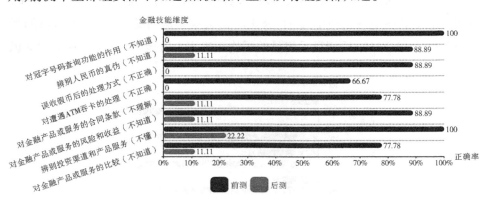

图 7.53　脱贫户金融技能的前测与后测情况

六、专业反思

(一)结论

本案例以江西省 K 村为例,在对当地脱贫户的金融素养开展入户调研后发现,K 村脱贫户存在金融态度亟须端正、金融行为亟待改进、金融知识有待扩充、金融技能有待提升等问题。社工招募了 K 村的 9 名脱贫户作为服务对象，开展了以"提升金融素养，创造幸福人生"为主题的金融素养服务小组实务，共组织开展了六期小组活动。

通过金融素养前测与后测对比分析，9 名脱贫户的金融态度明显更端正，金融行为得到了改进，金融知识得到了一定程度的丰富，金融技能得到了有效提升，表明脱贫户的金融素养得到了一定程度的提升。小组工作实务也显示，金融社会工作有助于增强脱贫户的金融能力，帮助脱贫户获得更多的金融福祉，降低脱贫户返贫的风险。

（二）建议

1. 激发脱贫户的内生动力，积极引导脱贫户自我提升

脱贫户返贫的原因复杂多样，既有客观原因，也有主观因素。我们要在继续加强对脱贫户物质援助的基础上，努力增强脱贫户艰苦奋斗的积极主动性；继续坚持扶志和扶智，继续激发脱贫户的内生动力，进一步引导脱贫户自立自强，提升脱贫户的金融素养。

改善社会金融风气，为激发脱贫户的内生动力营造良好的氛围。加强对脱贫户进行金融知识教育，优化金融环境，营造良好的金融服务氛围，使脱贫户的金融素养得到大幅提升。重视培养脱贫户的金融意识，增强脱贫户的信用责任意识，帮助脱贫户转变金融观念。开展金融宣传工作，引导脱贫户完成新的个人资产建设目标，提高金融风险防范意识、风险识别能力，增强脱贫户的金融信用意识。帮助脱贫户学以致用，真正改变金融行为方式，真正熟悉金融产品和服务。

改善农村的金融环境，减少脱贫户对金融的排斥感。提高脱贫户的金融素养，一方面要从提高脱贫户的个人能力入手；另一方面，要创建良好的金融环境。首先要改善农村的金融环境，减小不利的外部环境对脱贫户的影响。创造良好的金融生态环境，可以更好地提升脱贫户的金融素养。其次，要拓宽农村的金融知识普及渠道，拓宽脱贫户参加金融活动的范围。金融社工可积极利用线上的新媒体资源和线下的便捷服务机构，鼓励社会各界积极参与，采用灵活和创新的方法，共同搭建金融知识普及平台。再次，要完善激励等机制，激发脱贫户的自我发展动力，形成积极参与金融教育的氛围，提高脱贫户对金融教育的参与度，培养良好的金融意识。

2.激活社会组织的资源整合能力,深入脱贫地区提供服务

农村脱贫地区的金融教育资源有限,金融知识普及力度不够大,需要更多的社会组织参与脱贫户金融素养提升工程。社会工作组织应整合各方面的资源,为脱贫户提供专业的社工服务,丰富农村金融服务活动的多样性。金融社工以脱贫户为服务对象,尝试探索本土化的金融社会工作实务,从而提高金融社会工作的服务水平,为进一步提高脱贫户的金融素养提供参考。

社会工作组织要深入脱贫地区提供金融社工服务,联合金融机构创新服务形式,提供专业的社工服务。社会工作组织可以协助金融机构创新服务形式,促进金融机构更好地参与脱贫户金融素养提升工作。面对诸多不同的金融产品和服务,脱贫户需要专业的指导和建议,虽然互联网可以提供金融咨询服务,但难以确定线上金融咨询服务的有效性,金融社工可以根据脱贫户的实际需求,现场为脱贫户提供金融知识咨询服务,提高脱贫户的金融决策能力。金融社工可以利用个人发展账户等政策性金融工具,帮助脱贫户进行资产建设。

协同社会各界共同促进脱贫户金融素养提升。社会各界共同参与是乡村振兴战略有效实施的重要举措,社工应积极充当资源链接者的角色,促进社会多元主体协同参与脱贫户金融素养提升。社会工作组织应联合政府部门,共同营造良好的金融环境。社工在深入脱贫地区提供服务的同时,要注意使脱贫户通过提升金融素养实现财富增值。社会工作组织应创建良好的金融环境,帮助脱贫户采取适当的金融行为。一个良好的金融环境应具有较高的金融教育普及率、较强的金融产品和服务的有效性。

3.引导金融机构完善服务,科学构建金融教育体系

金融教育是一项系统工程,需要统筹规划、协调推进。社会各界要创建良好的金融教育环境,积极组织金融教育活动,提高农村金融教育普及率,提升脱贫户的金融素养,提升农村脱贫户的幸福感。相关部门要完善农村征信制度建设,进行金融信用教育,改变脱贫户的旧观念,提高脱贫户的信用责任意识,提高脱贫户对资产建设重要性的认识,加大对惠农政策的宣传和解读力度,通过开展资产建设活动,提高脱贫户的资产建设能力。

金融机构应深入脱贫地区,提供优质的金融教育课程服务。金融机构要发挥主体作用,推动脱贫村金融发展;充分发挥各级力量的作用,采用各种新方式,普及金融知识,帮助脱贫户提升金融素养。金融机构要拓展金融服务方式,

提高脱贫户的金融需求满意度。金融机构要积极组织送温暖活动,提供更人性化的服务,提高金融服务效率,提高金融服务满意度。

金融机构要优化金融服务,完善配套服务设施,提供多元化的金融产品。脱贫户收入有限,承受经济风险的能力较差。金融机构应充分考虑脱贫户的特点,优化服务的内容,根据脱贫户的特点,提供更多样的金融产品和服务。此外,金融机构网点还要完善其他配套服务设施。

科学构建金融教育体系,充分开展金融教育。脱贫地区的金融教育还不够全面,农村脱贫户对金融产品和服务的排斥感比较强烈,使得农村脱贫户的金融素养难以提升。脱贫户排斥金融产品和服务的现象很明显,金融社工需要积极开展金融教育,提高金融知识普及率,增强脱贫户的金融能力,消除脱贫户对金融的排斥感。创建规范的金融教育发展体系,可以更好地开展金融教育,显著提升脱贫户的金融能力,进而使脱贫户提高金融意识、改进金融行为、提升金融素养。

4.深化政府监管机制改革,充分发挥金融政策的效能

完善顶层设计和全面规划,建立健全金融知识教育体系。要提升脱贫户的金融素养,就必须做好顶层设计,全面布局,统筹推进,保障脱贫户的合法权益。可以定期开展脱贫户金融素养调查,积极探索脱贫户金融教育效果评价机制。可以定期测评脱贫户的金融素养,跟踪检验各项金融教育项目的效果,及时了解脱贫户的金融素养现状和金融教育的效果。要加强法治化建设,采取相关管理措施,真正落实金融教育工作机制。要完善相关法律法规,增加农村金融纠纷调解机构,及时帮助脱贫户维权。

政府要积极主动作为,深化监管机制改革,营造有利于提高金融服务水平的体制环境。政府应积极发挥主导作用,牵头组织提高金融素养的活动,做好监测和统筹规划,充分调动社会公共资源,协同推动金融教育有序发展。规范金融市场秩序,需要法律法规的约束和政策的积极引导。政府应出台相应的政策,大力整顿金融乱象。脱贫地区的金融知识和金融政策宣传力度不够,社会工作组织要积极参与各方面的工作,提醒相关部门及时发布相关政策。

强化金融监管机制,充分发挥金融政策的作用。政府应制定具有针对性的金融政策,激励社会力量积极参与。一些脱贫户的权利和利益受到侵犯,降低了脱贫户参与金融市场的积极性。政府应制定有效的金融政策,政府各职能部

门和相关金融机构应积极行动,从政策角度解决问题,激发贫困家庭致富的热情。可以考虑设立金融教育基金,聚集社会力量,提升脱贫户的金融素养。

5.学习借鉴国际先进经验,融合科学技术创新应用

借鉴国际金融素养培育经验,拓宽金融知识普及的渠道和方法。很多国家将金融教育纳入法律规定和教育体系,如英国有针对性地开展金融教育项目,美国则联合社区组织和社会企业开设公益课程。在对脱贫户进行金融教育时,可以借鉴这些经验。相关部门应加强互联网金融市场监管,在有效监管的基础上,大力发展数字普惠金融,提高金融服务水平,让脱贫户更容易获得金融服务。增强脱贫户学习金融知识的成就感,提升贫困家庭的金融素养。

运用新的金融技术手段,拓展金融教育形式。利用金融技术创新和"互联网+"新平台成果,开发更多的提升金融素养的服务渠道。除了电视和公益宣传栏等传统渠道,还应该充分利用互联网平台和新的金融技术,提高金融教育服务水平。金融社工还应培养脱贫户的互联网金融素养,提高脱贫户的金融知识获得感。金融教育机构应充分利用社会资源开发更加便捷的智能化金融教育平台,针对脱贫户开展形式多样的金融教育,为提升脱贫户的金融素养注入新动力。

(根据江西财经大学2021届MSW论文《金融社会工作视域下脱贫户金融素养提升研究——以江西省康村为例》编写,论文作者李小春,指导教师吴时辉。)

案例点评

本案例是针对江西K村的脱贫户开展的一个教育性小组,目的是解决脱贫户金融素养不高的问题,从而减小脱贫户返贫的风险,促进脱贫户的可持续发展。在我国取得脱贫攻坚战的伟大胜利和全面建成小康社会以后,中央仍十分重视对脱贫户的后续帮扶,持续推进脱贫地区发展。社工是参与构建脱贫户帮扶机制的重要社会力量。本案例的服务对象是K村的9名脱贫户。他们金融素养水平较低,人力资本受到约束,面临返贫风险。针对这些特点,社工设计了六期小组活动,希望能够帮助他们走出目前的困境。

在本案例中,社工选取了增能理论、资产建设理论和社会学习理论作为本次小组活动的理论支撑,从金融素养的金融态度、金融行为、金融知识、金融能

力四个维度分别设计了有针对性的帮扶内容。整个小组活动十分顺利。过程评估显示组员的满意度比较高,说明社工具有较强的组织技巧和带领技巧,能够提高组员的积极性,并在融洽的氛围中解决组员的问题。对9名脱贫户金融素养前测与后测结果的对比分析表明,脱贫户的金融态度明显端正了,金融行为得到了改进,金融知识得到了一定程度的丰富,金融技能得到了有效的提升,说明脱贫户的金融素养得到了一定程度的提升。小组工作实务也显示,金融社会工作有助于增强脱贫户的金融能力,帮助脱贫户获得更多的金融福祉,减少脱贫户返贫的风险。

对脱贫户进行大样本的调查是本案例突出的亮点。通过这些调查,社工大致了解了脱贫户的金融素养水平和存在的问题,为后续开展小组工作提供了扎实的实证基础。

本案例取得了不错的成绩,但是也存在以下不足之处:

一方面,社工对服务对象的需求评估不足。虽然社工在问卷调查中比较详尽地分析了K村脱贫户存在的主要问题,但不能忽视对组员需求的评估。忽视对组员需求进行评估导致社工按照金融素养的四个维度,而不是基于服务对象的需求来设计小组活动,导致理论体系与具体需求脱节。

另一方面,小组活动的时间需要调整,内容需要进一步优化。例如,每次小组活动开始前,社工都播放《我们都是追梦人》作为开场曲。如果能够结合农村的特点,选择更具有乡土气息、贴近脱贫户的歌曲,效果可能更好。再如,社工在每次小组活动中都设置了暖场活动,活跃小组气氛。但是在第五期活动中,社工设置了两次暖场活动,可能会影响整个活动的进度。

(唐俊)

第八章　农村脱贫妇女金融能力提升的小组工作介入

一、案例背景

2020 年我国取得了脱贫攻坚战的伟大胜利,并全面建成小康社会,但是脱贫户的可持续发展问题仍然值得全社会关注。尤其是脱贫妇女,无论是在个人的人力资本、收入能力方面,还是在家庭责任、社会机会方面,都比男性面临着更大的风险。提升金融能力是增强脱贫户抵御返贫风险、实现个人发展的重要手段。金融能力指人们对自己的财务状况、财务知识和技能以及财务行动动机的了解,总体包括金融知识、金融技能,金融信心和金融态度这四个方面①。当具备了一定的金融能力后,人们将会提前做好经济计划,寻找和利用合适的金融信息,合理地寻求建议,从而更好地适应金融市场的变化②。由于受到性别、教育水平、收入、社会机会等因素的影响,女性的金融能力普遍弱于男性。因此,提升脱贫妇女的金融能力是金融社工的重要责任。

G 村位于江西省赣州市上犹县。上犹县曾是著名的国家级贫困县,有 6 个深度贫困村,50 个省级贫困村,全县建档立卡贫困人口 12954 户,共 44606 人。2019 年底,全县 50 个贫困村已全部退出。在上犹县的脱贫人口中,据不完全统计,妇女脱贫人口约占 40%。多数为家庭妇女,在家务农,无稳定的经济收入,对政府的经济补贴极为依赖。G 村位于上犹县最大的镇东山镇的北部,2019 年以前,全村有 87 户建档立卡贫困户,共 257 人。其中,104 名为女性,约占 40.5%。由于青壮年男子外出务工,留下的大多是老弱妇孺。妇女不仅要承担繁重的农业劳动,还要承担照料家庭的重任。该村只有少数妇女掌握一定的技

---

① MELHUISH E,BELSKY J,MALIN A. An investigation of the relationship between financial capability and psychological well-being in mothers of young children in poor areas in England [R]. London:Financial Services Authority,2008,9(1):45 – 50.

② SERVON L J,KAESTNER R. Consumer financial literacy and the impact of online banking on the financial behavior of lower-income bank customers [J]. Journal of consumer affairs, 2008,42(2):271 – 305.

能,通过帮制衣厂加工货物来获得收入。大部分妇女的开支由在外务工的丈夫负责。该村缺乏大型合作社以及外来企业,从事非农就业的机会很少,因此该村妇女获取收入的途径较少。

据统计(图8.1),在104名脱贫女性中,18岁以下的有14名,占比13.5%,18岁至65岁的有70名,占比67.3%,65岁以上的有20人,占比19.2%。由此可见,该村的脱贫女性以18岁至65岁的人群为主体,接近70%。这部分妇女中仅有3人因残疾和重症而丧失基本劳动能力,其余妇女均可承担不同强度的劳动,是当地重要的劳动力。18岁以下的脱贫女性,基本都在接受教育;65岁以上的女性因年龄和身体等原因,大部分在家待着或者只能从事日常家务。

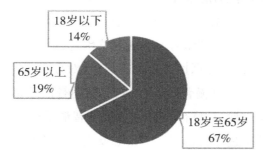

图 8.1 G 村脱贫女性分布情况

二、案例分析

(一)脱贫妇女金融能力评价指标体系

社工参考 2013 年的世界银行金融能力测度框架,结合 G 村脱贫妇女的实际情况,建立了 G 村脱贫妇女金融能力评价指标体系(如表8.1),并设计了调查问卷和访谈提纲。

表 8.1 脱贫妇女金融能力测评体系

一级指标	二级指标
金融知识	储蓄知识、贷款知识、金融产品知识、金融风险知识、保险知识、金融信用知识
金融技能	ATM 机的使用、金融支付软件的使用、真假币的识别、金融计算能力
金融态度	对金融教育的态度、对储蓄的态度、对贷款的态度、对投资的态度
金融行为	家庭开支总结、家庭资金规划、金融产品的选择和购买

(二)G 村脱贫妇女的金融能力问题

通过实地调研和总结,社工发现 G 村脱贫妇女金融能力欠缺,在金钱的利用、金融基本知识的掌握以及金融资源的获得等方面都存在很大的问题。

1. 金融基础知识不足

经过调查得知,G村18岁以上的脱贫妇女有90名,仅有14名脱贫妇女拥有初中及以上文化,近85%的脱贫妇女只有小学文化,甚至小学没毕业。这些妇女对新知识的接受程度较低:一方面由于家庭条件的影响,她们接受的教育十分有限,文化水平很低;另一方面,由于所处环境的限制,她们能接触到的金融知识也很少,后天提高金融知识水平的条件有限,以至于金融基础知识十分不足,甚至对一些基本的金融操作也不熟悉,给日常生活带来了诸多不便。

2. 缺乏提高金融能力的条件

上犹县曾经是国家级贫困县,地方财政收入相当有限,没有多余的资金用于乡村金融宣传教育。G村作为上犹县的贫困村,基础设施建设相当落后,这两年才连通互联网,而且互联网普及范围较小,对金融的宣传作用很小。虽然智能手机这几年在农村慢慢普及,但能熟练利用智能手机上网的脱贫妇女较少。在104名脱贫女性中,只有不到10人拥有智能手机。10个人当中,仅有3人会使用智能手机通过微信聊天。其余妇女大多使用只能打电话和接电话的传统手机。

3. 获取有效金融资源的机会有限

G村脱贫妇女了解的金融信息非常有限。在她们的观念中,银行就是一个存钱和取钱的机构。关于银行的其他职能,她们都不太清楚。此外,人们经常用到的微信支付和支付宝支付,只有个别妇女会使用。对于微信和支付宝的其他金融功能,她们都表示不太了解。村里对基金和股票这些金融产品从未宣传过。有个别妇女表示,如果有国家信誉担保的安全可靠的金融产品,她们还是愿意去尝试。但是,对于第三方支付平台,她们缺乏信任感。

(三)G村脱贫妇女的金融需求

1. 学习必要的金融知识。G村脱贫妇女需要学习必要的金融知识,了解基本的金融概念,熟悉基本的金融操作,以便给日常生活提供方便。

2. 掌握必要的金融技能。G村脱贫妇女对于基本的金融技能掌握不足,例如对银行ATM机的操作、在人工柜台上存款和取款、通过微信和支付宝收款和转账等。要求G村脱贫妇女学习和掌握复杂的金融技能不具备可操作性,但是掌握一些简单的金融技能,对于提高她们的生活质量、增强她们抵御金融风险的能力具有很大的帮助。

3.端正金融态度。部分脱贫妇女对基本的储蓄也持保守态度,对借贷则存在恐惧心理,不能正确地认识银行借贷、民间借贷等的积极作用,对投资和金融产品较为排斥,对投资缺乏清楚的认识。因此,端正 G 村脱贫妇女的金融态度,引导 G 村脱贫妇女形成学习金融、利用金融的良好生活态度十分有必要。

4.改善金融行为。G 村脱贫妇女存在一系列金融行为问题,例如不能合理地利用储蓄和贷款,不能正确地看待金融产品,对金钱的使用缺乏合理的规划,不能有效地发挥自身所有资本的作用。因此,我们需要引导 G 村脱贫妇女做好科学的金融规划,培养合理的金融行为。

三、服务计划

(一)小组概况

小组名称:G 村脱贫妇女金融增能小组。

小组成员:G 村脱贫妇女 8 人。

活动次数:7 次。

活动时间:每周六。

服务地点:G 村村委会党员活动室。

(二)小组理念

1.小组动力学理论

小组动力学理论由美国心理学家库尔特·勒温(Kurt Lewin)提出,强调小组的每一个组成部分都紧密相连,都应该作为一个整体来研究,而动态研究是其最基本的特征①。艾丽思(Ellis)和费希(Fisher)的群体动力系统表明,输入、过程和输出三大要素之间是相互影响的,群体从而得到发展②。

总体来说,小组动机体现在小组的各个方面,包括其形成、发展、运作、互动、吸引、排斥、反应或变化的过程。小组激励可以帮助群体中的个体在充分利用群体的发展优势的情况下,使其社会化,协调个体与组织的关系,促进组织自我循环,增强其与社会的连接,从而促进社会进步发展③。

---

① 卢因.社会科学中的场论[M].北京:中国传媒大学出版社,2016.

② 刘梦,张和清.小组工作:第 2 版[M].北京:高等教育出版社,2013.

③ 里士满.社会诊断[M].刘振,译.上海:华东理工大学出版社,2018.

2. 资产建设理论

资产建设理论是一种反贫困的社会理论,源于美国,主张帮助贫困人口实现自我资产积累,提高自身的发展能力,彻底摆脱贫困的束缚,而不是通过直接发放现金的方式提高或维持贫困人口的最低生活水平。

迈克尔·谢若登(Michael Sherraden)指出,穷人要真正达到脱贫的目的,政府就必须通过转移部分资源的方式,刺激穷人积极积累资产,形成帮助穷人积累资产的新模式①。具体而言,资产建设理论主张政府建立以收入为基础的扶贫政策为基础,帮助贫困人口积累资产,即以资产为基础,为贫困人口提供有效补贴,建立资产社会政策,帮助贫困人口有效积累资产。概括来说,他主张政府的部分收入转移应以资产的形式帮助穷人,并将资产引入贫困家庭②。对于穷人来说,资产积累与制度形成密切相关,制度建设的完善才能更好地帮助穷人积累资产,为贫困家庭设立专项资产,更有利于贫困家庭摆脱贫困③。

(三)小组目标

总目标:帮助 G 村脱贫妇女提高金融能力和发展能力,避免在国家扶贫政策变化后出现返贫现象。

具体目标:

第一,G 村脱贫妇女掌握一些提升自身金融知识水平的方法,让她们未来有条件不断提高自身的金融水平。

第二,G 村脱贫妇女学会使用银行基本的人工服务和器械服务。

第三,G 村脱贫妇女学会识别一些简单的金融陷阱,防止在日常生活中遭遇诈骗。

第四,教会 G 村脱贫妇女掌握一些简单的金融投资方法,帮助她们提高金融收益。

第五,教 G 村脱贫妇女做好金融规划,提高资金利用效率。

第六,端正 G 村脱贫妇女的金融态度,帮助她们形成正确的理财观。

---

① 谢若登.资产与穷人:一项新的美国福利政策[M].北京:商务印书馆,2007:351.

② DOLLAR D,KRAAY A. Growth is good for the poor[J]. Journal of economic growth, 2002,7(3):195 – 225.

③ JALILIAN H,KIRKPATRICK C. Financial development and poverty reduction in developing countries[J]. International journal of finance and economics,2002,7:97 – 108.

（四）小组性质

本小组为教育小组，遵循以下原则：

1. 相互尊重的原则。在小组活动过程中，坚持相互尊重，充分发挥组员的能动性，激发组员的内在动力，促进小组目标顺利完成。

2. 平等的原则。在小组活动过程中，坚持组员之间以及组员和社工之间的平等关系，鼓励组员在活动中平等合作、各抒己见，避免组员自卑等原因导致小组动力不足。

3. 需求导向的原则。本次小组活动设计坚持以提高 G 村脱贫妇女的金融能力为目标，充分结合社会工作的专业技能，使小组活动充分契合主题，达到满意的效果。

（五）小组成员

本小组的组员在年龄和知识水平方面在 G 村具有一定的代表性，有时间和精力参加本次小组活动。本小组共募集了 8 名愿意参加小组活动的脱贫妇女。8 名妇女的基本情况见表8.2。

表8.2　组员基本情况

组员	年龄（岁）	基本情况	文化水平
张女士	46	早年丧夫，独自抚养正上高中的儿子	初中文化
曾女士	56	早年丧夫，在家抚养孙子，儿子离异	小学文化
杨女士	48	儿子残疾，老公务农	高中文化
田女士	60	和老公在家务农，无亲生子女，领养的一个女儿不久前离婚	初中文化
刘女士	38	老公因车祸残疾，有一子，和公公婆婆一起抚养	小学文化
郭女士	45	老公手指残疾，家中有一儿三女	小学文化
廖女士	63	儿子意外去世，儿媳改嫁，和老公抚养孙子	小学文化
胡女士	58	丈夫存在智力障碍。儿子30岁，未婚	小学文化

（六）服务计划

本期小组活动共分七次进行，旨在帮助 G 村脱贫妇女学习金融知识，掌握必要的金融技巧，端正金融态度，改进金融行为，最终提高金融能力，增强生活能力。六次活动的具体安排见表8.3。

表8.3 活动安排

第一次小组活动

小组活动名称	相遇即改变
小组活动目标	实现组员破冰,为后期开展小组活动做准备
小组活动时间	2020年8月15日15:00—16:05
活动地点	G村村委会党员活动中心
成员构成	1名社工,G村妇女主任,8名G村脱贫妇女
活动内容	社工向前来参与小组活动的8名妇女做自我介绍; 开展破冰游戏;签订小组契约,明确小组的目标和规范

第二次小组活动

小组活动名称	金融在我身边
小组活动目标	开展金融教育,丰富脱贫妇女的金融知识
小组活动时间	2020年8月22日15:00—16:20
活动地点	G村村委会党员活动中心
成员构成	1名社工,1名银行工作人员,8名G村脱贫妇女
活动内容	各自发表自己对金融的见解;观看金融知识介绍短片;开展"金融小能手"游戏;银行工作人员具体介绍何为金融,日常生活中哪些活动与金融相关;请组员发表观看视频以及听银行工作人员介绍金融知识后的感受(积极发言的有小礼品);放一首轻音乐结束活动

第三次小组活动

小组活动名称	简易金融,我能行
小组活动目标	让脱贫妇女掌握简单的金融技巧
小组活动时间	2020年8月29日15:00—16:30
活动地点	G村村委会党员活动中心
成员构成	1名社工,1名银行工作人员,G村妇女主任,8名G村脱贫妇女
活动内容	回忆上次活动的内容,回答较好的组员可获得小礼品;请8名脱贫妇女说说她们所知道的金融工具和软件以及她们掌握的情况;邀请银行工作人员具体介绍一些基本的金融工具和软件;通过视频和人工相结合的方式教8名妇女使用一些基本的金融工具;检验组员的学习成果,给表现好的组员颁发小礼品;组员谈谈学习感受;社工对组员的表现进行记录并发言,结束此次活动

第四次小组活动

小组活动名称	远离金融诈骗
小组活动目标	让脱贫妇女掌握简单的金融技巧,抵御金融风险
小组活动时间	2020 年 9 月 5 日 15:00—16:10
活动地点	G 村村委会党员活动中心
成员构成	1 名社工,1 名银行工作人员,G 村村委书记,G 村妇女主任,8 名 G 村脱贫妇女
活动内容	回忆上次活动的内容;自由发言,让大家说说听过的金融诈骗或者遇到过的金融诈骗,发言者可获得小礼品;观看小视频《何为金融诈骗》;由村妇女主任讲解近年来村里发生的金融诈骗事件;由银行工作人员讲解金融诈骗的类型和细节,教导大家识别生活中容易遇到的各类金融陷阱以及处理办法;社工对本次活动进行总结,让大家为下一次活动提前做好准备

第五次小组活动

小组活动名称	我是金融小能手
小组活动目标	端正脱贫妇女的金融态度
小组活动时间	2020 年 9 月 12 日 15:00—16:15
活动地点	G 村村委会党员活动中心
成员构成	1 名社工,1 名银行工作人员,G 村妇女主任,8 名 G 村脱贫妇女
活动内容	回忆上次活动的内容;组员自由发言,说说知道的金融产品并做简单的介绍;观看《金融是什么》小视频;银行工作人员带领组员学习存款、取款和借贷等内容,并对基金和债券等做简单的介绍;进行活动总结

第六次小组活动

小组活动名称	我的财务报告
小组活动目标	改善脱贫妇女的金融行为
小组活动时间	2020 年 9 月 19 日 15:00—16:15
活动地点	G 村村委会党员活动中心
成员构成	1 名社工,1 名银行工作人员,G 村妇女主任,8 名 G 村脱贫妇女
活动内容	回忆上次活动学习的内容;绘制组员上周的财务报表;小组展开讨论,发现各自财务报表的不足;组员对未来的日常经济活动做合理规划;社工做总结,告知组员下次小组活动是最后一次,让大家做好心理准备;结束此次活动

第七次小组活动

小组活动名称	未来更美好
小组活动目标	巩固小组活动成果,处理离别情绪,结束小组活动
小组活动时间	2020 年 9 月 26 日 15:00—15:55
活动地点	G 村村委会党员活动中心
成员构成	1 名社工,1 名银行工作人员,G 村妇女主任,8 名 G 村脱贫妇女
活动内容	回忆上次活动的内容;观看之前的活动影集;组员发表活动感想;银行工作人员、村委书记、妇女主任依次对活动做总结发言;社工发表总结感言,并分发小组后测问卷;合影留念,给组员赠送活动纪念品

(七)预料中的问题和应变计划

1.组员害怕被人非议。社工在活动开始前发放了 70 份问卷,对 G 村脱贫妇女的基本情况进行调查。一些妇女比较排斥这类小组活动,怕被周围人贴标签而引来非议。同时,一些妇女认为自身知识水平实在有限,一起搞活动就像上课,她们怕自己接受不了。

应变计划:社工先预选了 8 名较有代表性的妇女,同时寻找 5 名替补组员,联合村委书记和村妇女主任进行协调沟通,让她们对活动有充分的了解和认识,打消疑虑。如果组员不够,将从替补组员中选取合适人选加入小组活动。

2.组员因个人原因缺席活动。在活动中可能出现组员中途有事,不能参加活动或者在参加了一两次活动后对活动缺乏兴趣而不愿参加的情况,这都不利于小组活动的顺利开展。

应变计划:和组员签订小组契约,让组员相互监督,认真参加活动;协调组员的时间,尽量将组员的闲暇时间定为活动时间;为小组活动设计合理的出勤奖惩制度。

3.组员在活动过程中不积极。在小组活动开展过程中,可能出现部分组员表现不积极的情况。

应变计划:丰富小组活动内容,提高活动的趣味性;社工对活动进行积极的引导;设计合理的小组活动激励机制。

4.组员的学习和接受能力有限,对活动内容的消化能力不强。本次小组活动的成员均为脱贫妇女,文化知识水平有限,理解能力也有限,她们对活动内容的理解和消化能力是不得不考虑的问题。

应变计划:小组活动内容尽量设计得简单、通俗;设定答疑环节,协同村委书记和妇女主任用本地语言为各位组员答疑解惑。

四、服务计划实施过程

(一)第一次小组活动:相遇即改变

1. 活动名称:相遇即改变。

2. 活动目标:实现组员破冰,为后期开展小组活动做准备。

3. 活动时间:2020 年 8 月 15 日 15:00—16:05。

4. 活动地点:G 村村委会党员活动中心。

5. 成员构成:1 名社工,G 村妇女主任,8 名 G 村脱贫妇女。

6. 活动过程见表8.4。

表 8.4　第一次小组活动安排

活动进程	时长	活动内容
第一节	15 分钟	社工和组员相互认识、相互了解。一方面,社工要进行较为详细的自我介绍,说清自己在组内的角色。另一方面,组员要进行自我介绍,让组员彼此熟悉情况,了解彼此的期望
第二节	20 分钟	做"我认识你"的破冰游戏。在组员做了自我介绍之后,社工给 8 名组员依次编号,在 8 张小纸片上分别写下 1 到 8(供抽签用),分别代表 8 名组员。社工先随机指定一名组员抽签,然后让这名组员说出纸片上的数字对应的组员的家庭情况和名字。以此类推,直到全部组员介绍完为止。正确说出编号所对应的组员个人信息的发言者可获得小礼品一份
第三节	15 分钟	社工向组员宣读具体的小组内容和规范,让组员清楚地了解本次小组活动内容,清楚组员在本次小组活动中的定位,明确自身的责任和义务。同时让有疑问的组员提问,社工为组员答疑解惑
第四节	15 分钟	社工让组员依次谈谈对本次活动的感受。社工进行工作总结,并对组员的表现表示肯定,同时让组员思考"金融是什么"这个问题,为下次小组活动做好准备

7. 活动记录。在本次活动开始时,社工让组员围着党员活动中心的大圆桌坐下来,尽量让大家在一个开放平等的环境中开展活动。社工首先说了一段简单的开场白,随后对自身的背景、角色以及组员的角色定位进行了简单的介绍。随后,社工让组员按照座位顺序依次进行自我介绍,社工和其他组员认真倾听。之后,社工问组员在了解小组活动的基本内容之后对小组有什么期望,并且先

让一位性格相对活泼的组员发言。然后,剩余的 7 名组员相继发言,他们都表达了自己的期望。

本次活动的目的在于让组员之间更加熟悉,方便活动的进一步开展。社工给 8 名组员依次编号,然后在 8 张小纸片上写下 1 到 8,分别代表 8 个人。社工先随机指定一名组员抽签,然后让她介绍编号对应组员的家庭和名字。以此类推,直到全部组员介绍完为止。正确说出编号对应组员的个人信息的发言者可以获得社工颁发的小礼品——玻璃水杯。在 8 名组员中,有 5 名组员都说对了编号对应组员的个人信息,得到了社工赠送的小礼品。

随后,社工开始向组员们详细说明本次小组活动的具体内容和目标以及活动规则。在介绍的过程中,社工着重强调,本次小组活动以金融增能为主题,详细介绍了小组活动从开始到结束阶段的具体规则。在组员熟知小组的基本情况后,社工让组员在提前拟定的小组契约上签字,鼓励大家遵守小组规范,共同完成小组目标,达到活动效果。

最后,社工邀请组员发表对本次活动的感想。多数组员表示这样的活动,她们是第一次参加,感觉很有趣。她们对自己的学习能力有所怀疑,不知道最后能达到什么样的效果,但是对小组活动还是充满期望。组员李女士表示:"村里之前也组织过大家开会搞活动,但是大多流于形式,自己感觉不是很自在。我参加这个小组活动认识了很多人,和大家在一起感觉很放松。平时我们都在家里忙活,来这里参加活动可以学些东西,认识些人,还是很有趣的。"社工最后对本次活动做了总结,并告知大家下次小组活动的内容是学习金融知识,让大家回去思考金融是什么,为下次活动提前做好准备。

8. 活动反思。整体来说,第一次小组活动开展得较为顺利。但是,社工是第一次独立组织此类小组活动,对活动节奏的把握以及小组方向的引导还欠缺火候,活动的衔接度还有待加强。在开始阶段,部分组员表示对小组活动感到陌生和不解,社工当即向组员进行了详细的解释,但这在一定程度上打乱了社工的节奏。由于组员整体文化水平较低,纯粹的普通话交流存在一定的困难,因此社工听懂当地方言的程度对小组活动的开展极其重要。组员在家务工或务农为主,生活较为自由,在小组活动过程中,组员在遵守小组规则和纪律方面还有待加强。这也是社工在后期开展工作的过程中需要着重注意和改进的方面。

（二）第二次小组活动：金融在我身边

1. 活动名称：金融在我身边。

2. 活动目标：开展金融教育，丰富脱贫妇女金融知识。

3. 活动时间：2020 年 8 月 22 日 15:00—16:20。

4. 活动地点：G 村村委会党员活动中心。

5. 组员构成：1 名社工，1 名银行工作人员，G 村妇女主任，8 名 G 村脱贫妇女。

6. 活动过程见表8.5。

表8.5　第二次小组活动安排

活动进程	时长	活动内容
第一节	10 分钟	让 3 个组员回忆上次活动的内容，给表现较好的组员发放小礼品，促进组员回忆和巩固上次活动的内容
第二节	10 分钟	利用村委会的电视播放短视频《金融是什么》，让组员通过趣味短视频，初步了解金融的概念，为后面的活动做铺垫
第三节	20 分钟	开展名为"火眼金睛辨真假"的游戏。在银行工作人员的帮助下，准备若干人民币，包括真币和假币，让组员依次对人民币的真假进行辨别，充分调动组员的积极性，让组员对金融产生兴趣
第四节	20 分钟	邀请一名银行工作人员给组员讲解金融的具体内涵，日常生活中的哪些活动属于金融活动，我们在日常生活中会遇到哪些与金融密切相关的问题，让组员深刻认识到金融活动其实一直在我们身边
第五节	10 分钟	在组员观看视频以及听银行工作人员讲解之后，让有疑惑的组员向银行工作人员提问。组员在看过视频和听过解说之后，也可以谈谈金融对自身的启发，和其他组员共同交流，不断深化对金融的认识
第六节	10 分钟	社工对本次活动做总结，放一首轻音乐结束本次活动，并告知组员下次活动开始的时间，让组员继续了解有关金融的知识，以便下次活动顺利开展

7. 活动记录。本次小组活动开始时，社工让组员回忆上次活动的内容。有一半组员主动站起来发言，小组气氛明显更加活跃，组员表现明显更加积极。这次表现较好的组员也得到了相应的小礼品作为奖励。在活动开始阶段，社工就发现了组员有一定的进步。

在小组活动的第二阶段，社工让组员观看了《金融是什么》的小视频。在观看小视频的过程中,很多组员对幽默有趣的小视频很感兴趣,但由于文化水平有限,大部分组员表示,未完全理解小视频中有关金融的内容。很多组员举手发言说,对部分细节存在疑问。社工和银行工作人员并未直接给组员解答,把问题的答案留在了后面的活动中,组员的好奇心顿时更强烈了。

在小组活动的第三个阶段,小组开展了"火眼金睛辨真假"的游戏。银行工作人员提供了若干真币和假币和若干个验钞灯,让组员依次辨别人民币的真假。在这个过程中,组员张女士和李女士显得尤为兴奋,因为她们自认为可以识别假币,其他组员则显得十分好奇,聚精会神地看着,显得极其有耐心。在社工和银行工作人员的组织和监督下,8 名组员依次对假币和真币进行了辨别。在此过程中,张女士、李女士以及相对年轻的刘女士识别真假币的准确率非常高,近乎全对。剩余的 5 名组员,有的会用验钞灯识别真假币,有的揉一揉纸币通过感受软硬程度、摸一摸表面纹理等来确定纸币的真假,但都存在一定程度的失误。这充分说明组员具备一定的真假币识别能力。

在接下来的小组活动中,银行工作人员用简洁的语言解释金融是什么,向组员阐述一些金融现象(从组员的日常消费到国家的经济活动)。尽管银行工作人员已经考虑到组员的文化水平有限,尽量将金融的概念简化、通俗化,但是大部分组员对有些内容还是不太理解。她们认为有些内容超出了她们的认知范围。在这样的情况下,银行工作人员和社工只能再次对金融做解释,将日常生活中的经济活动与金融紧密联系起来,如生活中的消费、微信的每一笔转账。通过这次活动,组员充分认识到金融就在身边,离自己并不遥远。这次活动的节奏把控相对较差,超出了规划的时间。为了让组员对金融有更深入的了解,认识到她们的生活和金融息息相关,社工和银行工作人员花了很多时间对金融的概念进行了更贴切的解释。在接下来的环节,社工让组员再列举日常生活中的一些金融活动,组员都能说出几个。表现较好的组员都得到了小礼品。

在活动的最后,银行工作人员和社工对本次活动做了总结。其实,日常生活中每一项与金钱相关的活动都是金融的一部分,金融活动每天都在发生。最后,社工播放了一首轻音乐。在轻松的氛围中,社工对组员的表现表示赞赏,并提醒她们回去之后再了解一些关于金融产品的内容,下次小组活动可能会涉及这方面的内容。

8.活动反思。本次小组活动总用时稍微超过了预定的时间。在活动过程中,社工和银行工作人员向组员详细地解释了金融是什么这个问题。由于组员知识水平确实有限,社工和银行工作人员准备稍显不足,在详细地解释这个问题的时候遇到了一些障碍,没有提前理清思路。在陈述这个问题的过程中,小组出现了混乱的情况,好在后面及时调整活动的节奏。这也给社工和银行工作人员上了一课:活动内容更简练、通俗和接地气,提前做好预防,避免出现节奏混乱的情况。给予表现较好的组员适当的激励,对整个团体氛围的营造具有十分积极的作用。通过本次小组活动,组员对金融的内涵有了相对深刻的认识,为后续活动的开展奠定了基础,组员对小组的归属感和认同感也更加强烈,社工也对下次活动的开展更有信心和动力。

（三）第三次小组活动:简易金融,我能行

1. 活动名称:简易金融,我能行。

2. 活动目标:让脱贫妇女掌握简单的金融技巧。

3. 活动时间:2020 年 8 月 29 日 15:00—16:30。

4. 活动地点:G 村村委会党员活动中心。

5. 组员构成:1 名社工,1 名银行工作人员,8 名 G 村脱贫妇女。

6. 活动过程见表8.6。

表8.6　第三次活动安排

活动进程	时长	活动内容
第一节	10 分钟	社工让组员回忆上节课所学的内容——金融是什么,并让组员举例说明。向组员提问:你们知道哪些银行金融自动化设备和软件? 举例说明即可。给表现较好的组员赠送小礼品
第二节	15 分钟	银行工作人员作为主讲人向组员介绍银行卡和存折的办理和使用方法,微信和支付宝的注册、绑定和使用以及基本的自动化设备和软件的种类及其使用方法,着重介绍几种日常生活中使用频率较高的自动化设备和软件
第三节	15 分钟	组织组员观看微信、支付宝、自动化设备和软件的操作小视频,结合银行工作人员的讲解,使组员加深对它们的认识,提高组员对这些设备和软件的使用能力
第四节	30 分钟	现场组织组员注册和使用微信和支付宝,会使用这两个软件的组员协助其他还未安装这两个软件的组员,提高小组的工作效率

续表 8.6

活动进程	时长	活动内容
第五节	10 分钟	组织组员现场使用微信和支付宝向社工转账(一分钱),检验组员对微信和支付宝这两个软件的使用情况,给已经掌握这两个软件的组员发小礼品
第六节	5 分钟	组建小组微信群,将微信、支付宝、自动化设备和软件的操作小视频发送至微信群,让组员回去后观看,提高她们的运用水平
第七节	5 分钟	社工做活动总结,鼓励组员在今后的生活中使用金融自动化设备和软件,同时让组员去了解一些有关金融诈骗的知识,为以后的小组活动做好准备

7.活动记录。在小组活动开始环节,社工让组员回忆之前的内容。因为有了上次活动的经验,组员表现都较为活跃。在第二个环节,社工之前已预料到组员对微信、支付宝以及银行的自动化设备和软件较为生疏,所以让组员通过观看视频的方式掌握这部分内容。虽然部分组员对视频中的一些内容亲身实践过,但多数组员表示要用了以后才能明白。

在社工教组员学习运用微信和支付宝的过程中,使用过微信和支付宝的组员帮了不小的忙。有几名组员年龄相对较大,在银行卡验证等环节还是花费了不少时间。在练习转账的过程中,有 2 名组员学习速度相对较慢,在社工的帮助下才顺利完成学习任务。

在第六节活动中,社工为帮助组员巩固所学内容,组建了微信群,并在群里发送了课上使用的小视频,让组员回去后通过看视频的方式,继续温习课上的相关内容。最后,社工对本次活动进行总结,有几个组员异常激动。她们表示之前看别人使用微信和支付宝进行转账,感觉很神奇,现在自己也会用了,感到十分兴奋。

8.活动反思。在本次小组活动中,社工之前就预料到,学习使用银行自动化设备以及软件,对组员来说可能有一定的难度,因为现场缺乏相关设备,组员缺乏亲身实践的机会。在这个学习过程中,因为银行的自动化设备和相关的应用软件确实太多,组员的学习能力有限,活动时间也相当有限,社工未能系统地介绍更多的相关知识,这是小组活动的一大遗憾。在注册和使用微信和支付宝这两个软件的过程中,绑卡和实名认证这两个环节相对麻烦,给组员带来了不小的压力。社工和银行工作人员一度难以应对。有两名组员学习进度稍慢,导致其他组员在一旁闲聊,四处走动观望,活动室内一度混乱。同时,有几个学得较快的组员沾沾自喜,给两名学习较慢的组员带来了不小的精神压力。作为社工,在以后的小组活动中面对这种情况时,一方面要想办法完善小组预防机制,提高小组的运行效率;另一方面要处理好组员的情绪,顾及组员的感受,避免出现组员标签化等现象,营造良好的活动氛围。

(四)第四次小组活动:远离金融诈骗

1.活动名称:远离金融诈骗。

2.活动目标:让脱贫妇女掌握简单的金融技巧,抵御金融风险。

3.活动时间:2020 年 9 月 5 日 15:00—16:10。

4.活动地点:G 村村委会党员活动中心。

5.组员构成:1 名社工,1 名银行工作人员,G 村村委书记,G 村妇女主任,8 名 G 村脱贫妇女。

6.活动过程见表8.7。

表8.7　第三次活动安排

活动进程	时长	活动内容
第一节	10 分钟	组织组员回忆上次活动学习的内容,不断巩固之前所学的知识
第二节	15 分钟	组织组员观看趣味小视频《金融诈骗防不胜防》,由此引发组员对金融诈骗的探索兴趣。邀请组员主动分享自己遇到过的或者听说过的金融诈骗案例,提高组员对金融诈骗的认识,增强对金融诈骗的防范意识
第三节	20 分钟	邀请村委书记和村妇女主任讲解近两年村里发生过的金融诈骗事件,进一步提高组员对金融诈骗的防范意识
第四节	15 分钟	邀请银行工作人员具体介绍金融诈骗的内涵、类型和细节,并教导大家认真识别生活中容易遇到的金融陷阱,学习遭遇金融诈骗时的具体处理方法
第五节	10 分钟	社工对本次小组活动进行总结归纳,让组员发表自己的感想,同时告知组员下次活动的时间

7.活动记录。在小组活动的开始阶段,社工并没有对组员进行提问。考虑到一些产品的具体使用有一个熟悉和适应的过程,社工帮组员适当巩固所学内容即可。

在观看关于金融诈骗的小视频时,有部分组员感同身受。在分享遭遇诈骗的经历或听说过的金融诈骗事件时,她们说了很多关于诈骗的故事,有些是关于金融方面的,有些与金融无关。此时社工才突然觉悟,除了介绍基本的金融诈骗知识,还要普及一些农村日常生活中容易遇到的非金融类诈骗知识,因为组员在日常生活中遇到这类诈骗的概率也不小。将这些内容加入其中,能使活动更接地气,更贴近生活,能更好地帮助组员解决生活中的实际问题。在此期间,有两名组员在活动中显得异常激动。其中一名组员——刘女士,前年在亲戚的介绍下,了解到一种虚拟货币。她表示,当时听亲戚说收益挺高,而且亲戚也投资了,所以她也跟着投资了。前期有不错的收益,但是一年以后那个平台倒闭了,她亏了4万多块钱,那个投资了20多万元的亲戚,最后也亏得一塌糊涂。她当时又气又恨,但也无可奈何。张女士则表示,前年她家婆被骗子骗了3000多块钱。骗子假装熟人来到家里,跟她家婆套近乎,骗她家婆说她丈夫(张女士的丈夫)在外面出事了,急需5000多块钱。她家婆一听六神无主,东拼西凑,凑了3000多元,并请骗子帮个忙,借给她2000块钱,回头再还给他。骗子走了以后,张女士回到家,她家婆说起这件事,才意识到她家婆被骗了。据说,这个骗子还在村里骗过其他老人。

村委书记在介绍村里近几年发生过的金融诈骗事件时,越讲越投入。他说,近两年村里总共发生过8起金融诈骗事件。他向8名组员详细地讲述了这8起金融诈骗事件。在会上,他提醒各位组员一定要注意防范金融诈骗,同时向组员做了检讨:"村里的工作人员精力和能力毕竟有限,之前没有太多的时间和精力去帮助大家预防金融诈骗。如今刚好借这次小组活动的机会,让大家深入了解一下金融诈骗。这个机会很难得,村里很珍惜,也希望大家好好把握。"

在银行工作人员介绍金融诈骗及其细节时,组员都聚精会神地听,异常安静。组员听完之后感触颇深,纷纷发表了自己的意见。她们表示,骗子的套路让人防不胜防。通过这次小组活动,她们了解到很多新的防诈骗知识。以前,她们对这些金融方面的东西又爱又恨,因为怕被骗。经过这次学习之后,她们学到了很多,以后一定能更好地管理好自己的钱袋子。银行工作人员也表示,关于金融诈骗的知识,大家可能一时难以理解,有些诈骗手段比较高明,大家只要坚持一个原则:遇到自己不懂的,又需要付钱的,大家先别轻易相信,要多问多打听,也可以向我们请教,防止被骗。银行工作人员为了提高大家对金融诈骗的防范水平,制作了一个简短的PPT,发到了组员的聊天群,里面包括各类金融诈骗的介绍以及防范措施,描述简单易懂,方便组员加深理解。

最后,社工对本次小组活动做了总结,继续敦促组员预防金融诈骗,同时告知下次小组活动开始的具体时间。

8.活动反思。这次小组活动主要介绍防范金融诈骗的知识,这对组员来说是实打实的干货。但是金融诈骗的内容十分复杂,有些骗子手段高明。一些防范金融诈骗的知识,组员无法在短时间内百分之百掌握。由于组员知识水平有限,银行工作人员只能浅显地向组员陈述基本知识,一些与金融知识密切相关的专业术语在小组活动中很难讲解透彻,组员对这些内容也比较难理解。但是正如银行工作人员所说,当组员遇到不懂的、要付钱的金融活动,先别给钱,多打听准没错。

(五)第五次小组活动:我是金融小能手

1.活动名称:我是金融小能手。

2.活动目标:端正脱贫妇女的金融态度。

3.活动时间:2020 年 9 月 12 日 15:00—16:15。

4.活动地点:G 村村委会党员活动中心。

5.组员构成:1 名社工,1 名银行工作人员,8 名 G 村脱贫妇女。

6.活动过程见表 8.8。

表 8.8　第五次小组活动安排

活动进程	时长	活动内容
第一节	5 分钟	回忆上次小组活动的内容
第二节	10 分钟	让组员自由发言,说出她们了解到的金融产品并做简单的介绍,给表现较好的组员发放小礼品
第三节	15 分钟	组织组员观看短视频《金融是什么》,让组员初步了解金融产品的内涵以及种类
第四节	20 分钟	由银行工作人员向组员介绍金融产品的内涵,着重介绍银行定期储蓄和活期储蓄的使用方法、特点及收益,国债和基金这两项金融产品的特点、风险以及购买方式,让组员学习和了解
第五节	15 分钟	让组员在听完银行工作人员的介绍之后提问,由银行工作人员向组员答疑解惑,提高组员对储蓄、债券和基金等金融产品的理解能力和运用水平
第六节	10 分钟	组员发表感想,社工做总结并告知下次活动的时间

7. 活动记录。在开始阶段,社工进行内容回顾并进行抽查。

在本次活动的第二个环节,社工让组员说出她们了解到的金融产品,组员能说出的只有储蓄这一个。组员李女士在发言中提到了基金,但是只是在抖音上刷到了而已,并不了解。有多个组员表示知道储蓄这一行为,但并未深入了解。在 8 个组员中,有 3 个组员有过储蓄经历,剩余的 5 个组员只是了解而已,并没有储蓄过。部分组员表示,过去也有去银行存钱的想法,但是自己不懂,去了银行也不知道怎么操作,怕没面子,所以干脆把余钱存放在家里。

在观看《金融是什么》的短视频之后,组员议论纷纷,眼神一片茫然。银行工作人员和社工也预料到会出现这样的情况,因为股票、期货、国债、基金等金融产品,组员平时很难接触到,社工平时也很少接触这些相对复杂的金融产品。在这个时候,社工再次强调遵守纪律,让大家保持安静。紧接着由银行工作人员介绍金融产品的内容,着重介绍与日常生活密切相关的储蓄,详细讲解储蓄的原理、收益和风险等,同时也介绍了风险较低的国债和基金。

在提问答疑阶段,多名组员向银行工作人员提出了疑问。她们表示,一些复杂的金融产品,她们一时间难以理解,更别说去使用了,去银行存存钱、取取钱还是可以的。她们听了有关国债和基金这两种金融产品的介绍以后,感觉收益还不错,风险也不大,但是自己不敢买,还需要别人指导。社工也预料到了这个情况,一方面将之前观看的短视频发在了微信群,让组员多加学习;另一方面告知组员后期如果有疑问,可以积极向社工和银行工作人员询问。因为银行工作人员就在上犹县的国有银行上班,后期想深入学习基金和债券的组员,可以向他学习。社工也给从未有过储蓄行为的组员布置了一个小任务:在下次小组活动开始之前,完成一笔不低于 100 元人民币的银行储蓄。如果有疑问,组员可随时向社工和银行工作人员请教。

在小组活动的最后阶段,组员都表达了对本次活动的看法。她们表示,通过这次活动了解了很多有关金融的知识。虽然一些相对复杂的金融产品,她们一时很难掌握,未来也未必能完全掌握,但她们增长了见识,对储蓄行为更了解了,最起码以后在银行存钱取钱会更轻松,也可以通过购买债券和基金的方式进行合理的投资。有好几个组员都添加了银行工作人员的微信,表示日后有需要会及时向他请教。社工对本次活动做了总结,鼓励组员以后多尝试,勇敢迈出第一步,同时提醒组员回去以后复习之前所学的内容,为下次活动做好准备。

8. 活动反思。本次小组活动中,组员表现得较为自然,适应了小组的节奏。和前几次一样,她们也学了一些难以理解的知识。社工也制定了相应的预防机制,效果明显比前几次活动好很多。通过这次活动,组员对金融的认识也发生了一些变化,让她们认识到赚钱的方法和门道千千万万,她们要学习和了解的东西还有很多。这一定程度上激发了她们探索金融的欲望。但社工也认识到,通过简单的小组活动仅仅能让组员相对熟练地掌握储蓄等最基本的金融行为,学习掌握相对复杂的金融产品对组员来说还任重道远。

(六)第六次小组活动:我的财务报告

1. 活动名称:我的财务报告。

2. 活动目标:让 8 名脱贫妇女学会规划自己的日常收入和支出,并对自己的经济活动进行调整。

3. 活动时间:2020 年 9 月 19 日 15:00—16:15。

4. 活动地点:G 村村委会党员活动中心。

5. 成员构成:1 名社工,1 名银行工作人员,8 名 G 村脱贫妇女。

6. 活动过程见表8.9。

表 8.9　第六次活动安排

活动进程	时长	活动内容
第一节	10 分钟	让组员回忆上次活动学习的内容,并将上次社工发在聊天群的小视频看一遍,加强学习
第二节	15 分钟	社工将一张空白的收入和支出报表发给组员,让组员记录自己最近一周的收入和支出状况,让组员对自己的日常经济活动更加清楚
第三节	20 分钟	选择3 张由组员自愿分享的报表,并向组员展示,让组员和社工以及银行工作人员一起分析 3 张报表中所列经济活动的合理及不合理之处,并提出改进建议
第四节	15 分钟	让组员根据自己的报表以及修改报表的经验和启示,与组员一起讨论,对自己的日常经济活动进行调整,使自己的经济活动更加合理
第五节	15 分钟	组员发表感想,社工进行总结并给每个组员发放 7 张空白的财务状况记录表,鼓励她们在未来的日子里养成合理规划经济活动的好习惯,为未来的幸福生活打下坚实的基础。社工告知组员下次活动是最后一次小组活动,让她们做好心理准备

7. 活动记录。组员回忆上次小组活动的内容后,社工询问了组员们对这些知识的掌握情况,部分组员表示自己还在不断学习。有个别组员表示,基本掌

握了这些内容。社工也向组员提了建议,让还有疑问的组员反复观看视频,如果还有不明白的,可以通过电话或者微信向社工和银行工作人员请教。同时,社工也向组员强调,如果有时间,应尽量去银行进行实地操作。

在社工让组员做日常财务报表时,社工和银行工作人员发现她们在计算方面存在错误,及时帮她们更正。在社工和银行工作人员查阅了所有报表之后,她们的报表才算正式完成。

大部分组员不太好意思分享自己的报表,生怕被他人取笑,在社工的反复鼓励下,有3个组员鼓起勇气分享了自己的报表。社工向3个组员赠送了小礼品以示鼓励。

在让所有组员修改自己的报表时,有些组员不知所措,社工和银行工作人员关注到了组员的动态,在一旁认真指导。与此同时,有些组员还对自己的报表存在疑问,与其他组员进行了交流或者向社工和银行工作人员请教。小组氛围整体较为活跃,组员愿意动脑筋,合理规划自己的经济活动。

在活动的结尾,许多组员表示,自己之前没有认真分析自己的财务状况,在这次统计活动中还真的发现了一些问题,经过小组讨论总结的一些意见确实对自己以后的经济活动有一定的帮助。社工也对组员的表现表示肯定,并鼓励她们在日后的生活中,科学地规划自己的经济活动,相信她们在未来的日子里一定会过得越来越好。同时,社工告知组员下次活动将是最后一次小组活动,让她们做好心理准备。

8.活动反思。这一次小组活动整体较顺利。由于有了活动经验,社工对各种可能出现的意外情况都提前做了预防,活动的节奏整体把握较好,小组的氛围整体较为和谐,遇到的阻力较小。一方面,社工也意识到个别组员由于文化水平确实有限,在记录经济活动的过程中很容易出错,短期内还需要社工耐心地提供指导,直到她们可以完整无误地完成这项工作。另一方面,社工也认识到简单的财务记录和规划对组员经济状况的改善效果可能有限,要改善组员的经济状况,就需要为组员策划一些更具针对性的活动。

(七)第七次小组活动:未来更美好

1.活动名称:未来更美好。

2.活动目标:处理离别情绪,结束小组活动。

3.活动时间:2020年9月26日15:00—15:55。

4. 活动地点：G 村村委会党员活动中心。

5. 组员构成：2 名社工，G 村村主任，G 村妇女主任，8 名 G 村脱贫妇女。

6. 活动过程见表 8.10。

表 8.10　第七次小组活动小组活动安排

活动进程	时长	活动内容
第一节	10 分钟	组织组员对上次活动的内容进行回顾
第二节	15 分钟	组织组员观看小组活动影片
第三节	15 分钟	邀请每一位组员发表对活动的感言，谈一谈自己的收获，并制作小组活动照片合集留念墙，让组员挨个签字并合影留念
第四节	15 分钟	社工向全体组员发放活动后测问卷，协助组员完成此问卷并回收，向组员发放纪念品

7. 活动记录。这是本期小组活动的最后一次，开始阶段依旧像往常一样，让组员回忆上次活动所学的内容，组员都表现得十分自觉。10 分钟过后，社工向组员播放小组活动影集，组员看完之后都异常兴奋和感动，因为她们从来没有想过自己也可以上大屏幕。社工邀请组员发表对活动的感想，每个组员都跃跃欲试。她们表示，这一系列的小组活动让她们成长了很多，学到了很多新的知识，认识了很多新的朋友，组员之间建立了非常亲密的关系。现在，小组活动快结束了，她们都感觉有些失落。她们表达了对社工、银行工作人员、村主任、妇女主任等人的感谢。有组员表示，社工就像她们的亲人一样，每次见到社工都倍感亲切，这种感觉非常奇妙。其他的组员也表达了对社工的不舍，都问社工以后是否还会来这里组织活动，以后能不能常联系，想向社工和银行工作人员多多请教。社工表示，他的微信和电话聊天群里都有，如果日后有需要，大家可以随时联系，大家都是亲密的朋友。过后，社工将之前制作好的图片贴在会议室的一堵空白墙上，让所有组员都在墙上的空白贴纸上签字留念。大家看着这一张张活动图片都很感动。之后，社工、组员、村主任、妇女主任和银行工作人员在签名墙前面合影留念。

最后，社工向每一个组员发放后测问卷，协助组员一起完成问卷。在问卷回收完之后，社工向每个组员都赠送了一份小礼品，并告知组员五天后可以来村委会领取此次活动的照片。很多组员对此次活动恋恋不舍，社工对她们在活动中的表现表示充分肯定，感谢组员对这一系列小组活动的支持，鼓励大家在以后的生活中继续学习和成长,未来过上更好的生活。

8.活动反思。这是本期小组活动的最后一次。通过这次小组活动,社工和组员都成长了很多,小组活动的目标基本达成。在活动的最后阶段,组员的离别情绪较为强烈,社工由于缺乏经验,也未能很好地控制自身的情感。在最后的离别阶段,很多组员依依不舍,活动推迟了近15分钟才结束。社工之后也进行了深刻的反思:小组活动的开展,一方面必须让组员充分成长;另一方面必须让组员摆脱对社工的依赖,激发组员的动力,使组员实现自我成长。

五、案例评估

(一)过程评估

在第一次小组活动中,组员之间相互熟悉,实现破冰,建立了良好的情感基础,增强信任感,明确了小组规范,签订了小组契约,为后期小组活动的开展打下了基础。

第二次小组活动名为"金融在我身边",旨在丰富脱贫妇女的金融知识。社工通过让组员识别真假币的游戏以及视频教学和银行工作人员的讲解了解"金融是什么",一方面提高组员对金融的认识,激发组员学习金融的兴趣,同时促进组员相互沟通、相互了解,提升组员对小组的认同感和归属感;另一方面让组员深刻认识到,金融在我们身边,与每个人紧密相连,和我们的日常生活息息相关。此次小组活动为下次小组活动做好了铺垫。

第三次小组活动旨在让脱贫妇女学习金融技能。社工让组员初步掌握基本的银行自动化设备和软件以及微信和支付宝的使用方法,同时让组员了解一些相对简单的金融产品,一方面拉近她们和金融的距离,让她们切实感受到掌握金融工具给她们带来的便利;另一方面通过激励等技巧激发组员发展金融能力的兴趣。经过此次小组活动,组员更加适应小组活动节奏,相互学习、相互激励、共同改变的学习氛围更加浓厚,为后面进一步深化学习金融知识、掌握技能技巧做好了铺垫。

第四次小组活动学习的是防范金融诈骗的知识。防诈骗是农村脱贫妇女必不可少的技能。金融诈骗在组员的日常生活中并不少见。在村主任和妇女主任的协同帮助下,社工和组员一起对这个问题进行了深入的探讨。对于一些较隐蔽的金融诈骗,组员未必能马上辨别其形式和内容,但是在此次活动中都表现得很积极。同时,村主任以及妇女主任一起探讨了日常生活中遇到的金融诈骗事件,引起大家的共鸣。组员也积极踊跃地发言,介绍她们遇到过的或者听说过的金融诈骗事件。大家都积极参与,小组的内在动力得到了很好的激发。这也是小组活动中成效较好的一次。

在第五次小组活动中,社工旨在让组员了解定期、活期储蓄的区别以及国债和基金等金融产品。虽然这是基础的金融知识,但是对 G 村脱贫妇女而言,要理解这些内容还是存在很大的困难,所以社工仅将此次小组活动目标定为让组员初步掌握储蓄的方法。至于国债、基金等金融产品,社工只是让组员有一个基本的了解,有兴趣的组员可以通过观看视频回放的方式加深了解。在小组活动过程中,由于一些金融产品相对复杂,组员知识水平有限,即使银行工作人员进行了详细的介绍,很多组员还是一片茫然。活动室内因此出现了混乱的情况,社工不得不再次维持秩序。同时,社工也提醒组员,这些金融产品不必马上掌握,日后可以加强学习。

在第六次小组活动中,和之前的小组活动一样,开始阶段让组员对之前学习的内容进行回忆。有了之前的实践经验,组员都表现得比较自觉,已经适应了小组活动的节奏。接下来的活动主要是让组员对自己的日常收入和支出进行分析和规划,对自己的日常经济活动有一个清晰的认识,并从日常收入和支出的财务报表中发现自己在日常经济活动存在的问题,通过小组讨论的方式进一步发现问题,促进问题的解决,为日后的经济活动做好规划。在这次小组活动中,社工也发现了一些问题:脱贫妇女由于文化水平不高,记账时出现了错误。经过社工耐心的引导,脱贫妇女从最简单的金融知识开始学习和改变,为后面实现更大的突破做好准备。

在最后一次小组活动中,社工对活动进行回顾,组织组员签名和合影留念,认真做好小组活动的收尾工作,谨慎处理组员的离别情绪。活动中虽然出现了一些小插曲,但整体效果较好。社工后续也进行了小组活动效果访谈和调查问卷反馈,进一步对活动效果进行评估。

(二)结果评估

1. 观察评估

组员对小组的归属感和认同感在不断增强。在小组活动开始阶段,许多组员感到拘束,找不到自己的定位,感到很茫然,同时也不清楚小组活动具体能给她们带来什么,她们来这里到底有何意义。在参加了几次小组活动之后,经过社工精心的策划和引导,组员获得了成就感。越来越多的组员认同小组给予她们的帮助,不断融入小组、适应小组和发展自我。

组员的活动参与度提升。由于文化水平有限,组员对很多话题感到陌生,也不好意思参与甚至不敢参与,对活动缺乏积极性。在社工精心的策划和引导下,活动内容尽量简单化、通俗化,组员渐渐地转变了观念,有序地参与到活动中来。大家一起发现问题和解决问题,学习新的知识技能,消化新的内容,积极性提高了。

组员之间的关系更加和谐、亲密。随着小组活动的深入开展,组员之间慢慢熟悉,到最后建立了较深的情谊,经历了一个情谊逐渐加深的过程。组员越来越愿意在小组活动中分享自己的经验和感受,向其他组员敞开心扉,互相接纳,共同讨论问题、解决问题,一起进步,情谊越来越深厚。

组员对金融的兴趣得到提升。在小组活动刚开始的时候,好多组员对金融感到十分陌生,不知所措。在小组活动开展后,组员对金融的理解逐渐加深,掌握了一些金融知识和金融技巧,了解到金融可以带来什么好处,对学习金融知识、掌握金融技巧的兴趣越来越浓厚了。

组员寻求自我发展和自我改变的意愿越来越强。来参加此次小组活动的组员都是 G 村的脱贫妇女,在经济上一直都不宽裕。很多组员怕国家脱贫政策改变后,她们每个月获得的政府补贴会取消,因此对未来很迷茫。在学习了一些金融知识之后,她们认识到金融知识可以给她们往后的经济生活带来很大的改变。开始对金融一无所知,后面对金融越来越感兴趣,她们对金融知识的学习和探索欲望越来越强烈。很多组员希望通过学习金融知识改变未来的生活,寻找到一个新的发展方向,真正实现脱贫致富。

2. 组员访谈

每一次小组活动结束时,社工都会抽取一到两名组员进行访谈,了解组员在活动中的收获,同时了解她们对小组有哪些意见和看法,小组活动是否符合她们的预期。在了解情况后,社工会在下一次活动中做一定的改变,尽量满足组员的要求。在最后一次小组活动结束后,社工依次对全部组员进行了深入访谈,获得了宝贵的反馈意见。社工总结出组员通过小组活动发生了三大变化:

第一,通过小组活动认识了更多的朋友,找到了一个属于自己的圈子。多个组员表示,她们以前作为贫困户,总感觉很难融入别人的圈子,经常被人用异样的眼光看待。通过这次小组活动,她们找到了一群有相同经历的人,大家有问题可以共同商量,很多话题都可以敞开说,她们找到了归属感。

第二,学到了很多新的知识,掌握了更多的金融技能,明白了金融的神奇所在。大多组员表示,她们之前对金融一无所知,通过小组活动,学到了很多新的知识,认识到金融知识可以给她们的生活带来改变。金融真是一个神奇的事物,她们未来的生活或多或少会因为这些小组活动而发生改变。

第三,对未来生活的信心得到提升。在参加了一系列小组活动之后,很多组员表示,她们未来的生活不一定要一直靠政府救济才能过下去,提高生活品质的方式还有很多。她们相信在学习了这些金融知识之后,未来的生活一定会越来越好。

3. 组员意见反馈

在小组活动结束之后,社工给每个组员都发放了反馈问卷。在回收问卷之后,社工对问卷进行了分析。结果显示,8 名组员中,6 名组员的得分在 40 分以上,表明她们对小组活动的安排设计以及效果都较为满意。有 2 名组员得分在 40 分以下、35 分以上。通过问卷统计情况(表 8.11)可知,组员参加小组活动后,学到了很多金融知识,掌握了很多金融技巧,在金融态度和金融行为上也有了很大的改变。同时,她们对社工的服务和安排都较为满意,有 7 名组员都在反馈问卷中表示以后还愿意参加类似的小组活动。

表 8.11　组员问卷统计

分数	人数	占比
45—50	2	25%
40—45	4	50%
35—40	2	25%

六、专业反思

(一)结论

1. 小组工作介入农村脱贫妇女金融能力提升的优势

(1)为农村脱贫妇女解决问题搭建了良好的交流平台

农村脱贫妇女是一个相对独特的群体,在日常生活中面临着易被他人排斥、社会地位相对较低等一系列问题。社工通过小组工作介入脱贫妇女问题的解决,组建了脱贫妇女问题解决增能性小组,一定程度上促进了脱贫妇女问题的解决,丰富了脱贫妇女的日常生活,加强了脱贫妇女对问题的交流,增强了她们对未来发展的信心。

（2）为农村脱贫妇女解决未来发展问题提供了新的视角

针对农村脱贫妇女的问题,社工突破原有框架的限制,从金融社会工作的视角切入,为脱贫妇女解决未来发展问题提供一个全新的视角,拓宽了解决脱贫妇女未来发展问题的路径。

（3）提高了社会对脱贫妇女问题的关注度

关于脱贫妇女问题的研究还相对较少。通过这一问题的研究,社会大众对脱贫妇女问题的关注度提高了,为未来解决脱贫妇女问题提供了帮助。

2. 小组工作介入农村脱贫妇女金融能力提升的不足

（1）过分强调小组工作的作用而忽视发挥个案工作和社区工作的作用

在小组活动中,社工通过发挥小组工作的作用,激发组员的内在动力,形成组员自己发现问题、解决问题的良好机制,给组员带来了很大的帮助。脱贫妇女作为农村中一个相对特殊的群体,文化水平有限,组员之间也存在差异。有些组员的个性化问题,在小组中无法得到解决,需要社工进行个案跟进,但社工在这方面有所疏忽。同时,脱贫妇女问题在农村是一个突出的问题,需要社工发挥作用,这一点社工也忽视了。

（2）对指导理论的运用不够熟练

在本次小组介入工作中,社工将小组动力理论和资产建设理论作为系列小组活动的指导理论。但在利用这两种理论进行实务指导时,社工对理论的探究不够深刻,没能很好地将理论与实践紧密结合起来,特别是对资产建设理论的运用。资产建设理论在国外的研究当中更多的是探究金融资产建设。组员文化水平参差不齐,金融资产又十分有限,对组员进行资产建设显得十分困难,只能进行一些简单的资产建设处理,难以深入。同时,对于不动产等方面的资产建设,社工未涉及,在时间有限的小组活动中亦无法进行。这是本次小组活动的一大遗憾。

（3）社工经验不足,运用社会工作技巧的熟练程度不够

一方面,在系列小组活动的开始阶段及几次小组活动期间,小组存在纪律

问题,社工没能严格实行小组规范,未将小组契约贯彻到底,未将奖惩机制设计到位。另一方面,在系列小组活动中,社工始终扮演着小组领导者的角色,没有给组员充足的自主发展的机会,未能让她们尝试转变角色,扮演小组的主持者和领导者的角色,未能让她们实现自我讨论、自我发现、自我提高,在一定程度上影响了她们能力的发展和小组活动的效果。

(4)小组活动的长期效应难以得到保证

小组活动以金融社会工作视角来解决脱贫妇女的问题,而脱贫妇女自身能力有限。在脱离小组工作介入之后,她们在小组活动期间获得的金融能力随着时间的推移是否会因缺乏监督而退化,或者想进一步提高自身的金融能力因缺乏指导而无法实现。对于这些问题,社工没有制定一套长久有效的机制来为她们服务,这也是社工和村委会领导十分担心的事。针对这个问题,社工也采取了相应的措施,一方面反复叮嘱村委会领导后期要持续组织活动,继续巩固小组活动成果。笔者将持续和村委会领导保持联系,尽可能运用专业能力为他们提供对策和建议。另一方面,社工和参加此次活动的银行工作人员将持续和参加活动的脱贫妇女们保持联系,为她们提供力所能及的帮助,希望在社工的长期跟进下,脱贫妇女的金融能力能得到巩固和提升。

(二)建议

1.加强开展农村金融教育

政府有关部门要重视脱贫妇女群体,普及金融知识,开展金融知识讲座,提高农村妇女基本的金融知识素养,提高脱贫妇女对金融问题的认识。这不仅有助于防止脱贫妇女遭遇金融诈骗,而且有利于脱贫妇女及时抓住金融机遇,提高脱贫致富的概率。在脱贫妇女金融能力问题相对严重的地区,政府最好设立脱贫妇女金融服务专项资金,用于提升脱贫妇女的金融能力,对有特别需求的脱贫妇女进行一对一跟进,切实提高脱贫妇女的整体素质。同时,要注重转变农村脱贫妇女的金融观念,将有限的资金利用起来,增强投资意识,进行多元化的资金利用,建立良好的理财思维。当下农村盛行"储蓄是最稳健的投资"的思想,有关部门要适当转变脱贫妇女的观念,适当释放和激活农村的闲置资金,发挥闲置资金的力量,实现资本增值。在互联网发达的今天,要善于利用互联网的优势。一方面,政府和相关部门可以通过互联网向脱贫妇女及时推送金融知识,实现金融教育线上线下相结合。另一方面,政府部门和金融机构要积极通过互联网向脱贫妇女普及新的切实可行的金融技术,扩大金融服务的范围,创新金融服务的渠道,让金融教育和金融实践与脱贫妇女的日常生活紧密相连。

2. 加强对农村地区的金融监管

首先要在农村地区加强防范金融诈骗,对金融诈骗的种类、危害等进行详细介绍。此举一可让农村居民加深对金融诈骗的认识,加强防范金融诈骗的意识,有效地防范各类金融诈骗;二可让农村居民认识到进行金融诈骗要承担严重的法律后果,打好防诈骗的群众基础,提高农村居民的认识,形成防诈骗、不诈骗的良好社会风气,为社会的金融监管减少难度。其次,要在农村地区建立强大的防金融诈骗监督机制,实行防范金融诈骗的监督机制,以村民小组为单位,以村民小组组长为负责人,每月定期对村民实行金融问题排查和上报。村民小组组长每月向村委会上报该村民小组的金融情况,层层递进,将农村地区可能出现的金融诈骗扼杀在萌芽状态,对已经发生的金融诈骗事件及时处理,总结经验,并进行经验宣传。再次,政府及相关部门要做好互联网金融市场监管,加强金融立法,出台相应政策,大力打击和整治互联网金融乱象,严厉打击不合法的网络金融活动,严格监管互联网金融平台,利用大数据加强对农村地区金融活动的监管,及时发现农村居民存在的金融问题,不让农村地区成为金融犯罪的法外之地。

3. 加强开展金融社会工作服务

首先,要加强金融社会工作建设,不断推进优质金融社会工作服务市场化的进程,大力支持优质社会工作机构和组织的发展,充分激发市场的活力,将金融社会工作服务真正落到实处。农村地区尽量做到"一村一社工",将社会工作专业技能和行政力量相结合。政府部门和社工深入合作,双方互补,及时发现问题,共同解决问题,提高基层政府或组织的工作效率。其次,要加强社工本身的金融能力建设,社会工作机构要积极主动地开展金融社会工作学习和培训,定时为社工补充金融养分,定期对社工进行金融社会工作能力考核,不断提高社工的金融素质。在社会工作组织的支持下,金融社工将先进的金融知识普及到农村地区,为农村地区的建设添砖加瓦。再次,政府有关部门要以合作或者购买服务的形式积极向农村地区引入优秀的社会工作组织,一则实现优质的社会工作服务市场化,二则实现政府服务质量的提高,互惠互利,促进社会的良性发展。

4. 加强农村妇女金融服务体系建设

首先,要充分发挥社工的力量,让社工深入基层了解脱贫妇女的需求,在深入调研的基础上,为政府部门、银行等机构提供可靠的数据支撑,为相关部门和机构建言献策,促进有关部门和机构为农村脱贫妇女提供高质量的金融服务,提高脱贫妇女自主就业、自主创业的能力。其次,政府部门和银行等机构要为脱贫妇女建立单独的金融档案,注重脱贫妇女及其家庭征信体系建设,跟踪脱贫妇女的金融状况和金融动态,及时了解脱贫妇女的金融需求,发现脱贫妇女存在的金融问题,建立预防机制,促进脱贫妇女的长远发展。再次,政府部门和银行等机构要为脱贫妇女建立单独的个人发展账户,充分利用资产建设理论的相关知识,为脱贫妇女提供更多有效的金融产品,丰富脱贫妇女的金融选择,同时要为脱贫妇女提供政策上的优惠,提高相关金融产品对农村脱贫妇女的吸引力,增强其自我改变的动力。最后,政府部门和银行等机构要加强对脱贫妇女个人发展账户的跟进和扶持,及时发现脱贫妇女存在的金融问题,解决脱贫妇女的金融难题,为脱贫妇女降低金融风险,保证脱贫妇女的资产稳步增值,提高脱贫妇女及其家庭未来持续发展的能力。

5. 加强各部门和组织之间的协调合作,提高农村地区金融建设工作的及时性和有效性

政府部门、银行机构、社会工作机构要加强合作交流,实现资源互补、功能互补,帮助脱贫妇女实现信息共享,为脱贫妇女金融问题的解决提供切实有效的帮助。由于各部门之间缺乏深入有效的沟通与合作,过去农村地区的金融建设工作往往流于形式,许多措施治标不治本,不能从根本上解决农村地区存在的金融问题,大大降低了农村地区的金融建设工作效率。加强各部门和组织之间的合作与交流,社工能及时有效地获取脱贫妇女的金融动态,为银行和政府部门提供真实有效的信息参考。政府部门和银行等机构要及时为社工提供脱贫妇女的相关信息,加深社工对脱贫妇女的了解。三者信息共享、职能联动,互惠互利,打通农村地区金融建设的关节,提高政府部门的工作效率,提高金融机构服务的质量,同时激发社会组织的发展活力。这也是社会发展的客观需求。在社会工作服务相对发达的西方国家,社工是社会协调发展的润滑剂,社工利用专业的技巧和手段,能有效地解决社会发展过程中遗留的问题,促进社会和谐。当然,这也要求政府和相关部门保证社会工作机构发展的独立性,促进社

会工作事业的发展,实现社会的良性循环。

(根据江西财经大学 2021 届 MSW 论文《农村脱贫妇女金融能力提升的小组工作介入研究——以江西上犹县郭家村为例》编写,论文作者孔祥平,指导教师吴时辉。)

案例点评

本案例是针对江西省上犹县 G 村脱贫妇女开展的一个教育性小组,目的是解决 G 村脱贫妇女金融能力不足的问题,提高她们在未来生活中的发展能力,避免她们在国家扶贫政策变化后出现返贫现象。由于性别、教育水平、收入、机会等因素的影响,女性的金融能力普遍弱于男性。因此,提升脱贫妇女的金融能力是金融社工参与乡村振兴的重要责任。本案例的服务对象是 G 村的 8 名脱贫妇女。她们普遍存在金融基础知识不足、缺乏提升金融能力的条件、获取有效金融资源的机会有限等同质性问题。针对这些问题,社工设计了 7 次小组活动,期望能够帮助组员走出目前的困境。

本案例的社工选取了小组动力理论和资产建设理论作为本次小组活动的理论支撑,从金融知识、金融技能、金融态度、金融行为四个维度分别设计了有针对性的帮扶内容。整个小组介入工作比较顺畅。过程评估显示组员的满意度比较高,说明社工具有较强的组织技巧和带领技巧,能够积极提高组员的积极性,并在融洽的氛围中解决组员的问题。本案例的结果评估显示她们自我发展和自我改变的意愿越来越强。最后,本案例总结了金融社会工作介入农村脱贫妇女金融能力提升的优势和不足。

本案例取得了不错的成绩,但是也存在以下局限与不足之处:

首先,社工对服务对象的调查研究做得不够扎实。社工建立了金融能力指标体系,并根据这些指标体系设置了调查问卷,但是在调查过程中更多地使用访谈法,对调查问卷的分析明显不足,因而无法清晰地呈现问卷调查的实证分析过程,对服务对象的分析过于简单、抽象。

其次,社工对服务对象的性别因素不够重视。性别因素是脱贫女性金融能力不足的最重要的因素之一。因此,无论是对服务对象进行调查研究,还是设计小组活动,都不应该忽视性别因素。女性主义应成为小组活动重要的理念和理论基础。

再次,社工的评估工作不够细致深入。过程评估和结果评估,更多来自社工的个人感受或者对组员的访谈,未利用相关评估工具对服务成效做出实证、客观的评价,因而无法呈现本次小组活动的真实成效。

最后,最后一次活动缺乏"处理离别情绪"环节。在活动结束时,组员不可避免地会对团队或者领导者产生依赖情绪,突然结束小组活动,难免有组员无法接受,甚至情绪崩溃,可能会导致在小组活动中已经发生改变的组员回到最初的状态。因此,社工需要处理好组员的离别情绪,使小组活动的成效在小组解散后能够得到巩固。

(唐俊)

第九章　金融社会工作视角下地方商业银行的慈善参与

一、案例背景

2016 年 9 月 1 日,《中华人民共和国慈善法》(以下简称《慈善法》)正式实施,标志着我国慈善事业进入法治化的新时代。发展慈善事业是推动我国经济社会持续健康发展的任务,有助于实现社会的高效和安全发展,有利于维护社会的安定和谐。我国面临经济转型和社会转型等问题,群众对公共服务的要求日渐提高,对权利的主张也越来越多,这在一定程度上给公益慈善事业带来了挑战①。我国慈善事业不断发展,但是仍存在慈善组织公信力不足、慈善工作效率不高等问题,需要全社会的参与和推进。

金融业是现代经济社会的核心部分,影响整个社会的运行。金融化是当今世界发生的许多社会经济政治变化的真正背景②。在现代社会,慈善事业与金融业有越来越多的融合机会,金融可拓宽慈善的渠道,慈善则可丰富金融的内涵,使金融具有向上向善的价值理念。金融企业在资产规模、网点布局方面具备一定的优势,比普通企业有更好的条件承担慈善公益等社会责任③。金融业若与慈善相结合可以促进慈善理念的推广,增强慈善事业的影响力,推动慈善事业的发展。在金融体系中,商业银行是重要支撑和中坚力量;而地方银行则是商业银行的重要组成部分,与各地区的社会力量有着紧密的联系,对地方经济的发展起到十分重要的作用,也是推动各地慈善事业发展的关键因素。2021年 8 月,中国银行业协会发布的《2020 年中国银行业社会责任报告》表明,中国银行业机构已将公益慈善理念充分融入企业文化当中,积极为扶贫救济、捐资

---

① 褚蓥,蔡建旺,余智晟. 改革慈善[M]. 北京:社会科学文献出版社,2016:1-3.

② 梁光严. 金融化:时代的关键词[J]. 国际社会科学杂志(中文版),2021,38(1):12-17.

③ 田东琰. 金融支持慈善作为分配调节手段[J]. 中国金融,2021(23):102-103.

助学、环境保护等公益慈善领域贡献银行力量。截至 2020 年末,银行业金融机构公益慈善投入总额达 32.13 亿元,公益慈善项目达 1.07 万个,员工志愿者活动时长 131.09 万小时①。在 2020 年公布的中国银行业履行社会责任的案例中,有一半是地方银行。地方商业银行在投身慈善事业的同时,日益成为客户和慈善事业之间的桥梁。

二、案例分析

江西省 R 农商银行隶属于江西省农村信用社联合社,该联合社业务规模自 2008 年起连续 14 年位居全省金融机构首位。R 农商银行注册资本约 1.3 亿元,机构网点 33 个,在岗从业人员近 300 人,经营业绩常年排在江西省农村信用社联合社辖内农商银行前列。R 农商银行组织结构主要由股东大会、董事会、监事会以及管理部门组成。组织结构如图 9.1 所示。

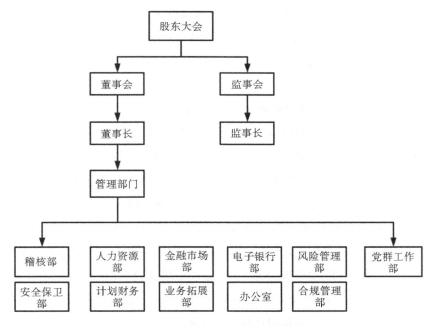

图 9.1　R 农商银行组织结构图

① 中国银行业协会. 中国银行业协会发布《2020 年中国银行业社会责任报告》[EB/OL]. (2021 - 08 - 05)[2022 - 03 - 15]. https://www. china - cba. net/Index/show/catid/14/id/39830. html.

股东大会由 R 农商银行全体股东组成,是本行的权力机构,每年召开一次股东大会年会;董事会与监事会主要参与 R 农商银行的日常运作,对该行重大事项安排具有决策权和监督权;董事会设置董事长职位点对点管理 R 农商银行日常经营活动,监督银行内部各管理部门的工作情况;管理部门包括稽核部、人力资源部、金融市场部、党群工作部、办公室、安全保卫部、业务拓展部等。各部门各司其职,保证银行经营活动的正常开展。其中,人力资源部、党群工作部、安全保卫部、业务拓展部和办公室等部门在负责基础职能的同时,还负责开展捐资助学、公益讲座、扶贫慰问等一系列慈善活动。

R 农商银行十年来累计发放涉农贷款约 60 亿元、中小企业贷款约 25 亿元、下岗再就业贷款约 3 亿元、灾后重建贷款约 5000 万元,发放生源地国家助学贷款约 5000 笔,金额约 4000 万元,帮助了近 3000 名寒门学子。同时,R 农商银行依托江西省农村信用社百福慈善基金会,连续 8 年资助 47.88 万元帮助 399 名贫困高中生就学。另外,R 农商银行每年都多次组织员工募捐,帮扶新农村建设,并安排干部职工前往敬老院开展"关爱行动",送去慰问金和生活用品。R 农商银行通过一系列帮扶活动积极回馈社会,为促进当地社会民生发展发挥了重要作用。

对 R 农商银行参与慈善的相关资料的收集主要是通过线上数据搜索和线下访谈的方式进行,调查时间从 2021 年 8 月起至 2021 年 11 月结束。线上数据和资料主要在 R 农商银行官方网站收集,包括 R 农商银行参与慈善的方式、对慈善的投入力度、帮扶对象的数量和类别等。线下资料收集主要是通过访谈进行,运用银行家属的人际关系对 14 名农商银行管理层人员以及 1 名优秀员工进行访谈。其中包括 R 农商银行的董事长助理、会计主管、2 位支行行长和 1 位副行长、党群工作部主任、业务拓展部总监、计划财务部总监、人力资源部总监、办公室主任及副主任、安全保卫部主任、金融市场部总监、电子银行部总监以及 1 名优秀员工。具体访谈内容包括 R 农商银行参与慈善的模式、服务对象、时间地点安排、与金融社工的接触程度、参与慈善的困境和解决方法、对未来参与慈善的展望等。受访人员的主要信息如表 9.1 所示。表中的编号由数字和字母组成,数字代表访谈日期,字母为姓氏首字母。

表 9.1　受访人员信息表

编号	性别	年龄	职务
20210801C	男	41	支行行长
20210803D	男	38	营业部行长
20210804F	女	37	会计主管
20210810G	男	38	党群工作部主任
20210815L	女	36	业务拓展部总监
20210818W	男	41	计划财务部总监
20210819T	男	35	董事长助理
20210823K	男	39	人力资源部总监
20210902J	男	44	安全保卫部主任
20210908Y	女	36	办公室副主任
20210915L	男	37	营业部副行长
20210923C	男	38	金融市场部总监
20211003Z	男	48	办公室主任
20211015H	女	30	优秀员工
20211030T	女	39	电子银行部总监

三、服务计划

(一)参与路径

R 农商银行参与慈善的路径主要有直接捐赠物资、传播公益慈善金融以及建立基金会、与相关组织合作等方式,如图 9.2 所示。直接捐赠物资主要是向残障人群、独居老人等弱势群体捐赠日用品、食品以及慰问金等。传播公益慈善金融主要是向农民、妇女、大学生以及老年人等易受骗群体进行金融公益知识的宣传,提供资产建设服务等。建立基金会和与相关组织合作主要是 R 农商银行通过与同级单位合作建立百福慈善基金会,并与当地政府或其他社会组织进行合作,为寒门学子提供助学金以及帮扶贫困户。

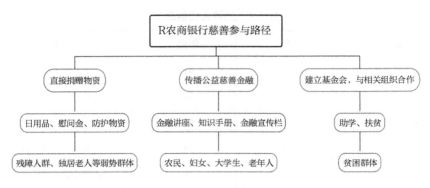

图 9.2　R 农商银行慈善参与路径图

(二)理念与动机

R 农商银行作为地方性商业银行,开展慈善帮扶活动的动机主要有利他、利己和混合动机这三个方面。

1.利他动机

慈善的直接目的是利他,是帮助有需要的人增强自身能力、改善生活环境,使其重新适应社会的道德活动,每个社会公民都有帮助他人的义务和责任。在我们生活的新时代,社会公民包括个体和企业等社会组织,这些社会组织也具有社会公民的身份。而企业慈善则是公民积极地改善社会环境的行为①。

正如 R 农商银行办公室副主任 Y 所说:"通过正常的经营活动获取利润是银行生存发展的主要手段,但不论是 R 农商银行还是省内的其他农商银行,利他动机始终是推动我们组织慈善活动的重要原因,特别是农村困难群众以及贫困学子,这是我们的社会责任所在。"

R 农商银行参与慈善的利他动机主要包括为客户提供公开信息、帮助困难群众、改善社会环境三个方面。该银行会在每年年底公开当年的社会责任报告,详细披露过去一年慈善捐助的资金流向和具体的帮扶项目。此举旨在增强现有客户对农商银行的满意程度,改善银行对外的信息透明度,加深客户对银行的了解。R 农商银行进行慈善帮扶的直接受益者是当地的困难群众。R 农商银行每年定期举办助学扶贫资金援助活动,旨在为寒门学子提供继续教育的机会,举办物资援助活动是为了改善困难群众的生活条件,使其重新适应社会。R 农商银行对当地农村进行产业扶持是为了帮助农户提高生产力水平,促进农

---

① 赵如.企业慈善行为动机历史演进研究[J].社会科学研究,2012(4):102-106.

村整体生活水平的提高和社会环境的改善,从而为乡村振兴提供金融力量。

R农商银行是扎根农村的银行,为普通客户和农村居民提供优质的服务是本职工作所在,为他们谋取福利、支持社会发展更是企业应该具有的初心。而R农商银行的利他动机也体现了为人民服务的宗旨,受利他动机驱使所做出的慈善行为也为当地社会福利发展做出了贡献。利他动机是R农商银行组织慈善活动的直接动机。

2. 利己动机

企业的最终目标是追求经济效益。对于企业经营者而言,参加慈善活动是否能创造有利于发展的市场环境、能否提升企业价值是十分重要的。[1]

正如R农商银行营业部副行长L所说:"商业银行的目标始终是赚钱,但赚钱不能只靠表面上的经营。在维持现有客户的同时还需吸引潜在客户,这样才能防止我们停滞不前。而要完成这一目标不仅要做好金融服务工作,还需承担慈善等社会责任,为当地社会发展提供除金融力量外的东西,比如慈善捐赠、扶贫慰问等。这样可以为我们树立良好的口碑,获取群众的信任。利己动机确实是我们组织慈善活动要考虑的因素,通过利己动机得到的回报也会让我们有信心将慈善活动继续下去。"

R农商银行作为金融企业,参与慈善的利己动机是提升自身的口碑和声誉,吸引客户资源,为自身创造良好的经营环境。在提升口碑和声誉方面,该银行站在可持续发展的角度将慈善参与融入企业发展战略,积极承担社会责任,通过为当地独居老人、残障人士以及贫困学子提供资金帮助和精神支持,来获得当地群众的认可,提升银行的声誉。在吸引客户资源方面,该银行通过积极参加社会活动,将慈善援助信息公开化、透明化,来获得客户的信任,吸引潜在的客户。在创造良好的经营环境方面,R农商银行积极与当地慈善组织和其他企业合作,大力推动农村居民生活质量及生产力水平的提高,由此获得政府的关注和信任,并吸引越来越多的社会组织与R农商银行进行业务往来,从而为自己创造优越的经营环境。

R农商银行是营利性商业银行,参加慈善活动能提升自身的声誉和社会责任感,吸引客户和其他企业资源,创造有利于自身发展的竞争环境,在无形中增

---

① 钱丽华,刘春林,丁慧. 慈善捐赠、广告营销与企业绩效:基于消费者认知视角的分析 [J]. 软科学,2015,29(8):97-100.

加发展动力。因此,利己动机是 R 农商银行的间接动机,能为该银行发展带来许多潜在的有利条件。

3. 混合动机

企业在日常经营当中进行某项投资决策活动往往不是基于单方面的考虑,而是综合各方面因素,企业参与慈善也是如此。

R 农商银行积极与农业公司合作,为其提供绿色贷款,并为当地农户无偿提供农业用具。此举是为了帮扶当地的种植产业,为当地农业发展提供支持,同时也扩大了自身的贷款规模,丰富了贷款种类。R 农商银行与政府合作,为当地贫困学子提供援助,以支持当地教育事业的发展,帮助当地政府树立良好的形象,同时也为自己创造了优质的经营环境。另外,R 农商银行每年都会定期公开慈善社会责任参与信息。此举是为了增进普通群众对农商银行的了解,提升该行员工的荣誉感和满意度,从而提高员工的工作积极性,促进银行的业务发展。

现代社会纷繁复杂,参与慈善的动机可能是多方面的。混合动机是 R 农商银行参加慈善活动的现实动机。

结合所述,R 农商银行参与慈善的动机主要包括利己动机、利他动机和混合动机。其中,利他动机是直接动机,利己动机是间接动机,而混合动机则是现实动机。利己动机、利他动机和混合动机的相互结合推动了 R 农商银行积极承担社会责任,踊跃参加公益慈善活动。

四、服务计划实施过程

(一)对点帮扶农村困难群众,提供社会支持

R 农商银行的定位是服务农村发展的银行,因此除城市外,农村是该行业务发展以及扶持援助的重点对象。帮扶措施有银行各部门点对点帮扶农村贫困户,为困难群众联系资源等。

1. 点对点帮扶农村贫困户

在我国取得脱贫攻坚战的全面胜利之前,R 农商银行积极响应国家号召,深入当地农村,开展扶贫慰问工作,全面走访挂村帮扶的 42 户精准扶贫户,面对面了解详情,按照民意制定扶贫方案,并无偿为贫困户发放慰问金,以改善贫困户的生活。

在帮扶期间,该银行的干部职工每到一户挂点贫困户都会与困难群众亲切交谈,详细了解他们的健康状况、致贫原因以及生产生活、家庭创收、防寒取暖等需求。除解决贫困户的实际困难外,R 农商银行的干部职工还深入贫困户家中宣传党的农村工作和农村经济政策,提高他们对我国脱贫攻坚战的认知。同时,该行的干部职工还将专项金融产品信息传达给贫困户,并为贫困户详细地讲解贷款条件以及能享受的福利,并尊重他们自我选择的权利,不强迫他们接受。另外,R 农商银行还积极组织行内员工捐款,以银行的名义出资修缮各挂点乡村的水井、道路和体育设施,帮助居住条件十分落后的群众翻修房屋,并建立了一座以农商银行命名的希望小学。

而在我国取得脱贫攻坚战的全面胜利之后,R 农商银行仍致力于防治当地乡村返贫的工作,及时跟进各挂点户的家庭发展情况,在出现问题时积极提供支援和帮助,增强贫困户的经济可持续发展能力,防止贫困户对银行和有关部门形成依赖性。

正如 R 农商银行城区支行行长 C 所说:"我国虽然已经取得了脱贫攻坚战的全面胜利,但还是存在返贫现象。因此,我们今后还会定期深入这些挂点户家中进行慰问,并全力配合乡党委、政府和其他有关部门切实解决他们的需求,使他们真正脱离贫困,不再返贫。我们银行下一步计划开展乡村普惠金融普及活动,深入田间地头,使金融工具得到充分应用,帮助农村居民发展生产力。作为支行成员,我应该为这一目标的实现贡献一份力。就目前来看,我们之前挂点的 42 户贫困户已基本摆脱贫困生活,他们也有意愿运用更多的金融工具,毕竟普惠金融对农户是十分有利的。因此,我们相信以普惠金融为主的普及工作会顺利开展。"

R 农商银行在帮助当地贫困户基本摆脱贫困的同时,为他们提供普惠金融工具,使贫困户的农业生产能力得到金融项目的支持,从而在一定程度上防止返贫现象的发生。R 农商银行的对点帮扶活动类似于社会工作中的个案服务,首先考察当地的潜在受助对象,进行信息收集,确定受助对象后签订帮扶协议,进而为其后续发展提供帮助,解决其生活问题,提升其生活能力,使其重新适应社会。

正如 R 农商银行营业部行长 D 所说:"我们敢为人先,不断参加社会慈善活动,前提条件就是我们拥有庞大的客户群体和省联社这两个强大的靠山。打铁还需自身硬,自己都养不活就不用谈帮助别人。另外,对弱势群体的关注是我们的工作重心。不像其他企业只在自然灾害发生时捐款,我们农商银行时刻关注人的发展,会与受助群体签订帮扶协议,旨在真正帮助他们走出困境。在帮扶过程中,营业部作为各支行之首,要发挥好模范带头作用。"

R农商银行的对点帮扶工作体现了重视个案服务、关注弱势群体的工作方法,体现了以人为本的理念。R农商银行利用自身金融优势为贫困户增能,提高他们的经济能力,改善他们的生活环境,帮助他们增强对生活的信心,使他们拥有适应社会发展的能力。但此类慈善行为会受到多种因素的限制而影响到银行参与慈善的效果,如:较难确定真正需要帮扶的困难户;农村道路设施差,限制活动的开展;银行业务繁忙,影响活动次数等。

2. 为困难群众联系资源,建立社会支持网络

对于经济不发达的农村来说,社会资本是影响其发展的重要因素。除政府和村民外,社会力量也是乡村振兴的主体,对社会资本再生产具有重要作用[1]。R农商银行作为社会资本积极参与乡村发展工作,为农村困难群众提供社会支持。

在R农商银行所在城市的偏远农村地区,除相对贫穷外,还存在着人口老龄化严重、残疾人数量多等问题。由于当地劳动人口大规模向城市流动,许多行动不便的老年人和残障人士只能留守家中。通过有组织的服务和社会力量的支持来保障老年人享有更多的服务,可有效解决老龄化问题。社会力量尤为重要,因为缺乏社会支持在一定程度上会导致幸福感降低[2]。而对于残障人士而言,其所处生活环境的社会支持网络是一个潜在的可改变的因素,可能会对身体机能的恢复产生重大影响[3]。R农商银行与对点援助村委会合作创建求助办公室,帮当地困难群众在中国社会帮扶网发布求救信息,提供农商银行线上

---

① 王思斌.社会工作与乡村振兴中社会资本的协作再生产[J].社会工作,2021(4):1 - 8.

② CUGMAS M,ANUSKA F,MIHA S,et al. The social support networks of elderly people in Slovenia during the covid-19 pandemic[J]. Public Library of Science,2021,16(3):e0247993 - e0247993.

③ CLAUDIA O P,HERRERA-ESCOBAR J P,PATEL N,et al. Perceived social support is strongly associated with recovery after injury[J].Journal of trauma and acute care surgery,2021.

购物平台和手机银行等先进金融工具,帮助困难群众接触先进的电子支付方式和农产品线上交易模式。R 农商银行还与当地残联或其他福利部门合作,定期深入农村开展残疾人康复讲座、残疾人辅助工具义卖、乡村联欢会等活动,与当地大型商业超市推出联名购物卡以及打折商品下乡等活动。R 农商银行通过与社会组织和政府部门合作,为农村困难群众提供生活便利,联系社会资源,建立社会支持网络。

正如 R 农商银行会计主管 F 所说:"我们银行愿意在受助群众身上投入时间,融入他们的生活,为他们提供社会资源。比如,邀请专家为残疾人开办心理健康讲座,免费提供行动辅助工具,与商超合作推动打折商品下乡等。这不仅源于社会责任的要求,而且源于我们银行踏实服务群众的初心。作为会计主管,做好物资清理和结算工作,保证受助群众的福利及时送达,是我的职责所在。"

除了为农村贫困居民等弱势群体提供基本生活福利,R 农商银行还为当地农村地区寻找企业资源。R 农商银行所在区域的乡村产业多以山药种植、荷花养殖为主。其中,山药是当地特色农产品。但受自然资源以及经济基础的限制,相关产业发展的大门并未打开,产业循环链只限制在部分区域。有鉴于此,R 农商银行积极与政府部门对接,针对县域整体发展方向以及农户生产生活现状,与市里多家绿色能源和农业科技公司建立合作关系,为山药与荷花的种植提供更科学的培育手段和生长环境,提升山药与荷花的质量和产量;并与广告公司合作,提升山药与荷花种植产业的知名度。

正如 R 农商银行党群工作部主任 G 所说:"我们银行深知构建社会支持网络的重要性,毕竟光靠我们一家之力无济于事。农商银行的工作重点本就是服务农村、扎根农村,为农村发展服务是每个党员义不容辞的责任。对农村地区的帮扶不仅要考虑到解决农村困难群众的实际生活问题,还要激发当地的产业活力,为农民生产力的发展提供不竭的动力。我相信,我们银行不论是普通员工还是党员同志,齐心协力,定能实现目标。"

R 农商银行除利用已有社会资源帮扶群众外,还会通过社会人际网络的"裂变"来传播慈善理念,宣传农商银行的慈善活动。R 农商银行慈善传播裂变图如图 9.3 所示。

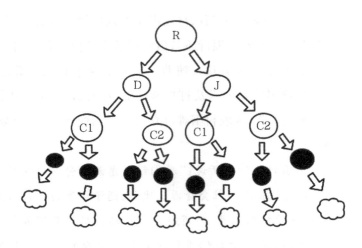

图 9.3　R 农商银行慈善传播裂变图

注:图中 R 代表 R 农商银行董事会,J 代表机关,D 代表各网点,C1 代表各二级部门,C2 代表客户,●代表家人和亲戚,⌂代表人际交流圈。

在传播裂变网络中,R 农商银行是核心部分,董事会将慈善工作分配给机关部门以及各支行网点,机关与各网点再将慈善信息扩散到下一层的二级部门以及客户,再经由各二级部门与客户传递给家人和亲戚,最后传播到各自的人际交流圈。

R 农商银行的慈善信息通过不同的媒介,经由不同的人群传播下去。这是一个不断扩大外延的过程,使得越来越多的普通群众了解到农商银行的善举,在银行进行自我宣传的同时也为更多需要帮助的潜在人群提供了信息来源,使他们多了一个求助的选择。

为农村困难群众提供社会支持、寻找社会资源是解决农村困难群众实际问题的必要途径。但从根本上改变农村的落后局面,实现乡村振兴不能只停留在表面,还需结合当地产业走可持续发展道路。R 农商银行对当地农业和旅游业的帮扶体现了其扎根农村、为农民服务的理念,为困难群众提供了社会资源,提供了广泛的社会支持,有助于建构稳固的社会支持网络,有利于解决农村困难群众的实际问题,能为农村发展注入新鲜血液。

(二)举办公益活动,提供资产建设服务

R 农商银行是 R 市网点最多、客户规模最大、经营总业绩在全市排名第一的金融机构,具有较强的金融影响力。R 农商银行运用自身的金融资源,积极传播金融知识,免费发放金融知识手册,开办公益金融讲座,为普通民众和金融受困者提供无偿金融咨询和援助服务。除此之外,R 农商银行还为部分受助对象提供资产建设服务,防止其重新面临金融受困问题。与其他银行通过大额贷款拉动城市内需、刺激经济发展不同,农商银行将帮扶普通民众视为工作重心,旨在推动金融理念深入人心,为当地整体金融素质的提高和经济的发展提供帮助。

1.举办金融公益宣传活动,传播金融安全知识

为普及金融安全知识,提升全民的金融素养,R 农商银行推出了"金融知识普及月"活动,该活动主要在经营淡季——每年的七月份进行,持续近一个月的时间,由"守住钱袋子"和"金融知识进红区"等提升群众金融知能的小型活动组成。"守住钱袋子"活动的主要内容是为遭遇过金融诈骗的群众宣传金融防护知识,提供农商银行安全账户服务,提高此类群众在经济方面的自我保护能力,防止他们的财产遭受巨大损失。"金融知识进红区"活动的主要内容是 R 农商银行组织员工进入老革命根据地,为仍然在世的红军老人及其家人普及金融知识,维护红军老人的尊严,提升其社会参与感。

此外,R 农商银行还会在金融知识普及月开办宣传栏,免费发放金融防诈骗手册等,并组织该行宣传人员深入企业、学校、社区、村委会、个体工商户,现场发放金融知识宣传折页、宣传单,现场为群众讲解反假币、反洗钱、反诈骗以及银行卡的使用、存款保险、征信等金融知识。在这些金融宣传活动中,R 农商银行尤其重视非法校园贷的防治工作,主要向在校学生讲授金融安全基础知识,宣传非法校园贷的危害,并赠送学生印有金融防诈骗知识的文具和相关书籍。老年人同样是易受金融诈骗的弱势群体,R 农商银行会在各网点设置金融警卫岗,及时阻止上当老年人的非理智行为,并进入社区为社区老人讲解金融诈骗的特征,提高老年人的金融安全辨别能力。

正如 R 农商银行业务拓展部总监 L 所说:"我们银行做慈善公益,不仅仅停留在捐钱捐物这些比较传统的方式上。作为金融机构,我们更注重从金融角度去帮助那些有需要的人。慈善是无偿的援助活动,我们免费为市民提供金融知识宣传,发放手册,去学校、企业开办讲座,并不断拓展与慈善公益有关的业务项目。这对我们来说是一种金融慈善手段。虽然目前我们没有专业的金融社工帮忙,但我们用最擅长的方式服务大众,也是十分有意义和作用的。"

R农商银行通过举办形式多样的金融公益宣传活动，无偿向大众传播金融知识，通过银行自身的金融背景和资源帮助受困对象以及潜在受助者摆脱困境，有助于防范金融诈骗的发生，有利于提高广大群众的金融防护能力。这体现了金融慈善的理念，说明该银行善于结合自身金融优势，开展形式多样的慈善活动。不过，通过举办宣传活动并不能保证一定有效果，开办宣传栏、发放传单等活动只是单方面的输出，不能与受助对象持续互动，无法保证活动效果的长期性。

2. 为受助者减免利息，加强资产建设

R农商银行在面对生活有困难和相对弱势的客户群体时，除了提供无偿的人道主义援助，还会在他们办理贷款业务时，根据他们的困难情况提高贷款额度和减免利息。R农商银行推出了诸多爱心贷款，如"爱心创业贷"和"快活贷"。这些免息贷款涵盖创业、医疗、教育等各个方面，旨在为困难群众提供更便利的经济发展条件，使其更好地适应社会节奏，重新树立对生活的信心。除为弱势群体提供个人资产服务外，R农商银行还与积极参与社会公益慈善事业的普通企业合作，为此类企业提供绿色金融通道，简化公益慈善专项贷款的审批流程，降低或减免公益慈善专项贷款的利息。

正如R农商银行计划财务部总监W所说："我们毕竟是商业银行，正常的贷款业务是我们生存发展的动力来源。打铁还需自身硬，只有有了足够的经济实力，我们才能更好地服务有需要的群众。即使如此，在面对较为困难的客户群体时，我们也会站在人道主义立场，为其提供专项爱心贷款。这类贷款项目比市场上的普通贷款项目利率低了许多。针对特别困难的用户，我们会根据其实际条件直接免息，并设置更长的还款期限。我们设置这些贷款的初心便是帮助困难群众，利息收入是第二位的。"

R农商银行是金融机构，其组织的公益慈善活动具有一定的金融性质。除了普通的捐赠，主要的助人方式便是通过金融手段为受困群众提供帮助，为遭到金融诈骗的群众举办公益金融讲座，发放金融安全手册，教会他们辨别金融诈骗手段以及使用网络金融安全工具等，提高受困群众的金融防护能力；同时，重点对经济困难的群众进行金融教育，为其提供专项资产建设服务，评估其现有金融资产，使其正确认识到自身的金融需求，并为其制定合理的理财计划，提供信用咨询服务，协助其管理财务账单，提高其资产活力和可持续性。针对贫困人群的金融工作能够帮助他们摆脱财务困境,实现资产自由控制①。该行的资产建设服务偏向于提高受助对象的资产运营能力,改变受助对象对资产管理的错误认知,防止经济问题影响到他们的正常生活。从表面上看,资产建设服务是涉及商业利益的行为。但从深层次看,针对困难群众的资产建设能有效改善其现在的处境,降低其返贫的可能性,从而为当地经济的可持续发展提供动力。

正如 R 农商银行董事长助理 T 所说:"我们银行各部门虽各司其职,但作为商业银行,还是倾向于用金融手段开展公益慈善活动,通过金融服务解决困难群众的经济问题,比如为困难群众提供资产建设服务,制定理财计划,提高其金融安全意识等,以增强困难群众的可持续生活能力,防止其重蹈覆辙。"

授人以鱼不如授人以渔。为弱势群体提供免息贷款只是"授人以鱼",只能短暂满足其需要。进行资产建设便是"授人以渔",能够增强弱势群体的资产增长的可持续性,防止其重新面临经济窘迫的局面。

(三)建立百福慈善基金会

R 农商银行开展慈善参与活动主要是以百福慈善基金会为依托。百福慈善基金会是由江西省农村信用社联合社发起,全省 91 家县级联社捐资设立的江西首家由金融企业发起设立的慈善基金会。该基金会以"帮困助学,奉献社会"为宗旨,每年将约 2000 万元的基金全部收益用于资助省内品学兼优的贫困学生。

1.捐资重视"扶危济困,以人为本"

R 农商银行在省基金会"帮困助学,奉献社会"的宗旨基础上提出了"扶危济困,以人为本"的助人理念,结合当地的经济社会环境,有针对性地组织帮扶活动。

R 农商银行组建了一支由银行职工组成的志愿者队伍,并向省基金会申请专项资金,在每年银行经营的淡季安排这些志愿者开展走访帮扶活动。对于老年人和残疾人,R 农商银行会组织工作人员定期上门看望,为他们购置米、面、油等生活物品,留下 200 元至 500 元不等的慰问金,免费为他们办理定制信用卡,满足他们的经济需要。对于一部分有再就业意愿的老年人,志愿者会为他

---

① KARGER H. Curbing the financial exploitation of the poor: financial literacy and social work education[J]. Journal of social work education,2015(3):425 –438.

们提供就业资助金,并与当地的老年协会合作,捐资建立老年大学,设立金融班,满足此类老年人进行再社会化的需要。

正如R农商银行人力资源部总监K所说:"我们银行注重参加慈善活动,不论是对普通群众的帮扶还是抗击疫情,我们都积极伸出援手。一般我们会在七八月份的经营淡季组织这些活动。人力资源部充分调度参加慈善活动的组织,这样能保证帮扶活动高效有序地开展。"

R农商银行通过组织职工志愿队伍,为不同类型的受助对象提供不同层次的帮扶。该银行错峰安排职工参加慈善活动,体现了该银行参与慈善的积极性、针对性与人性化,在一定程度上保证了慈善活动的开展效率,但无法保证扶危济困的实际效果以及活动的长期性,也无法确保职工志愿队伍的稳定性。

2. 助学强调自愿受助,尊重自决权

R农商银行最主要的慈善参与活动是针对贫困学子开展的"农商银行,助你圆梦"活动。这项活动由百福慈善基金会发起,以省内各农商银行为单位,为各地贫困学子提供无偿助学援助。全省名额共2000个,向每名学生资助5000元。各地农商银行根据当地的情况分配名额。R农商银行每年申报的名额为100个左右,实际审批率每年保持在95%以上。资助对象必须同时符合以下条件:1. 具有本市学籍的应届高考学子;2. 高考分数达到一本线及以上并被一本学校录取,军校、艺术、体育及免学费类考生除外;3. 建档立卡贫困户、低保户、孤儿。

R农商银行在助学过程中注重维护受助学生的隐私权和自决权。符合申请条件的学生根据自主意愿进行申请,个人信息经过严格保密处理。申请流程如图9.4所示。

图9.4 R农商银行助学金申请流程图

R农商银行依托省联社百福慈善基金会,连续8年无偿资助47.88万元帮扶399名贫困高中生就学。该行累计发放生源地国家助学贷款5125笔,金额3779.51万元,帮助2613名寒门学子圆了大学梦。2019年,该行新增发放生源地国家助学贷款617.6万元,帮助困难大学生732人。

除了为寒门学子捐资助学，R农商银行还为普通高考学子举办爱心助考活动。高考期间，该行积极承担社会责任、传递公益爱心，在城区各网点设立了"爱心助考服务站"，为考生免费提供自动铅笔、签字笔、口罩、矿泉水等物资，配备了医用药箱、纸巾、消毒洗手液和雨伞等物品，并设置家长休息区，为高考考生和家长提供无偿服务。

正如R农商银行安全保卫部主任J所说："我们地处小城市，身后是江西省农村信用社这一强大的靠山，我们将慈善之力聚在一起便会形成无穷的力量。看着这些孩子们能继续深造的开心模样，我们也感到十分的欣慰和幸福。特别是在进行保卫爱心助考，以及维持慈善活动秩序时，我们更是体会到安全保卫工作的价值所在。"

R农商银行的助学活动体现了该银行参与慈善的偏向性，即慈善参与以教育帮扶为主，重视为贫困学生提供慈善援助，此举有利于实现教育公平。但侧重教育帮扶影响了该银行在其他方面的慈善投入，导致其慈善参与缺乏专业性和全面性。

五、案例评估

R农商银行积极参加慈善活动为自身战略目标的实现直接和间接地带来了利益回报。

（一）直接回报

R农商银行参与慈善给自身发展带来的直接回报主要包括提升了声誉、扩大了客户规模、增加了人才储备、增强了抗风险能力、提高了经济效益等。

R农商银行的慈善行为惠及当地诸多困难群众，赢得了当地居民的一致认可，由此提升了自身的声誉，在获得原有客户的信任时吸引了大量潜在客户，因而常年处于当地客户规模和业务收入第一的位置。R农商银行积极承担社会责任的良好企业形象提升了员工的满意度与幸福感，增强了员工的工作积极性，并吸引大量高端人才前来应聘，2020年秋季招聘中便有238名来自省内各大高校的研究生竞争该银行的12个职位。对人才的吸引力使得R农商银行比其他地方银行，拥有更高的员工素质和更低的离职率，人才储备实力相对雄厚。这直接优化了银行的人员结构，提高了银行的业务发展能力。此外，在已经建立的群众基础之上，R农商银行的抗风险能力进一步加强。面对市场经济不景气、同类企业竞争力不断加强等不利于自身生存发展的情况,R 农商银行仍然能够保持稳定的市场地位与发展趋势。

正如 R 农商银行金融市场部总监 C 所说:"自从我们投身慈善事业以来,老百姓对我们的信任度明显提高了,这从我们银行的客户规模逐渐增加、金融项目市场扩大可以看得出来。我们员工的积极性也越来越高,越来越多的企业愿意与我们合作。我们的贷款规模也在逐年攀升,而且都是资质良好的良性贷款,每年都能按时回收。投身慈善给我们带来的回报真的太多了,很难用语言表达出来,我们一定会继续下去。这对我们自身发展以及社会的发展都是有好处的。双赢是我们想实现的目标。"

地方银行等企业做慈善不仅仅是回报社会的行为,也是进行融资的良好方式。R 农商银行通过向社会捐款,以及设立专门服务慈善事业的基金会,获得了税收减免。另外,该银行的慈善行为形成了良好的示范效应,吸引了当地许多企业与其合作,共同推动社会慈善事业的发展,为 R 农商银行带来了可观的经济效益。

（二）间接回报

除直接的经济回报外,积极参与慈善的行为还给 R 农商银行带来了诸如为自身创造良好的经营环境、丰富企业的价值内涵等间接回报。

R 农商银行积极参加慈善活动能获得政府的信任,吸引政府与其合作。比如,R 农商银行在项目投资、贷款发放以及竞标土地用于开设新网点等方面都能高效率地获得政府审批,为自身经营发展创造良好的条件。除此之外,参与慈善的行为丰富了 R 农商银行的企业文化内涵,提升了企业价值,使得企业价值从原先的"扎根农村,做好农村金融服务",延伸到"造福全社会,通过金融力量服务大众"这一更高境界,并且使企业文化更加开放、包容、人性化,企业职工朝气蓬勃,充满积极向上的力量。

R 农商银行通过慈善活动与各社会主体产生了联系,形成了良性循环,如图9.5 所示。银行、普通客户、困难群众以及政府部门在慈善活动中存在着紧密的联系。银行通过慈善行为向困难群众提供金融支持,减少了困难群众的经济问题,取得了困难群众的信任,提升了声誉。与此同时,R 农商银行将慈善支出信息公开,向客户透露了相关信息,由此增进了客户对 R 农商银行的了解,巩固了现有客户群体,也吸引了潜在客户。政府与银行合作能有效拉近政府与群众的距离,从而使得政府部门采取多种途径为普通客户以及困难群众提供福利保障,提高群众对政府的满意度和信任度。同时,政企合作也为银行提供了良好的经营环境。

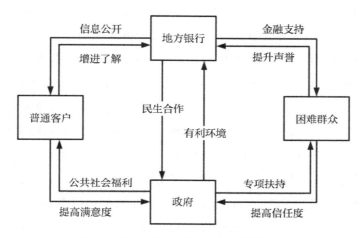

图9.5　R农商银行慈善参与良性循环图

综上所述,R农商银行的慈善参与行为为其带来了客户增多、员工素质提高、行业竞争力增强、经营效益提升、企业价值升华等诸多回报,对于实现对该银行战略目标中的扩大市场影响、提高管理水平、夯实发展基础起到了良好的促进作用。其中,客户数量增多扩大了农商银行的市场影响力,员工素质提高进一步提高了管理水平,行业竞争力增强、经营效益提升以及企业价值升华进一步夯实了农商银行的发展基础。因此,积极承担社会责任、履行慈善义务为R农商银行带来了多方面的促进作用,是R农商银行实现发展目标过程中不可或缺的环节。但R农商银行无法对慈善参与行为所带来的回报进行具体的量化,无法进行全面的效果评估,因此难以确定重点参与项目,且无法保证回报的长期性和可持续性。

六、专业反思

(一)存在的问题

R农商银行的慈善参与工作已经取得了一定的效果,但限于现实条件,在慈善参与的多样性、金融慈善推广的深度与广度、慈善参与的回报方面还存在上升空间。

1.所在地区无社会工作机构,缺乏金融社工资源

R农商银行参与慈善的困境之一是所在地区缺乏专业的社会工作机构,缺少与专业金融社会工作人员合作的机会,降低了其参与慈善的有效性。

正如R农商银行办公室主任Z所说:"我们银行愿意付出时间和精力为社会慈善事业做贡献,但伟大事业的实现都不是一帆风顺的。我们这个地方缺乏专业的慈善组织,专业的社会工作人员就更少了,导致我们在参与慈善的过程中缺少专业的辅助。所以专业人员的缺乏是目前我们银行亟待解决的问题。我们下一步的计划是在行内设置金融公益慈善部门,设立有竞争力的岗位薪酬福利制度,尽可能引入专业的金融社工,帮助我们共同推广金融服务工作。"

R农商银行的业务收入和发展规模多年来一直在当地保持领先水平,为该银行的慈善参与工作提供了强有力的经济支撑,但R农商银行目前所做的慈善工作停留在较浅层次,只能在有限的条件下为受助群众带来尽可能大的帮助。比如,在面对残障人士和其他困难群众时,R农商银行送去物资满足其基本生活需要,更多的是解决受助对象当前所面临的问题。受助者受困的原因、家庭背景、个人长期计划等,并不在R农商银行关注的范围内。R农商银行推出了部分金融公益项目,为经济困难群众提供资产建设服务,但大多数时候是通过银行固有的金融模式推广公益金融项目,服务过程更多的是考虑项目本身,对受助群体接受程度的关注较少,且服务期限过长,导致该银行公益慈善金融项目的受众规模较小,受众的接受程度较低。这与金融社工通过专业社会工作手段实现金融助人存在明显差别。因此,在现实情况下,由于缺乏专业金融社工的帮助,R农商银行通过资产建设等金融服务帮助受困群众走出经济困境的案例寥寥无几。

结合实际情况进行分析,当地缺乏良好的慈善环境是制约R农商银行慈善事业进一步发展的主要原因。当地的慈善事业主要由民政部门管理,因此慈善活动的安排规划具有行政性质,多是按照领导的指示和安排开展活动,缺乏慈善事业应有的活力,银行等社会企业与政府部门合作推广慈善也处在被动地位。而且民政部门并非专业的慈善机构,只是兼管慈善事业,无法为合作企业提供专业的帮助,使得慈善参与缺少活跃的氛围。另外,R农商银行所处的城市发展程度不高,尤其是第三产业较为落后,缺少专业的慈善和社会工作组织。R农商银行无法就近接触到专业金融社会工作人士,只能通过适合自己的方式

参与慈善。由于当地慈善事业具有行政性质以及缺少专业社会工作组织，R 农商银行的慈善参与工作受阻。

与金融社会工作专业人士加强合作是 R 农商银行提高慈善参与效率、彰显慈善参与金融特色的关键环节。金融社会工作人员可以作为中间人推广 R 农商银行的慈善信息，帮助该行发现更多的潜在受助者，加强该行资产建设服务的专业性和普及性，提高该行的慈善工作效率，进而帮助该行提升声誉、塑造良好的社会形象。

2. 缺乏专业机构监管和内部激励机制

R 农商银行开展慈善参与活动缺乏专业监督和管理，比如缺乏专业机构监管，内部激励机制不足。

由于 R 农商银行所处地区发展水平较低，缺乏专业的慈善组织和社会工作机构，且当地人民银行只负责监管商业银行的金融事务，对银行的公益慈善活动关注度不够。因此，该行参与慈善无法得到有效的监督，无法对慈善参与活动进行专业的过程评估与结果评估。当地政府也未出台相应的慈善参与规章制度和监管条例，在一定程度上影响了银行参与慈善的规范程度。

在员工参加慈善活动的感受方面，R 农商银行的关注度不够。银行将救助任务分配给员工后，员工只能以单位利益为重，按照要求完成任务，再加上缺乏适当的鼓励措施，部分员工缺乏参与慈善的热情。

正如 R 农商银行优秀员工 H 所说："利用我们的力量帮扶弱势群体，是每个社会公民应尽的责任。但长期面对困难户的生活环境，我们难免会受到一定的心理冲击。可这是银行安排的工作，而且又是慈善工作，有谁会拒绝帮助他人呢？因此，我们虽然会产生复杂的情绪，但还是会积极配合慈善参与工作。如果单位能够给予我们鼓励和支持那就更好了，这样我们就不会认为自己只是完成任务的工具。"

员工缺乏慈善参与热情的原因在于受到业绩至上的企业文化的影响。无论是农商银行还是其他地方银行，业绩始终是银行追求的首要目标，因此银行会忽视对员工的人文关怀。R 农商银行只有加强对员工的人文关怀，才能激发员工的工作积极性，使员工在进行慈善救助时及时调整心态，不将情绪带到本职工作中，从而推动公益慈善工作进一步发展。

3. 慈善参与的回报难以核算,效果难以保证

R 农商银行参与慈善的行为为其带来了客户规模扩大、员工素质提高、行业竞争力增强和企业价值升华等多方面的回报,但这些回报大多难以量化,且难以保证长期性,可能会随着时间的推移逐渐失去。收益的难以量化和不确定性导致 R 农商银行无法对慈善参与活动进行精准的评估,难以对慈善参与的经验进行总结,从而无法确定重点慈善参与项目。这会影响 R 农商银行慈善参与的精确度,进而限制该行提高慈善参与的效率。

R 农商银行在帮扶金融受困群众时,往往是单方面地提供金融支持,与受助者的深入互动较少,难以共情,无法保证慈善帮扶的有效性。虽然 R 农商银行是以整个单位的名义参与慈善的,但具体工作的落实是由银行内部员工完成的。大多数员工对困难群众进行点对点援助只是为了完成单位的任务,对援助活动的投入程度并不高,因此较难与受助者产生共鸣,无法深入体会受助者的内心感受,难以深入地了解造成受助者在经济或其他方面受困的原因,从而无法为受助者提供有效的金融援助,无法与受助者建立更深层次的联系。这在一定程度上影响了该行参与慈善的实际效果,使得部分慈善活动流于形式。

除慈善参与的收益本身难以量化这一客观原因外,缺乏专业金融社工的辅助是导致 R 农商银行难以评估慈善参与回报和慈善参与效果的主要原因。金融社工可以通过制定专业的服务方案,为金融受困群众提供科学高效的服务,并及时评估慈善参与活动的效果,从而帮助 R 农商银行提高慈善参与的有效性,并通过科学分析确定重点慈善参与项目。

4. 未精准划分金融受助人群,缺乏金融政策指导

R 农商银行在参与慈善的过程中,运用自身的金融能力宣传金融知识,提高困难群众的金融素养和安全防护能力,并为他们提供资产建设服务。这是 R 农商银行值得肯定之处,但在精准划分金融受助人群和运用金融政策指导帮扶困难群众方面,该银行做得还不够。

大学生、老年人等不同人群在金融需求方面存在差异:大学生的金融需求主要在于学业投资和自身发展,而老年人的金融需求主要在于自身资产的保值与增值。R 农商银行推出的金融公益项目只向金融受困群体提供统一标准的金融优待服务,并未针对不同人群推出多样化的帮扶项目。未精准划分服务人群导致该行参与慈善缺乏针对性,无法满足不同弱势人群的金融需求,降低了

其慈善参与效率。

　　金融倡导是金融社会工作实务的重要组成部分。银行不是社会工作机构，而是金融行业的重要支撑。金融倡导是银行在进行金融助人过程中应该关注的要点。金融倡导的重点在于金融工作者与政府部门紧密联系，为弱势群体争取金融政策支持，使弱势群体享受到正常的金融服务[①]。金融倡导主要包含以下策略：金融社工与权威部门和组织进行沟通，促其出台有利于弱势群体的金融政策；金融社工与政府进行交涉，推动政府相关部门为弱势群体创造就业机会，为弱势群体提高最低工资以及减免所得税；金融社工倡导劳工改革惠及更多工人，督促实施消费者权益保护法[②]。

　　R农商银行在对困难群众进行帮扶时，会为弱势群体寻找社会资源、提供社会支持，但主要是利用自身资源为弱势群体直接提供帮助。在金融惠民政策的倡导方面，R农商银行尚有欠缺，在一定程度上限制了该行利用金融能力进行扶危济困的深度和可持续性。R农商银行作为当地金融业的代表，应该承担起为困难群众谋求金融福利的责任，发挥金融倡导者的角色功能。只有从政策层面为困难群众谋求福利，才能真正使弱势群体走出困境，享受平等的金融服务和其他社会资源。

　　自身金融能力的限制导致R农商银行无法为不同受助人群提供多样化的金融帮助。在业务能力上，R农商银行在所处地区排名前列。但当地整体发展水平较低，R农商银行的金融业务仅限于满足当地群众的需求。在面对金融受困人群时，该行缺乏金融倡导等更高层面的金融服务能力。随着社会的不断金融化，R农商银行需要跟随时代的步伐，提高金融服务能力，满足不同人群的金融需求，为弱势群体谋求金融福利。

　　5. 金融救助渠道有待拓宽，缺乏社区救助和线上救助

　　目前，R农商银行的慈善参与方式较为局限，主要是为受困群众提供资金援助、资产建设服务以及对民生帮扶项目进行投资等，缺乏多样化的救济渠道，需要拓展社区和线上帮扶方式。

---

　　① 邓锁.社会发展、金融能力与社会工作参与反贫困[J].中国社会工作,2018(28):25-26.

　　② GOLDBERG G S. Economic inequality and economic crisis:a challenge for social workers [J]. Social work,2012,57(3):211-224.

开展社区救助对于 R 农商银行来说存在两个方面的优势。一方面,R 农商银行的帮扶对象主要以个体困难户为主,这些个体户多分散在街边,难以形成社区布局。这在一定程度上给农商银行慈善救助活动的开展带来了负担。而社区是经过规划布局的整体性单位,因此开展社区救助能够节省参与慈善的时间成本与交通成本。另一方面,随着人们生活条件的改善和需求的不断提高,社区建设如火如荼,社区成为当前人们的主要居住区域。将慈善参与延伸到社区是符合社会发展趋势的做法,也是符合慈善事业发展要求的必然选择。

对于银行来说,设置社区网点是开展社区金融公益慈善活动的前提条件,能为社区相关公益金融活动的开展提供平台,而社区网点的缺乏是 R 农商银行社区救助不足的主要原因。笔者实地调查发现,当地一些较大的社区有多家商业银行社区网点,唯独缺少农商银行社区网点。银行社区网点与传统支行网点不同,是指只能办理业务咨询、贷款、理财、银行卡、电子银行等基本业务的小型网点,是银行服务网点的一种类型,主要面向小区居民提供金融服务。社区网点功能限制较多,只能满足居民日常存取款需求,但经营机制灵活,可随时参加社区活动,并为社区活动提供必要的支持。另外,社区网点是以社区为依托的小型机构,可与社区居民建立紧密的联系。从社区救助的角度来看,社区网点的建设能够为社区金融慈善救助提供良好的平台,提高社区金融救助的效率。

缺少社区网点在一定程度上限制了 R 农商银行的慈善参与渠道。开展社区援助是推动 R 农商银行参与慈善和取得进展的重要环节。因此,R 农商银行应该加强社区网点建设,为该银行拓宽慈善参与渠道提供条件。

随着网络信息和智能设备的发展,现代慈善活动的开展已大多从线下转为线上,人们凭借一部手机便能随时随地参与慈善事业。线上慈善渠道成为当前开展慈善活动的主流方式,而缺少线上慈善参与渠道是 R 农商银行参与慈善的另一个问题。

R 农商银行的慈善活动多在线下举行,线下举办活动的优势是能够与受助群众面对面交流,深入了解受助对象的生活环境。但仅仅开展线下活动导致该银行参与慈善的范围和受助对象有限,只能在当地通过人际关系传播慈善信息。另外,R 农商银行每年会在网络上公布百福慈善基金会助学申请相关信息,但只限于利用网络发布公告和申请材料,有意愿的学生只能在获知信息后采取线下递交材料的方式进行申请。这在一定程度上降低了活动开展的效率。

因此,利用线上慈善平台推广慈善信息很有必要。R农商银行可以在"腾讯公益"等国内知名慈善平台发布相关的金融慈善信息,并设置相应的救助链接,借此拓展该行参与慈善的广度,扩大其金融慈善的影响力。

当地部分受助群众对网络平台不太了解,导致R农商银行对线上慈善参与渠道的关注度不够。R农商银行所在地区发展水平不高,网上慈善平台的普及率较低。当地部分受助群众对网上慈善平台缺乏了解,是R农商银行的慈善参与多以线下为主的重要原因。随着社会的发展和受助群体的扩大,R农商银行需要借助网络平台才能进一步提高慈善参与效率。

正如R农商银行电子银行部总监T所说:"当地部分受助群众文化水平较低,对网上慈善平台不够了解。因此就目前而言,我们银行的慈善参与工作对网络渠道的关注度较少。我相信随着网络技术的普及和受助群体的不断扩大,慈善参与的线上渠道必然拓宽。"

慈善活动的开展应强调因地制宜,以当地群众的实际需求为主,并考虑到受助群众的可接受程度。另外,不论是专业慈善组织还是普通企业,开展慈善活动都应该跟随时代发展潮流,在满足弱势群体现实需求的同时考虑其发展问题,这样才能让慈善参与有意义。

综上所述,R农商银行的慈善参与存在许多困境,最主要的困境就是该行所处地区缺乏专业的社会工作机构,导致其难以与专业社工和专业组织合作,因为专业社工与组织可以给银行参与慈善提供一系列的帮助,直接或间接地解决社区和线上平台搭建、员工关怀以及专业监督等问题。因此,寻找社工人才,建立专业合作关系才是R农商银行扫清慈善参与障碍的关键所在。

(二)金融社会工作介入地方银行慈善参与的可行性分析

地方商业银行需要金融社会工作介入以提高金融服务能力和援助能力,进而突出慈善参与的金融特色,提高慈善参与效率。

1. 地方商业银行慈善参与的可持续发展需要金融社会工作的支持

金融社会工作与地方商业银行慈善参与相结合是保障该行慈善参与可持续发展的必然选择,也是该行紧跟时代发展的重要举措。地方商业银行慈善工作虽已取得不错的成绩,但仍存在许多改进之处,慈善参与的效率需要不断提高。另外,当地慈善事业发展水平也不高,慈善援助的具体落实和项目管理皆需要专业人士负责。从宏观和微观两方面来分析,金融社会工作与银行慈善参与的融合具有很大的空间。

在宏观层面,金融社会工作与地方商业银行慈善工作结合的可行性体现在四个方面。首先,现代社会是一个多元融合的社会,越来越多的企业已逐步转型,从之前的单一模式转变为复合型模式,以面对竞争日益激烈的市场。地方商业银行引入金融社工,设立金融社会工作部门是符合时代要求的做法。其次,我国就业形势比较严峻,越来越多的毕业生为了尽早获得稳定工作而放弃前往大城市,选择回到家乡或者小城市工作。这也为 R 农商银行引入金融社会工作人员提供了条件。再次,随着学科建设的不断发展,社会工作这个专业被群众认可的程度越来越高。再加上现代人精神压力不断增大,各种生活问题不断涌现,社会工作的重要性也逐渐体现出来,对社工的需求也越来越大。引入社工是所有现代企业都应该考虑的规划。最后,城市建设的发展以及居民需求的增加也会推动更多社会工作机构设立,地方商业银行所在城市今后必然会出现更多社会工作机构以满足城市发展需求,这为农商银行与社工的合作提供了条件。

从地方商业银行自身来看,一方面,农商银行人力资源部主要负责该行的慈善参与策划工作,虽然其他部门会在一定程度上给予支持,但在银行经营旺季难免会分身乏术,人手短缺以及救助能力有限导致该行的慈善参与工作难以进一步发展,因此需要引入专业社工辅助慈善工作,让企业腾出时间和精力发展业务。另一方面,地方商业银行部门设置并未饱和,该行有许多空余的办公室以及闲置资金,可为金融社工提供专用办公室和资金支持,各部门有较大的自主权。金融社工进入农商银行后可充分发挥社会工作专业技能,并参与金融慈善相关项目的策划与实施。

社工人才的引入和人力资源的稳定性是需要考虑的现实问题,也是可以解决的问题。比如,为社工提供满意的薪酬与福利待遇,提供多个岗位形成轮流机制便可有效解决工作的长期稳定性问题,而且地方商业银行有足够的经济实力和条件来解决这些问题。

2. 地方银行可为金融社会工作提供实践平台

慈善是帮助有困难的人度过困境的人道主义活动,社会工作则是将慈善事业科学化、专业化的科学实践。作为社会工作的分支,金融社会工作主要通过金融手段为困难群众提供帮助,但目前金融社会工作发展并不完善,需要社会各界提供大量的实践空间才能发挥专业价值。在分析金融社会工作在现代社会是否存在实践空间之前,首先需要了解金融社会工作与传统社会工作的差异。

传统社会工作注重培养和训练社工掌握助人理论与技巧,不带有金融助人的性质①。社工在遇到被经济问题困扰的服务对象时通常从社会服务政策与法规层面进行介入,利用现有的专业知识和教育体系彻底解决服务对象的经济问题是远远不够的②。传统社会工作教育与实务活动的目标是解决服务对象现存的问题,实现助人自助。对于经济受困群众,社工往往只评估其当前所处的困境是否达到可接受社会救助的标准,是否满足申请社会救助的条件,进而为符合条件的受困群众提供物资援助,而较少去探究和了解受困群众面临经济问题的原因,以及受困群众受困与金融理财之间的关联。传统社工无法针对服务对象在财务金融上的实际问题,为其提供经济性的救助服务。无论是在学科教育还是在专业实务中,传统社工在金融财务助人方面的知识与能力都十分欠缺。在缺乏金融知识教育培训、缺乏有效解决家庭经济问题的策略的情况下,普通社工可能在对服务对象进行经济介入时产生无力感,从而对自身的专业性产生怀疑,影响工作的信心。因此,日新月异的现代经济社会对金融社会工作有着巨大的需求。而在与金融服务相关的民生领域,地方银行是为金融社会工作提供实践平台、发挥金融社会工作专业价值的重要部分。

作为金融服务行业的代表之一,地方银行的金融服务理念与金融社会工作专业在传播金融知识、资产建设等方面存在契合之处。地方银行的金融受困类客户或其他存在生活困难的客户可以成为金融社会工作的潜在服务对象,受助者在享受地方银行金融服务的同时,也可以接受专业的金融社会工作援助服务。现在越来越多的金融机构参与到慈善活动中来,必然需要专业金融社会工作人员的支持,才能保证金融机构慈善参与的有效性和有序性。这给金融社工的介入提供了许多机会。由此可见,地方银行与金融社工进行深入的合作具有良好的资源条件,地方银行能为金融社工实践与发展提供很好的平台,同时金

---

① 李青.金融社会工作与反贫困:社会工作反贫困研究中的经济性议题[J].华东理工大学学报(社会科学版),2018,33(4):19-26.

② GILLEN M,LOEFFLER D N. Financial literacy and social work students:knowledge is power[J]. Journal of financial therapy,2012,3(2):28-38.

融社工也能为地方银行参与慈善提供专业支持。

综上所述,地方商业银行慈善参与的可持续发展需要金融社会工作的介入,地方银行可为金融社会工作发展提供实践平台。从这两个方面可以看出,金融社会工作与地方银行的慈善参与工作相结合具有可行性,也是符合时代发展客观规律和需求的选择。

(三)金融社会工作视角下促进地方银行慈善参与的建议

1.政府部门推动社会工作机构设立,提供金融社会工作资源

在我国相对发达的城市,居民需求较大、问题较多,因此许多大中城市都有专业社会工作机构的身影。但在三线以下城市,社会工作机构的数量、规模和专业性相对而言都略显不足。当地政府部门应加强与社会组织合作,一同推动社会工作机构的设立,满足当地困难群众的需求。

政府部门可推动地方银行等金融机构为社会工作机构的建立释放公益投款,参与社会工作机构的建设招标,并长期为社会工作机构的运营提供资金支持,使地方银行等金融机构成为社会工作机构的股东之一。除资金支持外,地方银行还可以为社会工作机构的日常物资采购、人员引进等提供帮助,同时也可以收集银行闲置办公用品并免费赠予社会工作机构,实现废物利用和成本节约。

社会工作机构能够为地方银行参与慈善提供充足的社会工作人力资源,但推动慈善发展靠单方面的动力输出是远远不够的,还需要拓宽人力和物力资源的吸收渠道。在资源方面,政府需要发挥引导力量,为地方银行等企业的慈善参与工作提供金融社会工作资源。政府可出台并落实人才落户政策,通过财政拨款促进人才政策实施,使较小的城市也能吸引专业金融社会工作人才落户,从而为地方银行参与慈善工作提供充足的金融社会工作资源,促进当地慈善事业发展。另外,政府可运用自身所有的人力资源为地方银行的慈善参与工作提供帮助。比如,安排在政府部门工作的社工辅助地方银行做慈善工作,也可以通过资源统筹,召集当地具有社工背景的人员共同参加慈善活动,或者与发达城市的民政部门以及社会工作机构签订合作协议,实现专业人才交流和借调,激活各地的慈善力量。除人力资源外,政府部门还可以为地方银行提供社会工作学习资源,安排金融社会工作专业人士为银行工作人员开展慈善工作培训,提高银行员工对慈善工作的认知和以金融手段参与慈善的专业程度。

在社会工作机构成功设立后,地方银行应与该机构保持联系。面对金融问题时,双方可以进行良好的互动,地方银行可以为社会工作机构中的金融社工提供潜在的服务对象,而金融社工则能帮助银行解决客户或服务对象的金融问题。在双方不断的配合之下,社工得以施展助人才能,地方银行得以实现为客户提供优良服务的承诺,银行的慈善参与工作也得以进步。

2. 完善慈善参与制度和监管机制,加大资金投入力度

慈善事业的发展离不开社会工作的配合,也需要市场力量的加入。目前,我国的慈善事业仍处在传统慈善向现代慈善过渡的时期,市场参与机制尚未成熟。地方银行等企业参与慈善事业存在一定的限制,难以得到相关政策支持,也缺乏慈善参与渠道和参与的自主性。另外,能够长期参与慈善事业的地方银行屈指可数。这不仅与银行自身的经济实力息息相关,而且与慈善环境有关。因此应完善慈善参与制度设计,降低市场准入门槛,建立多元慈善参与机制,激活慈善参与氛围,并进一步加强社会工作与慈善事业的融合度。

慈善参与制度的设计应囊括市场准入、权力分配、市场监管、市场活力等多方面内容。最主要的环节应是加大市场准入力度,降低非慈善组织的参与门槛,允许更多具有资质的企业获得慈善资源、承担慈善责任。在市场准入放开之后,还应赋予这些企业一定的慈善参与自主权,准许其在保证工作质量和服务效果的前提下运用自身擅长的方式参与慈善,避免企业受到过度的行政约束,以增加慈善参与的总规模,激发慈善事业的活力。同时为保证慈善市场秩序的稳定,防止以慈善之名获取利益等乱象发生,有关部门应设置配套监管机构,在慈善参与门槛降低的情况下严格审查银行等企业的准入条件,并随时掌握其参与慈善的动态信息,通过监管网络及时发现并劝退扰乱慈善市场正常秩序的违规企业,拒绝其二次入场。此外,还应加快社工投入慈善领域的步伐,打破慈善机构与社会工作机构的壁垒,设置慈善活动社工参与标准,包括参与人数以及职业资格标准等。通过政策规定有效促进社工与慈善事业的融合,在为社工提供工作平台的同时提高慈善活动的专业性和延展性。

经济基础决定上层建筑,良好的慈善参与制度的建立和参与环境的营造离不开经济力量的大力支持。国家应加强对慈善事业的扶持力度,加大资金投入,用于慈善组织机构的设立和慈善社工的培育,为地方银行等企业参与慈善构建强大的屏障,扭转目前我国部分地区慈善事业发展行政化、传统化的局面。

具体而言,提升地方银行等企业参与慈善的积极性可从以下三个方面着手。第一,根据《中华人民共和国慈善法》相关规定,保护慈善组织、捐赠人等慈善活动参与者的合法权益,为地方银行等捐赠人提供法律保护。第二,加大对慈善参与企业的税收减免力度,根据慈善参与的规模和频率,划分税收减免等级,使地方银行通过慈善参与获得应有的回报。第三,扩大慈善信托的委托范围,准许除专业信托公司外,符合资质的地方银行承担慈善信托责任。

建设一个秩序井然、监管有力、共融互通的慈善市场,营造美好的慈善环境,是社工投身慈善事业、地方银行顺利进行慈善参与工作的前提,更是慈善事业得以长足发展的保证。但就目前我国慈善事业的发展程度而言,这一目标还需要很长的时间来实现。

3. 银行引入专业金融社工,提高慈善参与效率

(1)设立金融慈善部门,为金融社工提供工作条件

现代社会的飞速发展在提高人们生活水平的同时也增加了生活的复杂性,需要社工介入的空间也越来越大。社工的工作地点不仅限于社会工作机构,普通的企业也存在社工加入的空间。对于积极参加慈善活动的企业来说,社工的加入更有必要。地方银行可借助政府资源接触金融社工,通过优厚的待遇吸引金融社工入职。

慈善参与达到一定规模并有经济条件的地方银行,可设立负责慈善参与工作的金融公益慈善部门,并且在该部门招聘员工时优先考虑具有金融社会工作背景的应聘人员,并开放户籍限制,为非本地户籍的应聘者提供优厚的待遇。金融慈善部门日常工作中可实行轮岗制,为擅长不同工作方法的金融社工安排合适的工作内容。在面对金融受困群众时,可安排擅长使用小组工作方法的金融社工开展公益金融知识推广活动。小组工作可采取互动模式和发展模式,实现组员的开放性互动、平等性互动以及面对面互动,通过互相交流和学习,提高组员的金融安全意识和防诈骗能力;通过设置"金融能力发展竞赛"和"人人都是金融大师"等小组活动,促进组员了解自我、挖掘金融潜能、发展金融能力,在防止自身陷入金融困境的基础上增强个人的可持续发展能力。在帮扶困难户时,则可以安排稍有经验的擅长个案服务的金融社工进行一对一服务,收集援助对象的详细资料,与援助对象进行深入交流,了解其生活背景、经济收入、教育程度等情况,分析造成援助对象生活困难的原因,为其提供有针对性的金融

帮助,而不是采用一成不变的助人模式帮助所有援助对象。社区举办金融公益援助活动时可以安排有社区工作经验的社工负责管理,利用地区发展模式和社会策划模式,结合社区居民的实际金融需求,发动居民参与社区金融改造,制定完整的社区金融发展计划,改善社区金融环境、解决社区金融问题。根据不同的情况安排不同层次的金融社工可以减轻金融社工的工作负担,从而吸引社工前来应聘工作,提高银行的慈善参与效率。另外,建立与银行内部员工相同标准的职业薪酬和福利体系,根据金融社工工作绩效的高低设置不同层次的奖金激励标准,也能吸引专业金融社工前来求职。

多种必要条件得到满足才能促使金融社工融入银行。图 9.6 右边是银行对金融社工的要求,金融社工的加入要能够提高慈善参与能力、加大慈善参与宣传力度、提高金融服务能力以及保持工作的长期稳定性。此图左边则是金融社工对银行的要求,包括银行为金融社工提供理想的薪资福利、完善的职业成长体系、轮岗制以及适当的慈善参与决策权。只有双方的条件都得到满足,才能实现金融慈善部门设立的目标。

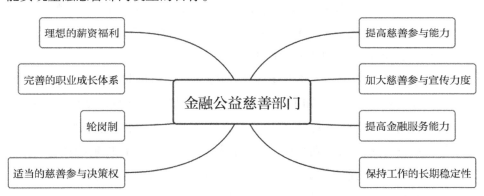

图 9.6　银行与金融社工需求双向图

金融慈善部门不仅要利用金融工具组织慈善活动,还应建立起以金融公益慈善为特色、多种慈善参与方式共用的服务工作体系,从而满足不同需求的受助群体。另外,在对外进行慈善服务的同时还应利用社会工作专业方法处理好银行内部员工的工作生活问题。在银行慈善参与的空窗期,金融慈善部门的社会工作人员可以运用自身的专业知识对银行内部进行介入服务,比如舒缓员工的工作压力、为员工提供心理辅导;同时也可以对前来办理业务的遇到困难的客户进行引导,提供支持,协助其顺利办理个人业务,解决其遇到的困难。除此之外,金融社工可以帮助银行对慈善参与的回报进行全面的总结分析,通过长期记录与过程评估,随时调整慈善参与的方式方法,从而找到最具银行特色的慈善参与道路。

(2)组织金融社会工作培训,保证慈善参与效果

在具备与金融社工合作的条件后,银行可邀请金融社工为员工培训资产建设等方面的金融社会工作知识,在增强银行慈善帮扶能力的同时深化金融服务的内涵。银行应在金融社工的协调和帮助下,加强员工的资产建设理论知识学习培训,开展更大众化、更人性化的资产建设服务项目,精简服务程序和时间,使此项服务能够被广泛接受,从而帮助更多的金融弱势群体提升资产控制的可持续性,助其走出金融困境。

除提高金融服务能力和慈善参与效率外,银行对员工的人文关怀也需加强,应通过良好的反馈提升员工参与慈善的积极性。给予员工适当的补偿性反馈是保持其工作积极性的良好方式,可通过颁发荣誉证书、发送温馨短信、发放慈善参与奖金等方式让员工体会到参与慈善的意义和价值。另外,可通过张贴宣传标语、举办慈善参与积极员工交流会等方式在银行内部营造良好的慈善参与氛围,使每位员工感受到单位对慈善参与的重视和热情,正确认识到慈善参与对企业发展和社会发展的重要作用。

一些慈善参与规模较小、不具备专职金融社工引入条件的地方银行,也可通过让员工自主学习资产建设知识以及共情等方法来提高自身的慈善参与效率。

在各种不同的生存环境中,有许多人会因为出生背景、性别、残疾、地位、信仰、年龄、语言等因素而遭到歧视,由此导致许多社会不公正现象的产生[1]。对于这类人,依靠单方面的物质输出很难起到真正的帮扶作用,而共情能够使人产生相对纯粹的利他主义倾向,使得助人过程不掺杂其他干扰因素。因此与他们共情,表达同理心,建立紧密的情感联结,能使弱势群体真正感受到温暖,重新树立对生活的信心。银行工作者与受助者共情,与受助者建立密切的联系,有助于增强慈善参与的渗透力,使慈善参与收到良好的效果。

4. 针对不同人群开展慈善援助与金融政策指导

地方银行在对受困群体进行帮扶时,应针对不同的人群采取不同的金融帮

---

① OSUKWU C. Disability, performance, and discrimination in the service to humanity[J]. International review of mission,2019,108(1):63.

扶策略：对于受困的大学生，银行可为其提供无偿助学援助，并开展符合其自身发展的学业投资项目；对于受困的老年人，银行可设置老年人资产保值与增值项目；对于残疾人等群体，银行可开展专项康复资金帮扶项目。地方银行只有通过多样化的金融援助项目，才能帮助不同类型的弱势群体走出困境。

在金融倡导方面，地方银行应承担起作为地方金融行业代表的责任，培养员工的金融助人意识，积极与政府部门沟通，为不同的弱势群体谋求满足其不同需求的金融政策福利。比如，为贫困大学生谋求学业发展等金融保护政策支持，为老年人谋求更多有利于资产保值增值和养老的金融政策支持，为残疾人谋求更多就业机会和福利金等。地方银行不应只注重提升业绩和收益，更应将实现金融平等作为重要发展目标，使自己成为推动社会发展的重要力量。

作为金融企业，地方银行对受困群体进行金融帮扶是应尽的责任。除利用金融能力参加公益慈善活动外，地方银行还应为需要帮助的弱势群体提供其他人道主义援助，比如捐款捐物、扶贫扶弱等。地方银行只有为不同的受助人群提供不同的人道主义援助，才能较好地承担起社会责任，提升自身参与慈善的效率，保证慈善参与的真实效果，防止慈善参与流于形式，从而为自身带来相应的回报。

5. 线上拓展慈善参与平台，线下开设社区金融服务站

慈善参与渠道的多样化是实现慈善工作有效性的重要保证，既要在传统的"面对面"的慈善参与方式的基础上进行创新，又要注重线上与线下相结合，实现网络与现实交互平台的建立。

目前大部分地方银行的慈善参与渠道以线下为主，直接对受助群众进行物资援助，提供慈善支持的线上渠道较为缺乏，在一定程度上限制了慈善参与的规模和受助群体的数量。因此，地方银行可以拓展线上慈善参与渠道，进一步满足困难群众的求助需要，实现线上助人。比如：在银行官方网站上设立慈善求助专栏，提供本银行慈善求助信息和申请链接，实现申请人身份信息、困难情况、求助意愿的在线填写；与"腾讯公益"和"水滴筹"等专业线上求助平台合作，设立银行慈善专栏，使困难群众能够通过知名平台了解到银行发布的助人信息，从而有机会申请到免息贷款或其他无偿助人项目，此方式也能将筹集善款的渠道延伸到银行内部，使得困难群众既能通过普通群众进行筹款，又能寻求到企业的帮助；设置银行求助微信群或者微信公众号，定期推送银行的慈善

信息,并提供求助信息码,居民通过信息码可自主申请临时救助等事项,银行负责人员也要第一时间梳理和转介求助信息,提高慈善参与效率。

除拓展线上平台外,传统的线下慈善参与方式也不能放弃,应在此基础上进行创新。对于银行来说,创新线下慈善参与方式的好方法是设立社区金融服务站,开展社区金融救助。在许多小城市,银行网点多是以传统支行为主,深入社区建立的社区网点几乎不存在,而社区网点是开展社区救助的平台。银行可以运用设置在各大社区的小型网点开展"社区金融安全防护周"和"爱心银行"等活动,帮助社区居民解决日常金融及生活问题,与社区居民进行深入的交流,建立良好的民企关系。社区金融网点的设立能使社区居民有难时第一时间想到社区银行,在减少居民得到帮助的时间成本的同时,还能提升银行自身口碑。社区金融站可以通过社区计划模式,邀请专家为社区规划设计完整、科学的救助服务体系,为社区居民提供合理、健全的救助支持;也可以运用社区发展模式,为社区居民提供金融和慈善资源,推动居民共同参与到社区救助中来,建立社区支持网络,协同推动社区慈善救助事业的发展。

除设立社区金融服务站外,还要考虑定期开展银行慈善户外拓展活动。这种类型的户外拓展活动以慈善为主题,具有临时性、便捷性和成本低的特点,主要是安排银行员工协助民政部门搬运救援物资,寻找街头流浪汉并联系救助站点,开展银行闲置物资慈善拍卖和义演,宣传银行金融慈善项目等。银行慈善户外拓展活动能有效提高员工的参与性,降低慈善参与成本,虽具有临时性,但经常开展此类活动可以将慈善理念渗透到城市的大街小巷,能在一定程度上带动其他企业一同参与慈善,形成良好的慈善氛围。

在不断拓展慈善参与渠道之余还应注意信息的透明公开。银行应向公众展示慈善参与的具体信息,包括救助的具体人数、捐赠的具体数额、银行慈善活动的详细种类以及救助标准等,并将这些信息数据化、可视化,让公众清晰地了解银行在慈善参与中的作用。

(根据江西财经大学 2022 届 MSW 论文《金融社会工作视角下地方银行慈善参与现状、困境与对策研究——以江西省 R 农商银行为例》编写,论文作者邓子浩,指导教师秦安兰。)

案例点评

本案例从金融社会工作的视角探索了地方商业银行的慈善参与路径。金融化是当今时代的趋势,社会各领域的发展皆离不开金融力量的综合驱动,其中包括慈善事业。金融力量的加入能够给予慈善事业强大的经济支撑和物质保障,带动慈善事业的发展。作为金融行业的代表之一,地方银行可以成为慈善参与的主力军,特别是在慈善组织较为缺乏的地区。地方银行可利用自身分布密集的网点、强大的人才储备以及雄厚的经济实力为慈善参与工作提供保障,并通过与金融社工合作,提高慈善参与工作的专业化水平,弥补地区专业慈善组织缺乏的不足,引领企业参与慈善的大潮。金融社工可以发挥专业能力,利用社会工作理念与地方银行金融服务理念具有一定契合性的特点,为地方银行的金融服务提供更多的帮助,提高地方银行的金融助人能力和慈善参与效率,进而提升地方银行的品牌美誉度。

本案例通过分析总结了江西省 R 农商银行参与慈善的动机主要包括吸引客户、提升口碑、创造良好的竞争环境、提升员工的满意度、吸引人才流入以及人道主义援助等。该行参与慈善的路径主要有直接捐赠物资、传播金融知识、建立慈善基金会、与民政部门合作等。该行参与慈善获得的回报主要有吸引了大量的高素质员工、扩大了客户群体、改善了竞争环境、获得了税收减免等。在慈善参与方式中,直接为困难群众捐赠援助资金或者物品是 R 农商银行最主要的慈善参与方式,是该行参与慈善最快捷、最直接、时间成本最低的方式,能让该行在不影响日常经营的情况下为有需要的人提供帮助。丰富的物资种类以及灵活的时间安排能充分满足不同受助群体的基本生活需要,能广泛迅速地获得群众的认可。但手段较为单一,参与力度有限,此种方式只能暂时解决困难群众的需求。在开展公益慈善金融活动时,R 农商银行展现了慈善参与的独特性,充分发挥了自身的金融优势。积极配合政府部门宣传公益知识也体现了该行的社会责任感和社会参与感。运用自身金融优势推广公益慈善拓宽了 R 农商银行参与慈善的路径。因此,这是值得推广的一种方式。但该行在对弱势群体进行金融援助的过程中尚未进行精准的人群划分,尚未理清不同人群的金融需求,如大学生、老年人等不同人群在金融需求方面存在差异:大学生的金融需求主要在于学业投资和自身发展,而老年人的金融需求主要在于自身资产的保值与增值。未精准划分服务人群导致该行在提供金融慈善服务时缺乏足够的指向性,无法有针对性地满足不同弱势人群的金融需求,限制了金融公益慈善的推广和普及。因此,R 农商银行还需要继续完善金融公益慈善的参与方式,如针对不同的人群开展不同的金融公益项目,并运用线上平台拓宽金融公益渠道,使更多有需要的人接触到金融公益慈善。建立基金会或与社会组织加强合作能提高 R 农商银行参与慈善的效率,加大其参与慈善的力度,防止"单兵作战"的情况发生,使慈善之力渗透到各个领域。在加强与社会组织合作的同时,R 农商银行还需要提高自身的独立性,这样才能因地制宜地利用金融力量推动当地公益慈善事业发展。

从 R 农商银行参与慈善的案例中可以总结出地方商业银行在慈善参与方面存在的困境:(1)所在地区无社会工作机构,缺乏金融社工资源;(2)缺乏专业机构监管和内部激励机制;(3)慈善参与回报难以核算,效果难以保证;(4)未精准划分金融受助人群,缺乏金融政策指导;(5)金融救助渠道有待拓宽,社区救助和线上救助不足。地方商业银行慈善参与的可持续发展需要金融社会工作的介入,地方银行为金融社会工作提供实践平台,从这两个方面分析可知金融社会工作介入地方银行慈善参与具有可行性和科学性。最后,本案例站在金融社会工作的角度提出了促进地方银行参与慈善的对策:(1)政府部门推动社会工作机构设立,提供金融社会工作资源;(2)完善慈善参与制度和监管机制,加大资金投入力度;(3)银行引入专业金融社工,提高慈善参与效率;(4)针对不同的人群开展慈善援助与金融政策指导;(5)线上拓宽慈善参与平台,线下开设社区金融服务站。

综合来看,本案例可以作为地方商业银行参与慈善事业的参考范例,可以为金融社会工作促进地方商业银行的慈善参与提供一些思路与建议。

(唐俊)